生命體驗的詮釋
與東西文化之會通

聶雅婷◎著

五南圖書出版股份有限公司

推薦序一

　　如今，在哲學的思考意向不得不正面迎接此一充滿具體性、特殊性與偶發性的生活世界之際，我們終於發現：昔日所謂「愛智者」（這理當是「哲學家」的本姓本名）的身影已悠悠然晃漾於感性、智性與靈性共構而成的生命平臺之上，而我們也因此得以本著「人」的身分，專注而熱切地聆聽那起自生命深層的聲音——它時而急躁，時而迂緩，時而中氣十足地向我們不斷地進行勸諫、遊說、告誡、鼓舞以至於激情喊話的動作；當然，這所謂「內在」的意識之流。其實也正匯集著我們諸多的無奈、悲涼、苦痛以及始終不放棄希望與期許的堅持。

　　因此，任何具有起碼的自知之明的哲學工作者（或說是哲學研究與哲學教育的從業人員），顯然都必須隨時警覺在「入乎其內」之後，準備適時地「出乎其外」，以便坦然接受其他專業知識以及此一生活世界中任何可能突如其來的心智與情意兼而有之的挑戰。也說是說，哲學家縱然百般不願委身於個別的理論與系統的屋脊之內，但他們似乎必須理解往日的象牙之塔或靜謐之殿堂已然遠颺，此刻簇擁在他們身邊的可是喧囂的市民以及萬象繽紛的人文情態——其中，有的是不可理喻的言行舉止，有的則是不可思議的玄思與想像。

　　或許，哲學家的當務之急就是要奮力跳出那可能讓他們「拘於墟」的那口井，並且即時跨越那絆住他們手腳的一道道藩籬。而這樣的自我要求其實並不過苛，也非難事，因為方法與工具已然齊備，而各種跨界域的視角與路徑也已敞開在他們眼前。特別是在現象學與詮釋學所連手打造的意義脈絡更是全面性地如所謂「互聯網」般鋪天蓋地而來，新時代的哲學工作者們又如何能置身其外而麻木無感？何況

在對話、交流與會通之工作已成爲每個人的份內事的時候，任何矢志
致力於思考大業的年輕學者又如何能將生命之體驗以及意識之流動無
端地凍結於個人腦海的每一個僻遠之角落？而跨文化以至於跨生死之
際的敏銳與闊通兼具的眼光難道又不能讓新世紀的哲學有新的氣象、
新的願景與新的可能？

　　此刻，呈現在各位面前的，正是一位哲學界的明日之星以其跨
界域的視角，從容遊走於東西哲學之間，同時運用詮釋與對比的思
考，所探勘出來的理論結晶，而其中所含藏的成分就恰恰是當代哲學
可以援引並參照的意理系脈，特別是她那深入生命內在世界以迄主體
際、生死際的關懷向度，更是極其突出地等待著所有守護身心靈神一
體共在的同道們的矚目──聶雅婷博士以「生命體驗的詮釋與東西文
化之會通」的大題目來從事哲學思考，來撰作這本具有多面向思考卻
又前後一貫的哲學論著，基本上已經成功地經由會通與對話的雙向且
互動的思考進程，直接烘托出「體驗」之原型，而展開深層之「生命
對話」，於是她再探入禪宗、柏格森與胡塞爾的「意識流」，發現其
間的共同性與差異性；同時，又以「生命體驗」爲試蕊，一方面深入
《莊子》奧妙玄虛之文本世界，另一方面直指儒學高峰王陽明的身體
意識與其生活世界以交參、對映以及無限延展之意義前景。原來，東
西方各有「聖人」出，而其所以心同理同者，不就在「言而不言」的
默觀之中？雅婷博士大膽地考察莊子與十字若望的「聖默然」境界。
最後，本書又高峰突起地以「主體際性」來試圖理解臺灣文學翹楚李
喬的《寒夜三部曲》，而她的發現正不啻在臺灣文學的寧靜海裡，投
下一顆足以引動波紋漫漫的小石塊？而後這位看似新手上路的年輕學
者竟將西藏《度亡經》與《聖經》並列而比較其生死觀，其中意趣盎
然，而她的結論：「死之死──一個新的思考點」，似乎已不是任
何生澀之理論與硬冷之概念所能觸發，而雅婷博士在穿針引線的同

時，顯然正心存盼望，追尋著不死不生的異樣的光亮？

　　在此，個人極樂意向國內哲學界以及宗教學界的朋友推薦雅婷博士這本意味深遠的論著，她始終運用嚴謹的哲學概念正面迎向深遠的哲學問題以迄生命課題，尤其在試圖融合心靈意識與身體經驗的同時，雅婷博士甚至不畏繁瑣，不怕艱辛地展開其具有開放性與未來性的思考方向與論述策略，而其中所透顯的生命意識與人文關懷，著實彌足珍貴。

葉海煙

於成功大學中國文學系

二〇一二年二月二十二日

推薦序二

我驚訝他的逝去,而我

　　　　——他的另一自我——卻仍活著。

摯友誠然是我靈魂的一半:

我的靈魂和他的靈魂

是兩個身體內的同一個靈魂。

我害怕生,我難以忍受分割而活著的狀態:

但我愛他如此之深,以致

我更害怕死,唯恐他的另一半也因而泯滅。

　　　　　　　　——聖奧古斯丁《懺悔錄》4, 6

　　湛深的體驗,往往是通往智慧的大門,讓人在詢問生命意義的當兒,而進一步獲得徹悟。聖奧古斯丁因著痛失良友而反躬自省,在情傷中尋求光照,以致終於革面洗心、迎向真道,成了一代聖哲,為萬世所敬慕。誠然,銘心刻骨的體驗,往往成了感人肺腑的題材,讓文學家去詠歎,讓哲學家去沉思,讓釋經者去詮譯,讓讀者去揣摩;而一連串有關宇宙人生的論旨,就此活現在思想家的筆下,於是,人們得以聆聽到智者如下的心聲:

人是「靈所活化的身體」(Animated Body)

　是「成肉體之靈」(Incarnate Spirit)

與其他主體「邂逅」(Encounter)

　而孕育「主體際性」(Intersubjectivity)

一起活於「生活世界」(Lived World)

　而成為「在世存有」(Being-in-the-World)

正因為人是身、心、靈的組合體（Composite）
　　以致其意識出現意識流（Stream of Consciousness）
現象就此剎那生滅
　　「此有」（Dasein）也成了「邁向死亡的存有」（Being-
　　unto-Death）
然而，人偶爾會擺脫「普通意識」（Ordinary Conscious-
　　ness）的藩籬
　　轉而湧現「超越靈暉」（Transcendent Illumination）
　　明心見性地瞥見「絕對本體」（Absolate Reality）
　　徒然在心坎裡增添了嚮往聖界的鄉愁
起而踐履得道者的芳蹤
　　藉修行的步伐而展望更高的境域

　　上述的論點多少涵括了本論著所欲傳遞的訊息。本論文作者聶雅婷博士以《生命體驗的詮釋與東西文化之會通》為題，先後涉獵了生、死、體驗、詮釋、身體、主體際性、生活世界、意識流、神祕知識、默觀等論點；又連接了東西方眾哲士如莊子、王陽明、聖十字若望、柏格森、胡塞爾、海德格、馬賽爾、梅露龐蒂等名家；也連貫了《聖經》、《西藏度亡經》、禪宗論著等經典；其目標不外乎欲從不同的觀點與角度，來與讀者作生命的懇談，好能在砌磋當中共同向智慧的方向邁進。
　　謹此祝福作者能達成其心願，
　　並在讀者心中萌發真理的花朵。

關永中
臺大哲學系兼任教授

自序

你在或不在不重要

重要是我如何與你同在俱現

你留或不留亦不重要

重要是我如何留在你裡面，你也留在我裡面

你活或不活亦不重要

重要是我已活出你生命來，你也活出我生命來

那是你？亦是我？

為何我還困頓呢？

因為你我都在背這不知名的苦楚

在情境氛圍中背這十字架

苦楚

留待救贖

在存在深淵中

存活、經驗與感受

既是還在

且

讓我們看不見我們所有

而看見我們所沒有罷

讓我們聽不見我們所有

而聽見我們所沒有罷

因為這條路上，還得繼續行在當中

你問我

當下我便不懂了

　　　　　　　　　　我還在

　　　　　　　　而你，你在嗎？

　　生命本然面貌應該是什麼？特別是在新舊交替、傳統與現代夾縫當中，生命本然面貌又是什麼呢？關於那終極價值的體悟又是什麼呢？在生與死當中，所引發的思考又是什麼呢？而在不同信仰體系之下，人們該如何去思考並且去面對生命本然面貌呢？在後現代多元差異當中，又該如何穿透生命雜多去找尋生命本然面貌呢？不同文化體系、不同的思維邏輯所指向生命本然面貌又是如何呢？所有的問題都告知我們一個事實，那就是必須以真誠的「**生命體驗詮釋**」去說明生命本然面貌來，特別是在不同文化型態當中，透過「**生命體驗詮釋**」去說明生命本然面貌應該是如何形塑出來的。

　　那個生命本然面貌，我們姑且說是生命原型，在本書論文當中，以各種不同生命體驗詮釋來出現，透過不同的哲學家（柏格森、胡塞爾、王陽明、梅洛龐蒂、聖十字若望、海德格、馬塞爾、莊子等人）、不同文化思考（東西方）、不同的信仰（禪宗、道家、基督教）、不同的生死關懷（《聖經》當中的死亡觀與西藏《度亡經》當中的死亡觀），不同的領域（哲學、文學、神學、歷史、美學）去說明。而所有的說明都直指那生命的本然面貌該是如何，透過「**生命體驗**」觀察到的實然現象描述與解讀，揭露「**現象就是本質顯現**」，換句話說，「**生命體驗詮釋**」也是那生命本然面貌的顯露。

　　生命本然面貌應是與真理無異，《聖經》說到耶穌的生命為「**我就是道，我就是真理，我就是生命**」，道、真理與生命說明了「**生命體驗詮釋**」的可能性，「**生命體驗詮釋**」說明了每個人都可能邁向真理，「**生命體驗詮釋**」說明了在不同領域對談當中，都可能有真理浮現，尤其在跨文化時空的對談中，它是有可能透過「**生命體驗**

詮釋」來進行對談的。所以筆者在第一章的主題為〈東西方文化哲學的會通與對話——由「生命體驗的詮釋」來切入〉，嘗試以莊子「為道者同於道」的生命境界來回答高達美「真理與方法」所揭櫫的問題：是真理也是方法，更是與境界玄同的神祕對話。

真理乃是生命本然面貌的顯露，也就是生命原型可以在不同的生命情調中被看見：透過不同的人、不同的信仰、不同的經典，和不同的領域範疇被看見。本文透過「生命體驗詮釋」說明了這件事——「生命原型被看見」是有可能可以成就的，就如同「觀者與被觀者有可能等同」一樣，「為道者是有可能等同於道的」，觀者需要透過實踐智慧——「生命體驗詮釋」，去說明等同於被觀者的可能性，而為道者也必須透過「生命體驗詮釋」去說明「為道者等同於道」的可能性。跨文化東西方對談，強調「生命體驗詮釋」是方法，也是進入真理之門，使得「生命原型」可以透過不同對談被看到的可能性。

不同哲學家、不同的東西方思考、不同信仰、不同的生死關懷及不同領域當中都讓我們看見真理被體現的可能性，無論是道學或是神學，實踐生命本然面貌，還原成「生命的原型」，若用海德格語言來看便是「存在一剎那間被彰顯開來」，那真理生命實踐出來便是你我共同的生命價值，也是生命終極關懷面向。

「生命體驗詮釋」使我們向著真理而行，找出生命本然實在面貌，而這使我們不同生命情調得以匯通整合為一，成了「主體際性」生命實質交流、對話與溝通。看起來是如此簡單易行，然並非所有人能成為道中人或者神學中的聖者，因為我們不一定會體現實踐那最高智慧，這就是所謂「非道遠人，乃是人遠道」也。生命有許多歧出異路，然所有歧出異路總會匯流成河，正如我嘗試透過不同的哲學家（六祖、柏格森、胡塞爾、王陽明、梅洛龐蒂、聖十字若望、海德格、馬塞爾、莊子等人）、不同文化思考（東西方）、不同的信仰

（禪宗、道家、基督教及天主教）、不同的生死關懷（聖經當中的死亡觀與西藏度亡經當中的死亡觀），不同的領域（哲學、文學、歷史、神學及美學）要去說明那生命本然原始狀態，肯定在所有的歧出異路中都指向那永恆不變的真理追尋，唯有得那真理體現才能夠安然自在，而真理就在那「生命原型」當中得以安住。

「生命體驗詮釋」是實踐的動態智慧，它預設了一個前題，那就是「道成肉身」的可能性。「道成肉身」指的是說此「肉身」不是孤立的肉身，而是「可以神化、道化或是靈化的肉身」，此「肉身」說明身心是相關且相依屬的，我們特別可以由東方思想的修身或者養身來說明這「道成肉身」。「道成肉身」的說明其實就是「身體辯證運動現象學」：「生命體驗詮釋」。所以「生命體驗詮釋」的實踐智慧，其實說的便是身心互為影響的身體觀，由身體的覺知感受深刻體驗，來說明由「生命體驗詮釋之所以使生命接近真理」的可能性。

「道」落實在「身體辯證運動現象」的「感知詮釋」裡，如同「真理乃在身體實踐體現」裡，而身體感知觀察流變的微妙處，可以切入神祕的知識體悟，進入真理體悟裡。「生命體驗詮釋」把握此有在生活世界的身體狀態，接著詮釋在動態辯證中的生命各種覺知感受，去體驗所有「生命覺知感受與存有相依相屬」的所有可能性，接著描述接受所有發生樣態，讓生命是其所有，讓真理有所揭露。

「生命體驗詮釋」可以說是形上知識論建構，它肯定形上最高價值，以「實踐智慧」的進路將形上知識體悟出來，體現真理在生命自身，它破除身心二元的割離斷裂，由主體我出發追尋真理體現，然去除對我的執著固執，採取「虛己」的樣貌，不斷消損自我，在不同的生命面向當中，不同現象、不同的意識流當中去直觀那顯現的現象本身，然後「即現象即本質」，讓「生命原型」呈現出來。所以詮釋的對象就是「生命體驗」，詮釋本身所做的事情即是觀察「生命體驗」

的現象本身，那是「身體辯證運動的現象學」，是內在超越的「生命現象」；「生命體驗詮釋」連結了身體與念頭（心念）的轉換，它也打破對單一面向的執著，訓練自己成為不斷「空己」的狀態去掌握那流變的「身體與意識現象」本身，這便是第二章所要彰顯的要點：第二章為〈東西方哲學中「意識流」的探討——禪宗、柏格森及胡塞爾的對話〉。望文生義，便是以胡塞爾「意識流」概念來思維柏格森的生命現象論述，並將禪宗也拉入一併對話，在「迷—悟」之間找到生命實存之處。

所有的生命境界的修養本身，不管是哲學家、信仰型態、生死關懷、哲學或歷史、東西方思考型態，都告知我們意識當中的現象不可去執著，於是乎透過「生命體驗詮釋」，我們找出了一個可能性的方式，去看、去觀、去體驗，然而卻不固著在某形式中，而是隨著「生命體驗」而有所詮釋，而這詮釋是在變動中、在動態裡，以及在說了什麼又似乎沒說了什麼，「生命體驗詮釋」在當中便將隱晦神祕境界給烘托出來，所謂「道可道，非常道」是也。

「生命體驗詮釋」要說明便是：那流變的現象本身的掌握，或許對許多需要有固定真理的解釋的人便是一個「難」，這個「難」也是真理的「難」，也是詮釋者的「難」，更是閱讀者的一個「難」。詮釋語言本身就是個「難」，換言之，「詮釋的對象」本身是流動的，「意識」是流動的，「詮釋者及詮釋的對象」充滿著不定的辯證和變化的現象，這說明著「詮釋的過程」也會因著不同的「生命體驗現象」而有所流變，觀者與所觀者，能指與所指之間充滿著變化。雖然我們肯定所有人都是向著某一目標的真理前進，然真理本身不會因為不同生命體驗而有所不同，真理是同一的，然生命的體驗詮釋感知部分卻是因人、事件、現象、體會而變化萬千，而這是我試圖想要透過禪宗與柏格森及胡塞爾本身要說明的基調：「生命體驗詮釋」是個趨

近眞理的方法，然方法本身變化萬千，但並不違背眞理的顯現，變化代表是多，而眞理是一，「存有與思維」正是在「一與多」、「現象與本質」、「眞理與方法」當中去透顯「此有如何走向存有開顯」。

「生命體驗詮釋」是重要的，它教導我們生命要學習如何去觀看，觀看整個「生命體驗」實質內涵，然後在觀看過程中，「詮釋」也相應而生，這是將自性與他性連結一起的最佳方式：「默觀」。而「默觀」生命體驗所有現象內容，即是生命工夫最後指向的方式，透過這個方式「默觀」，讓生命自然而然，接受眞理的降臨，不帶著成見，給予現象完整觀察，還原本然的面貌。在流變的生命體驗感受中，學習努力專心的去觀看。

在神化或靈化的修養過程中，都有提到「如何觀看」這件事，整個生命要做的事便是：去觀看我們所體驗到的生命內容，去觀看這生命內容有如電影般所有現象，在這當中現象有如生命幻境，是「動態辯證」過程，所展現的便是「存有現象學」及「情境存有學」（第一章有所說明）。無論如何總得讓我們專注努力去看，在看當中，代表著去「詮釋」那流變的生命體驗現象，「現象即是本質」即在當中呈顯出來。「生命體驗詮釋」是變動的，不代表什麼都無所住、無所得，反而努力觀看在動態辯證裡的現象；努力去觀看，眞理就在其中，但這眞的很難，我以王陽明說過的話來鼓勵大家，所謂「知難行易」是也。

詮釋生命體驗是「動態辯證」，是我與你與他的「生命對談」，也是閱讀者、創作者與詮釋者的「生命對談」，更是過去、現在與未來的「生命對談」。在這場「生命對談」中，因著歷史、文化、動態及文本的對比差異之下，進行世紀的「生命對談」，在對比差異之下的「生命的體驗」詮釋是在異質性當中尋找同質性的「生命對談」。而我們便是在這場「生命對談」過程中，努力尋求在對比差

異當中又充滿著同質的趨力底下，去進行「苟日新，又日新」，時時更新的「詮釋歷程」狀態當中重新獲得「動態辯證」的新眼光。所有「詮釋」真理本身都不該因著不同哲學家、信仰、文化型態、經典不同而有隔絕，它說明著：我們在「生命體驗詮釋」當中，嚮往的是「生命情調有異，但生命共同慧命無異」的大智慧。

　　「生命體驗詮釋」所依賴的文本並非在生命之外，而是在「生命之中」，文本並非指的是「單一」的性質而已，文本甚至超越了過去與現在，而是將整個傳統與現在做個連結，將文本詮釋者與閱讀者生命歷史做個連結，文本閱讀與詮釋將整個「生活世界」納入成為不同主體際性生命交流的閱讀，將本土文化及跨文化當中也做個連結，在無聲當中傳遞出莊子「周兩問景」的後現代多元歧異文本觀。

　　所以我們在第三章以莊子為例，用後現代的文本觀來說這生命體驗詮釋本身開啓的是多元和差異，在「延異當中不斷自我詮釋」的文本觀點：第三章的主題是〈以後現代觀點檢視東方文本當中的生命體驗詮釋──以《莊子‧齊物論》中「周兩問景」為例〉。此篇文章中，我將採取過去絕然不同觀點，來說明一個「後現代擴大的文本觀」，說明莊子世界要點醒我們的便是不要局限在「單一文本，單一敍事，單一世界」裡，由「周兩」〈影子中的微影〉去說明文本所呈現的「多元差異文本觀」，這是「擴大的文本觀」，也是說明了「生命體驗詮釋」多元面向說明。

　　到目前為止，本文一直突顯出不同的哲學家、經典、東西方文化思考、信仰體系，領域都能呈現出生命原型面貌來，這是「生命體驗詮釋」特色，特別是在《莊子‧齊物》的「周兩問景」說明裡。莊子透過「周兩」（「影子中的微影」）說明多元的文本觀，而這也是「生命體驗詮釋」的文本觀。

　　「生命體驗詮釋」的文本觀說明，「生命體驗詮釋」透過我們

閱讀文本，我們與不同生命情境有所對談，期待能激盪出「生命共同智慧無異」的大智慧。換言之，當我們解讀在不同文本生命脈絡之下所傳達「生命共同智慧」，這慧命本身告知我們經由理解、溝通與對談，生命本身是可以流暢無礙的融通。

莊子向我們傳達出「無待」生命的原型面貌，也是告知我們不再待於外，讓「生命文本」本身可以流暢無礙的融通。「罔兩問景」這篇所透顯出來的即是：彷彿莊子本身與我們對談，我們自己在閱讀中也與自己對談。換句話說，在閱讀莊子同時，我們解構莊子單一文本限制，彷彿有無限多的文本延伸意涵在我們當中擺盪，看似是歧出的意義解讀，也彷彿給了莊子重新解讀，將我們生命與莊子生命有了連結，形構出美麗而異樣的擴大文本觀。

「罔兩問景」後現代擴大的文本觀到底說明著什麼呢？「罔兩問景」這代表什麼呢？它代表「生命體驗詮釋」本身，從來不是單一文本觀，它是在「動態辯證」當中設法達到「理解、詮釋與對話」，在不斷延異的文本（「罔兩問景」，或說「生命文本的文本」來問「生命文本」本身）中，我們不僅只是靜靜在閱讀解釋而已，而是主動出擊，是在「生命體驗」、「動態辯證」、「詮釋」的文本裡，有距離且彼此隸屬的互相觀看、閱讀及聆聽生命本然的創作。

誠如若按一般傳統詮釋法，莊子文本所呈現出的世界通常是理性固著冷然的秩序；但是《莊子‧齊物論》「罔兩問景」中，按照筆者新的詮釋手法，我設法要做的是：讓讀者重新以「實存生命體驗詮釋」為出發點與文本有所互動，讓我們重新以「生命體驗」來詮釋屬於我們的「文本」。如此一來，「文本」的敘述目的乃是「在歷史文化當中」的此有，以自己的「實存體驗」來揭示「存有的真理體驗」，來達到莊子所謂「無待」的生命最高境界。

身為「此有」的我們存活於這個世界，這個「生活世界」與我們

生存脈絡息息相關，與我們生存情境相關，與我們生命情調也相關，我們透過不同哲學家、信仰、文化思維，和不同的領域，我們看見了生命本然，也看見生命意義該是如何。

「生命意義該是如何」的應然面貌，應透過「身體現象運動的實踐」本身與「生活世界」做個連結。所謂的「身體現象運動的實踐」就是「生命體驗詮釋」，身體透過「默觀」，將實質生命體驗的內涵，如實呈現出來。「身體現象運動的實踐」也就是呂格爾所講的「自我詮釋」。呂格爾所講的「自我詮釋」是透過「默觀」，將自性與他性連結起來。在中國，王陽明講到「靜觀默坐」便是一個將自性與他性巧妙連結在一起的典型代表人物。王陽明以典型的「心性實證工夫」——「靜觀默坐」以連結天與人之間的隔閡，而「靜觀默坐」——「身體現象運動的實踐」來體現真理，其特有「身體觀」將與生活世界緊緊連結在一起。所以在第四章我以王陽明「格物致知」、「宇宙即吾心」、「心外無物」、「心外無理」等來說明「生命體驗詮釋最佳代言人」，如何透過他的方式來體現真理。所以第四章是〈體現真理的身體意識與生活世界——理論與實踐合一的化身：王陽明〉。中國哲學擅長在身體場域實踐理想，而這需要經由「澄心默坐」、「體認天理」即得「當下切入，證會本體」，即可「任持本心」。特別是在陽明之說中知行合一或者是致良知說法中，是體驗真理的登峰造極之作，將體驗之知介入行的身體場域動態實踐中。此篇即是探討陽明先生身體意識的體現真理與生活世界之間相互詮釋，以呈現理論與實踐結合的方式。

王陽明「生命體驗詮釋」是最直接了當說明人心與天地萬物關聯，「此有與生活世界互為主體性」的可能性可以證成的最佳說明。依王陽明說法，致吾心之「良知」，乃致於草木之「良知」，如此一來，將此有與生活世界如此有趣的連結在一起，在整個中國哲學上是

非常特殊的觀點，此有在生活世界的互動辯證到了王陽明是登峰造極之作是也，也是理論與實踐的生命學問最佳詮釋。

「此有與生活世界」是互動且頻繁的，在面臨東西方交流日益興盛的今日，我們必須更了解不同文化型態所孕育的生命觀爲何。在王陽明之後，我舉了莊子與十字若望爲例，說明了莊子是東方傳統修道路徑，而十字若望則是傳統靈修路徑，不管是修道路徑或者是靈修路徑，其實是都指向是生命體驗的層面，二者都指向是以「默觀」詮釋那無法言語之境，詮釋乃是對此在實然生命體驗的思維。第五章爲〈東西文化中神祕知識體驗的考察——莊子與十字若望對於「默觀」之對話〉，讓東方莊子與天主教靈修大師十字若望的「默觀」對話。本文將說明不論是神化或道化均從「默想」進入「默觀」，不同語言文化型態，有不同的境界的描述，不同象徵符號的使用系統，然而若涉及最終那不可知的境界，均是無言的詮釋。而東方莊子與西方十字若望都不約而同使用「默觀」來說「此在現象學」，也就是「此在的詮釋學」，去詮釋此在現象狀態，都在「默觀」當中讓生命原本狀態浮現，生命本然與生活世界也逐漸在此有「默觀」中開顯出來，存有也因此彰顯了，主客體也因此合一了，正如呂格爾認爲「默觀」使自性與他性結合爲一。「此有現象學」說明了「此有」在自我詮釋當中「默觀」那生命體驗當中不斷流變的意識現象。如何觀入，得以掌握那變動中的不動者，去掌握詮釋那「現象即呈現本質」，是「生命體驗詮釋」當中最重要的課題。

「默觀」也就是去說明人如何明心見性瞥見那絕對生命本然面貌，透過靈化或道化身體，如何擺脫掉普通意識到達那超越意識，「絕對的一」及「真理本身」呢？「默觀」指的是「無言的詮釋」，「無言的詮釋」乃是直指那「現象的本然」，詮釋最高境界乃是「讓真理說出自身」，讓「道或神」內容本身而被觀察到，而「默觀」所

指乃是這生命體驗詮釋的最高宗旨—「讓真理說話，讓生命原型得以回返，讓存有在當中揭露出來」。在「此有」的「生命體驗詮釋」當中透過東西方道修及靈修傳統說明，對「默觀」掌握而得以了解生命原型面貌，掌握生命本然面貌。

「此有」是有「生命歷史」的，是源流不絕、生命充貫的，是與過去、現在與未來相互連結的，是與你、我與別人生命相互連結的，是與整體環境氛圍及自然、神明等生命相互連結的，那是一種榮格所講的「集體潛意識」連結的「生命共同體」感受，我在你中，你在我中，你我生命相關的「生命共同體」感受，那是「無法言詮的生命體驗」，在「默觀」了悟當中，希望被身在處境當中的你我所掌握的。在第六章透過不同領域的對談來說明，這樣的「生命共同體」感受如何在「生命體驗詮釋」當中被彰顯，所以第六章是嘗試將哲學概念帶入文學思維中，題目是〈臺灣文學中「主體際性」的建構——以李喬的《寒夜三部曲》為例〉。本文將由李喬的大河小說《寒流三部曲》出發，以「主體際性」概念說明李喬小說中自我與他人互動、以參贊滲透環境，建構出臺灣人歷史共同生命感受。所謂「主體際性」強調一種生命本原狀態的回復，透過純然生活經驗世界的努力所形構出來一種「生命共同體」，包含人和自然、人和土地，與人和人的關係。此有的「生命體驗詮釋」透過文學中的描寫得以說出那「生命原型」來，在李喬《寒夜三部曲》的序中，也說明了這個生命原型。他在序中說明了：臺灣人的生命就像鱒魚一樣，也要返本溯源回返這個「生命原型」來，建構出主體際性交流、溝通對話的生命相屬相連的「生命共同體」來，緊密將你我連結在一起。

「生命體驗詮釋」本身說明生命是緊密連結在一起，透過不同生命面向，不同哲學家、信仰、文化類型、文本差異、靈修或修道的傳統指明著真理的追求路徑，真理的追求不外乎於吾人生命體驗，如

何「將學問納入生命」（實踐智慧），是「生命體驗詮釋」最大課題。「生命體驗詮釋」是觀察生命實存現象，好提出具體可行的方式去超越死亡的束縛，所以在最後第七章，以「死亡」主題來說明「生命體驗詮釋」的面向。第七章的題目是〈西藏《度亡經》與基督教《聖經》生死觀之探討〉，是筆者早期之作。近年來，臺灣的資訊及科技程度快速進步，然而臺灣人在精神的進展上反而因猶豫而停頓。本文將以藏密佛教中的《度亡經》之死亡觀作一探討，它對「死亡」及其衍生之諸概念有直接的說明，同時也略述基督教的生死觀。「生命體驗詮釋」乃是談生，而談生最重要是超克死亡的恐懼，在此篇文章中，直接說明西藏及基督教二者不同的死亡觀，希望出生入死，由死入生，以作為本書《生命體驗詮釋與東西方文化會遇》最佳結束路徑。

　　「生命體驗詮釋」不只是道家哲學工夫，也不只是基督教工夫，而比較是一種「生命工夫」。工夫是需要全時間的專注投入的，身處文化交流當中的任何一個「生命工夫者」都會體悟到「生命體驗詮釋是如此需要專注」，但「生命現象是如此不確定」，以致於不能執著在任一表面概念去掌握生命本然面貌來，我們必須去還原生命本然，提醒自己不固著於某一學派、想法、人、事、物、信仰、文化等，而去思惟關於那保羅・田立克所言的「終極關懷—新存有」本身，或說是道，或說是神，且就讓「生命體驗詮釋」本身說話吧，一切止於「緘默」中，讓那最後不可言傳的密契神祕體驗重新被此有所經歷吧！生命工夫是言說詮釋？還是緘默以待？讓「無待」生命破土而出，而你我就此棲息在無言的生命體驗裡自我對話吧！

目錄

第一章　東西方文化哲學的會通與對話
——由「生命體驗詮釋」來切入[1]

1　本文發表於「2007面對東方崛起新思維」學術研討會，臺北，臺大哲學會館。

生命的原初是什麼我們不知道，我們不知道返回生命原初會不會是個錯誤，當摩西注定帶著以色列人出埃及時，就已知道任務是艱鉅的。然我們的使命叫我們無法回頭，因為我們必須啟程，不能質疑這一切的發生——裡面必有盼望的發生，因為美好的預定地必須經歷生命的流浪，生命的晃動才能循環到生命終極。不能急，一切都在發生……必須警醒而不是緊張，必須了解而不是強加解釋，讓一切的一切發生，讓所有的歸於所有，如此悉達多才能真正走完生命的原初意義所在。**2**

2　當我們通過生命體驗詮釋對話去感受神聖之境絕對體驗，此乃是人通過超越精神所達到對絕對整體的先前理解。無論是摩西還是悉達多，在面對生命的終極體驗時，我相信他們是會通的——也才會有拉內（Karl Ranner）「匿名的基督徒」的說法，這說明著人是向著神聖奧祕開放的。

前　言

　　二十一世紀是東方崛起的世紀，當高達美不斷在講「**真理與方法**」[3]時，是眞理？是方法？孰能釐得清中間的關聯？然而高達美不是第一個提出這個有趣的看法，在中國思考脈絡上早就將「**境界**」與「**修養工夫**」之間的關係來互詮，這下子更讓我們不禁疑惑，爲何相似性可以跨越時空予以彌平。究竟生命的底蘊是什麼？當道家「**爲道者同於道**」，意謂著主客體合一，是種主體際性交流的實踐智慧，絕不是理性思考或者說是邏輯的背返，而是兩者相互涵蘊，兩者的涵蘊是混同的思考，這是基本「**生命原型**」，也是知識論與形上學含糊生發所在，也是神祕的對話，我們名之爲「**生命體驗詮釋**」。

一、由東西方來看「生命體驗詮釋」

（一）從當代中國哲學來看「生命體驗詮釋」

　　依沈清松教授分類（*沈清松，1985*），當代中國哲學走向三方向：一是兼綜各部分以發揮形上論與人性論精義，以方東美爲例；二是當代新儒家所重的心性導向，以建立人主體性、先驗結構及發展動力，而以唐君毅與牟宗三爲代表；三是士林哲學的融合，以羅光與吳經熊爲代表。

3　高達美（Gadamer）最重要的作品是六十歲時發表的《真理與方法》一書，包括三個
　　部分，分別開創出藝術、歷史和語言這三條通往真理的「非方法」大道，藝術與歷史
　　是人們理解世界的兩種模式，這兩種模式終將統一於語言之上。語言並不只是符號工
　　具而已，它還具有表現世界，使世界得以繼續存在的作用。

　　從這裡我們重新去思考中國哲學從過去到現在的精神何在？《論語‧陽貨》孔子言：「天何言哉？四時行焉？百物生焉？天何言哉？」、《老子‧二十五章》老子言：「大曰逝，逝曰遠，遠曰反。」和《周易‧繫辭下傳》周易有言：「正所謂變動不居，周流六虛，上下無常，剛柔相易，不可為典要，唯變所適」等，從這些語詞所透露出來的中國哲學精神是「生生之謂易」，中國易、儒、道諸家所言的世界是充滿變化、生生不息的歷程。這意謂著宇宙是有機的創進歷程，統攝萬象，以開物成物。

　　中國人的宇宙論是大化流行、變動不居，不是分割斷裂的，而是整體貫通、生生不已的生命發展過程，也反應了中國人的生命哲學，人與自然整體無隔閡，人可參與這樣永恆無限的創化歷程，使人精神有所契悟，與天地合一、萬物有情，如《正蒙乾坤》所言：「民吾同胞，物吾與也」、《遺書卷二上》程頤所言：「仁者以天地萬物為一體」，和莊子言：「天地與我並生，而萬物與我為一」。所以最重要是人與宇宙的關係中的創造活動，所把握崇高體驗的境界。如此體驗觀點是開放、涵攝、統貫、和諧平衡的，更是互為主體的整體，如《禮記‧樂記》言：「和，故百物皆化。」而這正是西方目前所重視的課題，在過去工具理性二分的間隔中，驚覺到主體間性、互為主體性、主體與他者的關係等。

　　中國哲學認為天、地、人、神、靈、心、身是相輔相成，所以成己成物、反求諸己，或己立立人、己達達人，說明了中國人擅長在差異中找尋理解與對話。其肯定主體的內在覺知能力覺醒，如《大學》言「壹是皆以修身為本」，當我們看到西方提及「體驗」概念時，我們不禁莞爾，中國人一向有體驗的操練，而這都化歸於本主題——「生命體驗詮釋」。

（二）「生命體驗詮釋」

生命是有歷史的，所謂歷史性不在外在的計時，而是在內在歷史。歷史，指的是生命的流逝總在意識流的過程中不斷發生，而在發生之時，我們帶著前理解生命元素再去看這所謂的生命的理詮，並與之對話。生命歷史告知所有「詮釋循環」都是在我們去體驗時，看到「整體文本世界」對我們往復互動。這樣歷史在生命裡，生命也在歷史裡，體驗中有生命，生命中也有體驗，很難區隔不受影響的那方。「生命體驗詮釋」的對話，意謂生命永遠在訴說，而身為閱讀及創作者的我們，是沉默以對，看著所以發生，意義自然就開花了。意義在整個關係網絡裡，不管是你與我或你與他，它呈現在身體場域與之互動交流的關係脈絡中，展開了自身，呈顯「存在」真正意涵，它是整全，以隔可窺天也。在生命大洪流中，在消逝與出現裡，我們擁有了什麼？我們的容顏告訴了我們什麼？生命以大地無言之母，在默默進行交響曲，而我們透過身心靈的舞動，也與之共舞，或者活著不是我們，而是那個「不知雲之深處」。

在東方哲學中，特別強調「境界、意境或美學」，這裡面說明著文字符號所勾勒的視覺圖象，是種美學視覺融合的對話與交流，這樣的交流建構是種對話、理解與詮釋的過程，東方人擅長說明一切盡在不言中，告知我們必須揚棄「語言」工具性格，以在特定文化脈絡語境中，去蕪存菁展開自身來進行「生命體驗詮釋」。

誠如海德格所言：

> 只有對話才是語言的本質……我們由什麼時候開始進行對話呢？本質性的詞必須總是與同一件事有關聯，才能產生專一的對話。……而同一事件只能在永恆不變的光照

下才能顯現出來的。[4]

透過「生命的體驗的詮釋」，我們看到生命與生命的交流對話，在永恆之光下被照亮，彷彿是存有的深淵中被本眞呼喚所召見，那裡是「詩意的對話」，一切只有無聲的嘆息。

（三）西方對存有的看法──另一種生命體驗詮釋說法

在西方傳統的存有學（Ontology）對存有的探討中，「存有者」與「存有者性」的區別往往被混淆了。如海德格（Martin Heidegger，1889～1976）提出所謂的「存有學差異」（ontological difference），進一步明白區分此兩者的差異。海德格認爲「存有」是「開顯的動態存有」，存有是一切開顯活動的基礎，然而存有更具有超越性，其超越性在於人理解並參與於存有之中。換句話說，人的「存在」（Dasein，此有），是由於他對存有的理解和參與。本文所意指的「存在」，筆者將其指稱爲「具體的存有」，即「存有者」（Seiendes / beings），然而所謂的「存有者性」（Seiendheit / beingness），乃是具體存有之所以爲存有的特性。[5]進入到二十一世紀，存有概念並非是冰冷被拋棄的概念，而是整全人文精神契機點，

4　海德格著，〈荷爾德林與詩的本質〉〈Hölderlin and The essnce of potry〉，英譯本，見W. 布洛克編，《實存與存在》〈Existence and Being〉，倫敦，一九五六年版，頁301～302。

5　關於海德格的存有探討，請參見Martin Heidegger, Sein und Zeit, 〈Tübingen: Max Niemeyer, 1963〉。英譯版本Being and Time, translated by John Macquarie and Edward Robinson, 〈Oxford: Blackwell, 1967〉。或Martin Heidegger, Einführung In Die Metaphysik, 〈Tübingen: Max Niemeyer, 1958〉。英譯版本An Introduction to Metaphysics, translated by Ralph Manheim, 〈New Haven, Yale University Press, 1959〉。

人作爲實存者，就是強調「此有覺知與生活世界」場域，換言之，回本眞實存體會與感受覺知是十分重要的。因此，西方文化理性生命所產生異隔疏化的非本眞狀態，即將在東方崛起的東方文化思維生命所補足，換言之，走向整全生命的開放呈顯，並將以此來過橋，這是趨勢，更是生機。

二、「生命體驗詮釋」──「體驗原型」

（一）看存有在泰古原始樸實的「體驗」──「生命體驗詮釋」的生發

　　「返樸歸眞」是老子對宇宙論反思而有的生命體驗，就東方思維而言，存有是混然的（chaos），充滿表象與眞理的混同，作爲頂天立地的此在，不斷回返在語言與存有的縫隙當中，在空無中體證一切的可能性，而這也就是「流溢」與「回歸」的雙向路徑，並以自我不斷超切直覺在斷根異化的外遷與回歸尋根中，重回大地的之母到地的完成內溯下完成詩意的「生命體驗詮釋」。**6**

　　尼采以「酒神與日神」精神來說明希臘人由二種本能衝突的生命感受中，以一種內在的奇妙融合來調合二種精神，「酒神」猶如脫韁

---

6 「場有哲學」以「蘊徼眞元」、「造化流行」、「意象世界」爲場有宇宙的三面終極性相，哲學的全部覺解都源於此，但由於生命立場的限制，人所領悟的只能是其中的一面，從本末整殊（完整／特殊）的角度可將其歸結爲六種覺性，其中超切直覺乃是「蘊徼眞元」（場有本相、空相或無相）絕對無斷的覺性，這是最高的覺性，參《周易與懷德海》。唐力權在《周易與懷德海》人體根身的直立展開即蘊含著泰古哲學宇宙生成的形上結構。此即是「道成肉身」，頁185。

的野馬，無拘無束的自由放縱，而「日神」則是美的內在意象感受，是種內省狀態，也是種永恆理念、夢的世界內在沉思，所以「日神」精神是內在感知，也是「觀念世界」的直覺。二者精神在尼采來看是文明希臘人內心對抗得到和解的象徵，而榮格提醒二者奧林匹斯眾神背後黑暗靈魂的發現，在諸神傳說中，有令人眼花撩亂的美，也有掩藏其後的黑暗背景，這種黑暗增強了美的絢麗，但又使得黑暗深層獲得神聖的內涵。[7]

　　換句話說，這是處在「黑暗中的光明」、「清醒的夢」，或者我們說是「遊戲」的狀態，它是一種「存有」狀態，是一種癱軟、無關乎意識或無意識形式，整個處境或者所有都是呈現在「黑暗的光明」中，在場、清醒而意識完全沉浸在其遊戲之中。而這類似「恍忽出神」的狀態，藉著大量中介想像的隱喻，透過對象的缺席，以去肉身化，呼喚我們進入非存有或說是魅影式存有的界域，這種真理體驗，似乎在說明著人類精神面的「體驗」，這是存有的「體驗」，也就是知覺的「體驗」，更是一種「生命體驗詮釋」。

（二）「生命體驗詮釋」實踐是「場有哲學」的實踐

　　「生命體驗詮釋」實踐乃是「場有哲學」的實踐，泰古原始直樸經驗中，透過身體「體驗」，體現真理，使生命本真流靈；在「外遷與回歸」中，走進而走出，直入原始混沌未分體驗，超越而內在；在「循環理解、詮釋與對話」中，雙向回返交流；在「酒神與日神」中，矛盾衝突達到內在和諧，是種黑暗中乍見光明的原味覺醒。這覺知源自於「生命參贊生活世界的體驗」為主體座標軸，以「身體」頂

---

7 參見常若松，《人類心靈的神話》，臺北：貓頭鷹出版，二〇〇〇年，頁168～170。

天立地參贊於生生不息的大化洪流。

　　所謂「場有」乃是「場中之有，依場而有，即場即有」，以西方語言來看乃是「存有者在存有之中」。「場有」再次標明著人與存有不能隔異疏化的無家狀態，每個人都必須雙向回溯，直奔入家，覺知到自己是生活世界的一部分，努力活著，參贊萬物造化，以此生生歷程去看一切的發生。如此存有者，或者更好說是「此在」，並非孤立於「生活世界」之中，也就是並非「出場」狀態，在看似外遷拋出的狀態中，又有股吸引力將其召回，以回返其「生命原型」體悟，如柏拉圖所說的「理型的召喚」正是生的意義、生存狀態真實層面意義根源。

　　此在乃立足深耕其中，是一個互相「涵攝超切」（超越而內在關係），是一個充滿動力又生生不息的歷程，更是每個當下乍現、從容中道，以體悟生命境界的開顯、人與此真實面會晤，以參與生生不息大化之流，更得以呈顯無拘無執生命真切。

　　而這臻至混沌圓融「生命體驗詮釋」，乃是無偏頗且接近張載「太和」的原味覺醒，這覺醒乃是陽明所言「良知」初啓，在關係脈絡中對應，不執不附依於真實本性而發。

（三）身體在存有位置由「他者轉向自身」

　　胡塞爾指出對「身體」的構成分析與基源發生學分析思想間，可歸結出回歸身體具體存在的存在現象學描述之路，也就是說透過身體感知詮釋「默觀」，可構成「自我」與「他者」的「共同世界」。[8]

8　參見龔卓軍著，《身體部署—梅洛龐蒂與現象學之後》，臺北：大和書報圖書股份有限公司，二○○六年九月，頁19。在這裡龔卓軍分身體感作用及身體感內容，前者是

　　龔卓軍認為胡塞爾未考慮到「身體做為一種意向的表達」，換言之，他忽略了身體本身即是一個存在的基本表達，可見得身體表達象徵了基本上不可見的意向活動。[9]胡塞爾在龔卓軍的解析下成為以意識主體的純粹意向來構築主體際性，和以主體純粹意向中的主體際性來形構存有視域，在此則忽略了身體的「基源交互表達」及「對他者存在的移情想像」。[10]

　　就存有學而言，若只有「先驗主體性」，而沒有「身體主體性」探討，就沒有材料進行「他在」的存在想像，更無法通過移情所構築出來的「主體際性」來想像「他者」，如胡塞爾所言：

　　　　我活生生的身體機體，……具有軸心的「在此」（here）做為它的給出模式；而每一個其他身體，即相應的「他者的」身體，都具有「在彼」（there）給出模式。「在此」即是「在彼」，由先驗主體所構築世界之域，是由身體知覺、動覺及對空間的「差異經驗」為描述的始點。我們身體總是感覺著自身，總是當下在此向我給出，使我能夠理解他人、參贊他人，我的身體成為理想座標軸，使我與他人「共感共現」，而這便形成了共感與交流，這完全超越了詮釋心理學的設定，它所形構出來的即是一種「祕密」。

心理領域的事實知覺（factual perception），後者則是形相知覺（eidos perceptions）。

9　龔卓軍著，《身體部署—梅洛·龐蒂與現象學之後》，頁58。

10　龔卓軍著，《身體部署—梅洛·龐蒂與現象學之後》，頁59。

（四）面對自己「奧祕」──物各如其事

「身體感知」爲當下即是，是種動態思維感受，在此狀態下，以感覺去「感受」，這也就是身體對「身體自身經驗」的探問及觀照。這種探問及觀照以「身體知覺」爲基要，而且以「想像」爲中介迂迴，想像以「知覺」爲依憑，想像奠基於身體知覺，要求「想像內容」成爲「具體可感的表達」模式。換言之，「想像」需「身體知覺」體現，想像勾勒出一個「超驗且虛構」的介於「意識又是無意識」對象，使我們穿越日常表達無法達到存有開顯，應用「本質直觀」，使物各如其所是展現。

人最初基本「體驗」是發生我們身體內構成經驗，「身體是一切構成經驗歷程場域」，也是所有流逝「現象」得以呈現場域，自我的覺知即在身體場域發生，也就是身體是建構意義最初場域，意義總在關係脈絡中開展，向著世界訴說著一切，向著存有者訴說「一即是一切，一切即在一」，在意義源頭動力場中，由此生發。

而我的身體是最初「他者」，他者與我之間「互爲辯證的動力交流」生發出意義，意義在「現象與本質」當中「擺盪」，在「擺盪」中，拋開目的及工具性的枷鎖，朝向無目的價值貞立，身體知覺只是放開，用「心靈之眼」去觀看、去聽聞生生的節奏。我的身體總是向著「生活世界」開展，指向「他者」，並啓動「自我建構意義循環」，進行「自我詮釋」。而自我又帶著「前知識的理解」──「生命的原始圖象」（「生命原型」），也就是配搭現有的脈絡呈現的「現象文本」，然「現象文本」是超越我們理解與語言界限，將我們拋棄在「無言的山丘」裡，去過渡「不可能性當中的可能性」，在「身體場域」的動力場，浸潤著「趨向意義」的動力場，它通過身體動態覺知活動，進而通過我們多面向「身體知覺」進行統攝，形構出多元、

歧異、變化的「知覺現象」方式來進行真理探究。有如唐力權先生在《周易與懷德海》書中所揭示的「場有哲學」意義一樣，一切「場中之有，依場而有，即場即有」，它是「道成肉身」揭示，說明著人頂天立地於天地之間，有著「蘊徵真元」、「造化流行」、「意象世界」三種宇宙面向的體悟，其中「超切直覺」乃是「蘊徵真元」（場有本相、空相或無相）面向，它是最高的覺性，以莊子語言來說，便是「道」是最本根的，然而「術」也是需要的，但達到「真理」才是核心，正如「工具或方法」方式探究真理路徑必被丟棄般，所有掌控者都會被現象的不可掌握部分嘲弄，這所有的發生原是一個錯誤，所謂「道進於術」是也。

三、「生命體驗詮釋」當中的「對話」

（一）體驗的說法

　　我們試圖將「生命」概念（leben）局限並心理化為「體驗」概念（Erlebnis），「體驗」真理如其所是的樣貌展現自身，使此有「體驗」生命，去看、去聽生命的原貌，在「體驗之為體驗的觀看」與「觀看的對象」兩者是相同，此說明著不能再分解的內在性存有及直接確性存有，既是「體驗」，即「體驗者」與「體驗的對象」便是合一的，是主體際性，我與我的身體不再乖隔，作為身體的「他者」與「自我」不再分離。「體驗」概念（Erlebnis）朝向我而來，是在我之內，而非在我之外。

　　「活著的經驗」將其自身向我呈現，這「經驗」本身將主體辯證

思考的「**為我存在**」（我思故我在）轉化爲「**先驗主體所構築世界之域**」，由身體知覺、動覺及對空間的「**差異經驗**」共感交流進行辯證與對話。

狄爾泰認爲人是具有生命歷史存在，透過生命具象實存而非內省來理解自己，而且唯有始終在從他自己存在的至深處所出現的「**活過經驗**」中才眞正「**體驗**」到。

> 言説本是內心之語……。當心靈之語採取一種具體語言之感性型態時，其並不表述其所是者，而是其可由身體所參見者。

奧古斯丁《論三一》

此乃奧古斯丁「**內道論**」的說法（die Lehre vom verbum intimum）。內在、基源的語言是「**心靈的純粹語言**」（verbum cordis），這是一種採取具體、可感，以物質性的形式或形態呈現，然此所表述的，並外在自身，而是其經由吾人身體及外在形式而得以看見或聽見者那個內在自身之內「**神聖**」的區塊。[11]這是身體所參見的，是「**內在之語**」，所以當代天主教神學家拉內才要「**傾聽聖言**」，其實在《聖經》當中早已揭示了「**我就是道、眞理與生命**」，藉由內在語言，我體悟了「**神祕**」本身。

---

11 陸敬忠著，《哲學詮釋學—歷史、義理與對話之「生化」辯證》，臺北：五南，民九十三年，頁31。這裡講到內道論最主要的重點在於傳達內道與外道藉由動態關係結構中去互動了解。筆者試圖轉化此意義為深悟體悟內在自我神聖區塊的呈現。

（二）「體驗與話語」

　　到底「體驗與話語」有什麼關係呢？人與人之間的關係溝通交流，乃是秉持真誠的給予、開放的通傳，依著「相似話語感覺」來喚起「人同此心，人同此理」的內在統一性，而所有外在「話語」終究是其本體基礎建立於「內在話語」之上，當我們進行所謂「跨文化、歷史、思潮的交流與溝通」時，常以「話語或感覺符號」以引起靈魂內在覺知到「話語的相似性」，也就是說「靈魂」自己本身知道自身所產生相等於他自己的「心語」，這類比於基督的「聖三」[12]。人作為上帝的肖像，可藉由「話語相似性」思考到「聖神三位一體」。

　　若從「思想與存有」關係對比來探討「語言與存有」關係，思考可以說是靈魂的某種視覺，或更好說是「心靈之眼」。奧古斯丁以「光照」理論說明語言，「語言」以「光」（luce）和「光照」（ullumina）來說明「話語」，「話語」乃是感覺之光（luce sensible），「聖父之言」是「絕對的光」，因其「光照」使其「話語」為我們覺知到而成為可能。[13]換句話說，「話語」本身具有穿透力，彷彿像陽光般，使心靈之眼感受到內在心語與話語之間相互共感與交流，以致於內在靈魂覺知到「那相似的心語」而為之顫動。

　　所以人必須回到心中，以心靈之眼感知那「神祕」，聆聽默識那內在之語，因「聖言」存在於人心中，回到人心中，才能看見真理。如此「內在話語」具有本體上崇高感，是每一個具有「歷史性」、「時間性」的生活實存者居於大地，即我們的「生活世界」時，所能

---

12 Augustine, Idem, De Trinitate, XIV, 10, 13. 人作為神的肖像，在理智思考中回到自己，就產生出由話語所形成的三位一體〈the trinity of word〉。換言之，在理智的光照認識之下，可以反映出三位一體的神〈ib ergo magis agnoscenda est imago quam quaerimus〉。

13 丁福寧著，《語言、存有與形上學》，臺北：臺灣商務，民九十五年初版，頁206。

體現的境界。

　　換言之，奧古斯丁理解「語言」何以由「人的位格」、「人的內在」（homo interior）說起，人在「時間、歷史」中「發現真理歷程」活動，內在呼聲根源於大地被召喚去知道眞理，用心靈之眼去看「心靈所感知這話語爲何」，人去看或去聽這感知、眞理體現在吾人「身體場域的顫動」，根源「存有開顯」之後花開於吾人身體場域的「心靈內在（lintimum）話語」。話語乃是「內在存有之方式」（il modo di essere dell intimum），「心語」乃是被心靈看到的對象，然它是超切（既超越又內在），是身體與心靈的「對話」，也是變動關係脈絡中被呈顯出來，它有其意向性，又能有生生不息、源源不絕的能量。

　　奧古斯丁的「話語」，鎖定了是「光照內在語言」，這猶如「聖父之言」，使我們瞥見那「神祕」不知雲的深處。這是我們對「話語相似性」啓迪的內在視界進行交流與觀看，透過「對話」，「此在」動力辯證「身體辯證現象運動」，我與我的「身體覺知」進行對話交流，我不斷爬梳「身體文本」所透顯意涵爲何，最後有如「光」的話語照亮在「生活世界」的「此有」，使「此有」走向「存有開顯」，這就是「實踐智慧」，而亞里斯多德所探討的「實踐智慧」，高達美也探討了，以下將針對「實踐智慧」進一步說明。筆者援引陸敬忠先生說法：「在高達美哲學詮釋學中，『光照』的思想則實際地在其詮釋性應性之構想，亦即理解與詮釋之爲應用中體現出來，而其典範乃亞里斯多德之慧思[14]觀念」。[15]

---

14 慧思乃實踐智慧另種翻法。

15 陸敬忠著，《哲學詮釋學—歷史、義理與對話之「生化」辯證》，頁251。在此慧思乃指phronesis，陸先生較偏重於倫理面向討論此意涵，然而在此卻特別提到慧思的存有脈絡的開顯——光照說法。

（三）「體驗真理的實踐」──對形上、語言的再思

亞里斯多德的phronesis，就是一種「體驗真理」的「實踐智慧」，它不再分割詮釋者的主體性與被理解意義的客體性，誠如高達美以此「實踐智慧」來重新解讀詮釋學的基本問題一般，高達美的洞見即是：「在理解中總是發生著一種將可被理解者應用於理解者當下處境之現象。」[16]這樣說明了phronesis總具有「存有學」脈絡上的性質，必須在存有關係網絡中「呈現自己」，這意謂著在眞正對「眞理之知」當中的「實踐體現」，故亞里斯多德稱爲「自知」（self knowledge）或者是「爲己之知」（knowledge for oneself），所以「體驗眞理」的「實踐智慧」也是一種「自知」，能「自知則智」，這智本身代表著呂格爾所講的「自我詮釋學」。

海德格哲學轉向於「此在」（Dasein）來了解自身「眞理開顯」，此「眞理開顯」亦是「光照」，「光照」是透過「話語」或「相似話語」迂迴來進入「身體辯證現象運動」，也就是進入「自性」與「他性」的「主體際性」的詮釋辯證運動來顯明自身或說是進入「存有開顯」，此即「此有存有者」進入「存有光明開顯」狀態中。

當人們對「話語」反省能從「淪落之地」跳出（無意義的閒談中跳出），這便是存有之境生發意義的可能性。反省「話語」，在身體動態辯證詮釋當中，等於是「召喚存有之境」時，對海德格而言，能發出召喚就是「存有者（此有）」，那就是一種活著、一種生命，和一種語言召喚回到「本眞」狀態，是種眞誠活著。所以語言本身是種「存有」方式，是種活著，人不活著是給不出東西的，同時是種「沉

---

16 陸敬忠著，《哲學詮釋學──歷史、義理與對話之「生化」辯證》，頁188～189。

默」，就是所謂的存有「深淵」（abground）。存有「深淵」使人體認沒有說出的東西，人做爲「**在世存有**」（being in the world），語言召喚能力讓人召喚「**存有在場**」，到兩方交談世界去，所有召喚都完成一種抵達，最後回到自身（返回生命「原型」），誠如海德格所言「**語言是存有的居所**」所說的一樣（*余德慧，《生命史學》*）。

　　Dasein卻不一定要以可聽見外在語言將存有表達出來，因爲Dasein在理論上可以僅止於「默觀」，但卻不將之表達出來。這樣，存有雖被了解，但卻不一定會出現在語言中，因爲一切皆在「默觀」中[17]，這是活生生的「**生命體驗**」所告知我們的。

　　「**生活世界**」給出的是「**實踐的知**」（praxis），語言是活著進去狀態，同時也給出距離給予觀看，讓彼此生命隸屬於「**生活世界**」，讓彼此有距離的成爲「**觀照者**」。存有者以「**靜默**」方式給出語言，而其重要的是人願意讓出，讓說者與被說在「默觀」方式裡有著「**理解、交流與溝通**」，他可以說是一種「說」，也是一種「聽」，也更可以是一種「讀」，是一種「寫」。所以「說」同時也是「聽」，「說」本身就是一種「聽」，「說」乃是順從我們所說的語言的「聽」。如此，「說」並非同時是一種「聽」，而是首先就是一種「聽」[18]；按海德格的說法再延伸出去，筆者以爲「讀」同時也是「寫」，而「讀」本就是一種「寫」，「讀」乃是順從我們所讀的語言的「寫」。所以「讀」並非同時是一種「寫」，而是首先就是一種「寫」。所謂「寫」也就是一種「**創造性的詮釋**」，在閱讀當中，我「讀」出一種不一樣的生命情調，而這樣的「讀」也是一種

---

17 《走向語言之途》是後期海德格的重要著作之一。在本書中，海氏提出了對語言的起源、本質，及意義的獨特看法。譯者爲孫周興，臺北：時報出版，民一九九三年八月出版，參考導讀。

18 《走向語言之途》，頁222。

「寫」，也就是「創造性的詮釋」。

四、「生命體驗詮釋」引領對「存有」根源性了解

（一）由生活世界「存有覺知」了解並行

　　維根斯坦後期哲學轉型認爲世界的形式來自於「知覺世界」的方式，此「世界」類似胡塞爾所提「生活世界」，不是外在客觀物所呈現的科學冷酷世界，而是豐富的人文生活世界，所以問題不在於客觀有什麼，而是我能夠知覺到什麼，如此我就會有如何的描述。如此，按維根斯坦的說法，我「知覺世界」的方式就形成我獨特的「語言遊戲」，換言之，每一個「語言遊戲」表達乃是指我們「知覺世界」的方式，「語言遊戲」乃是心靈目光前圖象的描繪。後期維根斯坦也提出了「生活」概念，此一概念指出了「人存在於這世界」的方式。[19] 我認爲「生活」的概念可以轉化成爲「生命」概念，更貼切形容「人與世界依存方式」，是根植於「生命母體、大地源頭、力量所植株的來源」，以《駭客任務》爲例，人活在「虛假矩陣的母體」世界裡，彼此生命相屬，然而這一切的生活所呈顯出來的那種根源力量，會不會是種「錯誤」，我們需要「尼歐」（救贖者，基努李維主演）透過「語言遊戲」（電腦者）告訴我們這個「知覺世界」是什麼？那種眞正「生命母體、大地源頭、力量所植株的來源」到底在哪裡？

　　筆者以爲「體驗」涉及一種「覺知世界」方式，是種人與世界照

---

19 Michael P. Hodges, *Transcendence and Wittgenstein's Tractatus* (Philadelphia: Temple Univ. Press, 1990), p. 27.

面亮相的一瞥。「覺知」是感受世界方式，它是大塊無分別以整體經驗來感受，由「知覺自我」在此向著「自我詮釋」，在自我內在核心時，也向著「生活世界」這個大文本開放自身，「生活世界與此有」互動在覺知過程中隱然呈現，萬物存在也以本然的面貌呈現自身，是深入生命體驗處去看，此覺知先於任何抽象概念，直接指向事物本身，是胡塞爾所言的「現象即本質」，它並非消極地、被動地接受刺激，而是簡擇按其本性而去接受「生活世界」，去接受「本真」存有狀態。所以建構「生命體驗詮釋」歷程，都在隱然而又明顯中發生，在「生命體驗詮釋」歷程中，「生活世界」的面容就此開展。內在心靈單純樸素才能「照見」存有的簡單樸素。所以返回存有單純元素，以「直觀」心靈之眼來把握「存有」的律動，才是完美人生生命體驗的藝術境界。

當然，維根斯坦說到「語言遊戲」相應於生活形式的意義傳達，而當中他也說到了「語言遊戲」否定了某種形上實在性，筆者卻要直指出這樣的「語言遊戲」其實涉及形上的本體思維。

「生命體驗詮釋」其實也指涉了一種形上思想。這是什麼意思呢？深刻地說，在「生活世界」的文本之下生成的不確定性所產生動態變化的創造性，其意義被無限的推衍，這樣的「知覺世界」就是「語言遊戲」，也是一種「生命體驗詮釋」，對於「生活世界」的詮釋乃是不存在任何「確定性」，它乃是流動性、開放性，是辯證的、是種運動的參照關係，永遠動態生成變化延異而成。

關於「生活世界」的本質是什麼？它其實是陳述筆者所知覺體驗的「生活世界」是什麼。它涉及了「身體辯證現象運動」，它是「自我對於自我身體知覺的觀照」，它其實就是「生命體驗詮釋」，它是「此有者走向生活世界的開展」，也是「存有者走向存有」，它是涉及了「形上本體」，更可說是「存有開顯」。「此有」，也就是「生

活世界中的人」，人只嘗試以語言建構他個人認定的「生活世界」是什麼，在此之時，他體認到所嘗試探討的是「奧祕」，故人嘗試以語言表達了什麼之後，應當保持緘默。對「此有」來說，「非『生活世界』是什麼」是個奧祕，而「『生活世界』是什麼」也是奧祕。[20]

（二）由真理的「閱讀」轉向真理的「遊戲」

　　依維根斯坦而言，每個人只能在語言中建構「微世界」[21]，筆者以為，這「微世界」是「建構的實在」，這「建構的實在」是「可道、可名」，唯有建構此「微世界」，「此有」才能與「生活世界」互動，參贊才能化育，如此才能建構真正的「大千世界」。那如何從事建構「微世界」呢？必須由「可道、可名」著手，由語言中著手，在語言中建構「微世界」，這就是從事「身體辯證現象運動」，「可道、可名」的表達方式是接近「道」，然還未是真正「道本身」。但「可道、可名」讓我們得以一種概括性認識，和「閱讀真理」方式來接近「真理」開顯，所以讓我們在「身體」場域建構出「微世界」而進入大千世界，以致於「道」、「存有」本身在「世界大文本」當中韻律的交流，以回返「道」之創造和造化。如此，人得以無拘執解放交流，人在「身體」場域的操作，視之為有意義的蘄向與交流起點，則人得以向「生活世界」開展。

---

20 丁福寧，《語言、存有與形上學》，頁347。
21 卡納普認為建構全演繹體系，要由主觀經驗去找以建立去找體系的基礎，而卡納普找到的是「基本體驗」（elementarelebnisse），他是被認知主體當下體悟的，其中有滿足整全感，它們是由知覺性質和語言詮釋的表來規定身體發生的歷程的結構，而這是卡納所言的建構歷程。其建構歷程其實就是「還原及化約」的過程，由文化精神世界到唯我論心理世界到知覺世界到物理世界到他人心靈世界。見沈清松，《對比、外推與交談》，臺北：五南，二〇〇二年十一月，頁119～122。

　　「生命體驗詮釋」在身體場域全面開展流通，我對「生活世界」的意義洞見在於我是如何知覺的，而我形構知覺的方式就形成了獨特的「語言遊戲」。換言之，我所知覺到及看到的是非常獨特、個別化的「生命體驗詮釋」，它涉及了文化、歷史、意識型態、政治、經濟、社會、心理等各方面背景解讀，這種的背景解讀，就跟現今的「文本閱讀」理論，有異曲同工之妙，「閱讀者本身也是作者」，兩者的交流溝通是互為文本，一切的「文本」都是「多義的、多詮釋的」。前面我們幾乎是從「默觀」層次來談到「生命體驗詮釋」，現在我們要從「閱讀理論」來談到「生命體驗詮釋」，一種是涉汲了「聽與說」，一種涉及了「讀與寫」。無論是「聽與說」與「讀與寫」，都說明了「此有與生活世界」的關聯，

　　按照「閱讀」理論來講，「文本」是最重要的，不是靜靜躺在那裡才叫做「文本」，當代「文本」可以說是擴大的「文本」，一切「文本」視為不同社會、文化歷史背景下，某種意義結構的「文本」。依此而故，「文本」一旦離開作者，會依讀者的解讀而展開其意義詮釋的多樣性層面，且在不同閱讀脈絡裡，依讀者的背景，而轉化成為多種的可能性。所以「生命體驗詮釋」也是如此，當我們透過不同「文本」解析生命實存狀態時，讀者在「文本」中看到是屬於同根源存在於關涉個人生命體悟的存在狀態，「世界文本」是向著每個人開放的，而在不斷開放互動過程，也形構出我們對生命的詮釋原貌，也不斷生成生命實相，它使得原來「文本」在不同時代被重新理解，也產生新的意義。

　　只有透過讀者的閱讀、理解與詮釋，「文本」從死的語言物質材料才走出而擁有真實生命，經歷不同時代的重新闡釋和對話，才能獲得延續，不斷生成變化創造裡，「生命體驗」才能真正才能連續變化的「詮釋作品」。

　　如此對「文本」眞理的解讀，不再是平面式的，而是具有穿透式的重新「解構」遊戲，破除原來「文本」的框架，解其系統，使之不再有「符號／意義」二元對立且固定結構則，如此生命得以進行「體驗詮釋」，進行「詮釋創造性自由遊戲」，而這也是呂格爾之所以要透過「語言迂迴」去詮釋自我，筆者以爲如此往返的「詮釋循環」或說是「詮釋的迂迴」來成就我們「身體知覺詮釋生活世界」的方式，這就說明了我們的「生命詮釋體驗」方式，這種「詮釋生命體驗」是與「身體語言」有密切關係，「生命體驗詮釋」代表是人是生活世界存有在「身體」場域當中，開展出所「知覺世界」爲何，進而了解「存有開顯」核心價值，這就是希臘哲學思維的「思維」、「言語」與「存有」。事實上，沒有一個「世界」的概念可以超越我們「生活世界」而被「體驗」，也是說「生命體驗詮釋」，必須是「在世界的精神」（The Spirit in the World）或說是「生活世界的此有」（Dasien in the living world）才能進行理解、詮釋與對話，以「身體」爲場域展開「語言與世界」的對話，進行「語言遊戲」的表達，而這所展現開來的便是我們「知覺世界」。[22]當然，維根斯坦不是唯一說到「語言遊戲」的人，在當代高達美在《眞理與方法》當中，也不斷提及了所謂「遊戲」概念，不過在此篇文章，我們不做兩者的比較，留待以後再研究。

（三）「體驗」──由「技轉向道」、「方法轉向眞理」

　　「生命體驗詮釋」說法指向了「去除技轉往向著道」之路，「生命體驗詮釋」本身做爲技術方法，倒不如說明它就是「游於藝」

---

22 *Transcendence and Wittgenstein's Tractatus*, p27.

的境界。「生命體驗詮釋」說明了「身體」是「生命體驗詮釋」的場域。

> 方今之時，臣以神遇，而不以目視。官知止而神欲行。依乎天理，批大郤，導大窾，因其固然。彼節者有間，而刀刃者無厚。以無厚入有間，恢恢乎，其於遊刃，必有餘地矣。**23**

西方世界以《聖經》為主軸的思考方式，免不了要談到「道成肉身」概念。早期在西方與東方比較時，沈清松教授說到了「道成為身體」的可能性**24**，筆者以為這種「道成為身體」的可能性在於透過「生命體驗詮釋」，以「身體為道的呈現場域」，一個身心結合緊密場域，以「生命詮釋體驗」的「心靈之眼」說法，來使「存在與意識」一體呈現，而這說法便是熊十力先生所言「境識一體呈現之」**25**。換言之，這是以生命直接理解、詮釋，實踐出「道」在吾人身上變化，以建構「此有與存有」本身的相遇，雖然每個人只在蛛絲馬跡的文本找到「生命體驗詮釋」的操作手法，然操作手法只能是工具性的被丟棄，最重要的是在「體驗奧祕」之外，保持沉默。如維根斯坦所言「語言、世界」顯示出來是個「有限度的整個」（a limited whole）。**26**換言之，由「此有」的「身體」所開展的「生命體驗詮釋」，也就是「實踐智慧」，開展了整個「生活世界」，如此一來，此有迎向這世界，這世界也迎向此有，這樣所呈現的「生活世界」是

---

23 郭慶藩著，《莊子集釋》，臺北：世界書局，一九八二年，頁119。
24 沈清松著，《對比、外推與交談》，臺北：五南，二〇〇二年十一月，頁288。
25 林安梧著，《存有·意識與實踐》，臺北：三民，民八十二年，頁340。
26 Wittgenstein, *Tractatus Logico-Philosophicus*, cit., 6.44.

寂然不動，然後感而遂通的生生造化之美，人與自然、人與天、人與神有著「無主體性」或說「主體際性」的交流與溝通，而這便人間美境，是你與我，你與他的和諧關係，而這樣的美感知覺，是一種感受「生活世界」與我合爲一體，自我迎向所有，生活世界隱然現出，直接迎向，當頭對面遭遇，這是一種「啊」的經驗，是種「物我兩忘、天人合一」的境界，而這種感知活動中，「生活世界」的面容，或說是「真理」的面容，或說是「存有」的面容漸漸明朗化，若使用胡塞爾的語言來說便是「現象」面容，或說是「本質」面容朗現，若用列維那斯的語言來說便是「他者」面容朗現，佛教語言則是說「真如」朗現，如此「此有」在「生活世界」，無分於上下、左右、前後等。只是全然矗立在前，人只要放心便可長久安身立命在其中。

（四）「生命體驗詮釋」建構出「整全人文主義精神」

沙特寫了《存在主義就是一種人文主義》，筆者以爲其內在核心意義在於「存在經驗」本身，也就是「生命體驗」本身，而對其有所「詮釋」乃是「整全人文主義精神」，人總是在活生生的「體驗」當中，感受生命意義價值感，與「存有」有著相依相屬的感受，「在世存有」以「直觀心靈之眼」把握「存有的脈動」，克服內在與外在的生命分歧、理性意識與經驗感識的二分，克服異化，努力達至「天均」，使「自我存在」、「生活世界」與「宇宙、神人」合而爲一。這樣的「生命體驗詮釋」在於人不斷探求其意義體現的可能性，通過深層內在「體驗」而呈顯自我本眞。整個「生命體驗詮釋」歷程就在隱中浮現於前，這是「由遮蔽到開顯」過程，也是「由暗到明」的過程，它表示生命「由沉淪走向提升」的層次。

「生命體驗詮釋」，在於生命意義由「身體辯證現象運動」浮

現，當我們去「觀看」意義呈現出的圖象時（「話語」及「話語的相似性」），圖象能如實呈現於我們之前，已然構成「理解、詮釋及交流」的過程，人最初基本「體驗」是發生於身體內的構成經驗，「身體」是一切構成「生命體驗詮釋」歷程開端，也是「現象」得以呈現場域，自我其實就是在「我的身體」之中，可以由「我的身體」出發，如此一來，「身體」是建構意義最初場域[27]，若依呂格爾的文章中，筆者以為我們可以進一步解釋「我的身體」，其實也是自我原初的「他者」[28]，於是在「觀照」中，也就是「身體辯證現象運動中」，在「生命體驗詮釋」中，自我「觀照」自我的內在「體驗」中，自我便與「原初他者」相遇，這相遇是「自我意識」形成及發現其自我「本真」的「語言詮釋」。「生命體驗詮釋」必須在「自我意識」形成後，又將其解構，有如莊子《逍遙遊》所言，必須進行「消解」，才能「遙而遠之」，筆者以為是說，自我詮釋在進行「存有」意義探索時，得要先行「虛無」自身意義之後，歷經毀滅達到「存有」體悟高峰，它克服了自我異化和彼我之間的乖離，是我與他人溝通共融的可能性，此生命體驗詮釋圓滿的解析，得到一種整體性存有全面開展，也是「整全人文主義的精神開展」。

總而言之，我的「身體」總是向著「生活世界」開展，指向「他者」，並啟動自我建構意義的契向，在「身體」中，浸潤著「趨向滿全生命意義」力量，它通過動力覺醒活動，進而通過我們多面知覺進行統攝，而在「身體」鼓動中邁向「整全人文精神」意義動力前進。我們的「身體」是在建構「此有」與「存有」本身的遭遇，作為

---

27 沈清松著，《對比、外推與交談》，臺北：五南，二〇〇二年十一月，頁126。
28 「我們的身體顯示別異性也是自我的構成因素，而不是外面添加上去的」。P. Ricoeur, *Soi-meme comme un autre*,〈Paris: Edition du Seuil, 1990〉, p.367.

中介的「*身體*」是必然的。作爲體驗「*身體*」，感官感動「*身體*」及運動中的「*身體*」，也是「*生命體驗詮釋*」眞實場域，它是「*此有*」邁向「*存有*」的中介。

總　結

　　「生命體驗詮釋」強調「理智與經驗、理論與實踐」的合一，在「理解、詮釋與對話」中，生命藍圖（「原型」）藉由「心靈之眼」所掌握的「話語」，形構出一種理想橋梁，使我們得以在「話語」中看見心靈生命真誠的溝通，那是「真誠交換真誠，生命交換生命」，以「身體」覺知場域為交換場所，即是唐力權所言的「即場即有，即有即場」，筆者以為「即場即有，即有即場」，即是說明依「身體」場域關係脈絡中，得以看見「身體與生活世界文本」的脈動，具有歷史與時間性的「身體」在空間展示「生活世界」的關係脈絡，得以展開迎向所有發生的一切，所有活生生「混沌」結合場域。筆者以為這是「既超切又互相涵攝的存在與存有者的共舞」。中世紀的士林哲學家奧古斯丁也看到這種「心靈之眼」，他稱之為「理智之光」。筆者以為奧古斯丁藉由「理智之光」說明在心靈深處思想自己觀看自己，來走向「真理」，或說是「存有本真」，這種「理智之光」已然蘊含著「人以『身體』場域為參考作標去迴旋在心靈深處思想自己，以自知的智慧去看所有事發生」。

　　理智與經驗在東方哲學上區分不強，兩者發生地在均在「心」上求。「心」總涵攝「意識」與「感識」、「意識」與「感識」都是在「識」上發生，也就是「心識」發生，「心識」可是說是心靈知道些什麼，或心靈看到些什麼、心意識到些什麼或感受些什麼，這些都可在「自我覺察」（「默觀」）中發現，也就是說「在生命體驗詮釋」中發生，然心最怕為「形」所役，所以儒家以為「踐形盡性」，以「身體」場域為「生命體驗詮釋」場域，如此才有展現如本真「存有開顯」，否則「根身習氣」、「乘權作勢」所造成的扭曲、異化及遮蔽，將隔絕「心與生活世界」的往返。

　　東方哲學擅長在「身體」場域實踐理想，實踐理想性人格乃是

成就「聖人、真人、至人、神人」的「境界」，這「境界」的描寫在東方哲學有很多，境界達致需要迴返與超升的工夫，而這迴返與超升工夫，乃是一「逆覺體證」工夫（牟宗三先生常語詞），是經「由逆而覺之」達致，豁顯其「本體」，也這即是「本心即道體，道體即本心」的根源性實踐。換言之，東方哲學只要「澄心默坐」、「體認天理」即得「當下切入，證會本體」，即可「任持本心」。可見東方很少在講理智與經驗的區分，他們也比較少看到兩者之間矛盾，倒是值得注意的是，在「知」當中，東方會分爲「大知」與「小知」，在「經驗」當中，東方會區分「外在」與「內在」，這樣的分法並不排除另一種的可能性，只不過更講求「知」及「經驗」的陷阱，要人們避免掉入「小知」與「外在經驗」陷阱中。

　　中國哲學由心兼「意識與感識」，所以「去染成淨」成了心空靈明覺所展現自由無拘執的最佳「工夫歷程」寫照。「意識與感識」最忌諱「對象性」的執有，「去執而定住」在那「存有根源」成了東方哲學成聖成賢的最佳路徑。「識」乃是東方「生命工體驗詮釋」的關鍵核心點，包含「意識與感識」，或稱爲「心所」，心所拘執即是「迷」，心所覺醒即是「悟」，迷悟在「心所」當中發生。我們可以說是「心靈之眼所在」。「心靈之眼」將身體與心靈強烈結一起，使東方的「生命體驗詮釋」早西方好幾百年。而這便是東方擅長「生命體驗詮釋」，觸及「未執著及未對象化」的「存有」，正如熊十力[29]所說：

　　　　此等問題不是憑量智推求可以下評判的（此中量智、

---

29 熊十力，《論著集之三十力語要》，臺北：中華書局，一九九六年，頁393。

理智作用，或知識，亦即是情見）。我們至少須得有一種清明在躬，志氣如神的生活。……常令此心，廓然離繫，破除種種見網（一切依情見所起的推求或知識與見解等等，總名為見，亦云見網。網者，網羅，不得開解。凡一切見，皆即是網，故名見網）。方是空寂的真體呈露。到則本體之明卻會自知自證，易言之即他自己認識自己空寂的面目。

「生活世界」向自我展開，自我也向「生活世界」展開，存有根源為吾人所自知自證，掌握在「生命體驗詮釋」，也就是「實踐智慧」中，自如其如的開展自己。

參考書目

中文書目

1. 龔卓軍著，《身體部署—梅洛龐蒂與現象學之後》，臺北：大和書報圖書股份有限公司，二〇〇六年九月。

2. 陸敬忠著，《哲學詮釋學—歷史、義理與對話之「生化」辯證》，臺北：五南，民九十三年。

3. 丁福寧著，《語言、存有與形上學》，臺北：臺灣商務，民九十五年初版。

4. 沈清松著，《對比、外推與交談》，臺北：五南，二〇〇二年十一月。

5. 林安梧著，《存有・意識與實踐》，臺北：三民，民八十二年。

6. 熊十力著，《論著集之三十力語要》，臺北：中華書局，一九九六年。

7. 郭慶藩著，《莊子集釋》，臺北：世界書局，一九九九年。

9. Richard E. Palmer著、嚴平譯，《詮釋學》，臺北：桂冠，一九九二年。

10. 海德格著，〈荷爾德林與詩的本質〉（Hölderlin and The essnce of potry），英譯本，見W. 布洛克編《實存與與存在》（*Existence and Being*），倫敦，一九五六年。

11. 常若松，《人類心靈的神話》，臺北：貓頭鷹出版，二〇〇〇年。

英文書目

1. Michael P. Hodges, *Transcendence and Wittgenstein's Tractatus*, Philadelphia: Temple Univ. Press, 1990.

2. Martin Heidegger, *Sein und Zeit*, (1963). Being and Time, translated by John Macquarie and Edward Robinson, Oxford: Blackwell, 1967

3. Martin Heidegger, *Einführung In Die Metaphysik* (1958). *An Introduction to Metaphysics*, translated by Ralph Manheim, New Haven, Yale University Press,1959.

第二章　東西方哲學中「意識流」的探討
——禪宗、柏格森及胡塞爾的對話[1]

1　本文發表於真理大學《博雅教育學報》，創刊號，二〇〇七年十二月，頁95～110。

你騎在河流之上
不再有爭鬥
突然之間，
憐憫之心油然而生
笑看人間恩怨情仇
錯、錯、錯、錯
對、對、對、對
順著力量之流
來、來、去、去
游、游、盪、盪
這河流
飄浮
奔放
到家了

前　言

　　禪宗有一套「身體」當中的「實踐智慧」，這「實踐智慧」使人得以在「意識流」當中「觀照」，而這正說明了東方哲學擅長在「身體」場域中實踐理想，此乃是一「逆覺體證」工夫，是經由「逆而覺之」達致，豁顯其「本體」，即是「本心即道體，道體即本心」的根源性實踐。

　　換言之，禪宗所講「以心傳心」，所傳的便是佛的「心印」，而佛的「心印」就是「般若」；「見性」就是頓現自己本自具足的「菩提般若之智」，據說釋迦牟尼當初在靈山會上拈花示眾，諸人不解其意，唯有大弟子迦葉會意微笑，於是佛祖就將佛教的「正法眼藏涅槃妙心」傳於迦葉，這「會心一笑」便成為禪宗的「悟」源頭活水。

　　「以心傳心」、「逆覺體證」工夫說明了「讓意識流還是意識流」的「無念、無相、無住」的「生命體驗詮釋」工夫，這正足以說明在某方面看來，禪宗實是帶有「意識現象學」的痕跡。

　　禪宗因此可以說是中國「意識的現象學」。而「意識的現象學」，最值得探討的現象乃是「意識流」部分，做為「稍縱即逝的現象」，在時空中的「現象」，如何像胡塞爾所講「即現象即本質」，轉化為佛家語言，即「迷即悟，悟即迷」，東西方文化交流與對話即貴在此找尋可溝通之處的可能性。

　　今日就「意識流」──中國「意識的現象學」當中來做東西方的交流與對話的契機，實是因為「意識流」所呈現即「現象即本體」、「即主觀即客觀」、「即所知即能知」、「即理性即經驗」是東西方文化共同所重的區塊，今以此為本文嘗試重點，盼能拋磚引玉，多加批評指教。

一、禪宗所隱含著「意識流」當中的「生命體驗詮釋」

「意識流」乃是對時間與空間所構築的「存有處境脈絡有所詮釋」，禪宗並沒有用明確使用「意識流」這個語詞，而筆者所使用的「意識流」也必須解釋一下：

「意識流」最初見於威廉・詹姆斯的論文《論內省心理學所忽略的幾個問題》，他說到「意識」活動是一種連續不斷的流程。「意識」並不是片斷的銜接，而是「流動」的。

二十世紀初，法國哲學家亨利柏格森的「綿延論」強調「生命衝動」的連綿性、多變性。後來奧地利精神分析學家佛洛伊德談到「無意識結構」、「夢」與藝術關係，都對「意識流」有所探討。**2 3**

威廉・詹姆斯提到：

> 我們所經驗的世界總是包含兩個部分：客觀部分與主觀部分。客觀部分也許比主觀部分寬廣無數倍，但主觀部分卻是永遠不能被抹殺或壓抑的。客觀部分是我們任何時刻所思考的總和，主觀部分是這個思考發生時的內在「狀態」。我們所想的也許很廣大，例如宇宙的時間和空間，而內心狀態也許是最難以捉摸與細微的心靈活動。宇宙的對象就來自經驗這一點而言，只不過是某個事物的理想圖象，它不為我們的內在所擁有，而只指向外界；但內在狀

2　「意識流」通常使用在小說技巧使用上，幫助我們從外在行為與現實描述轉化為內在心靈的挖掘，賦予小說人物深刻內在生命描述，也打破時空的限制，它可以說是一種心靈活動，指先語言之前人的心理狀態，有如瀑布般流動，使人在追溯當中，不斷一幕幕呈現腦海中。

3　蔡源煌著，《從浪漫主義到後現代主義》，頁49～51。

態卻是我們的經驗自身，其真實性與我們經驗的真實性是相同的。**4**

威廉·詹姆斯提到：「客觀部分是我們任何時刻所思考的總和，主觀部分是這個思考發生時的內在『狀態』。」合主、客觀而言，筆者以為威廉·詹姆斯要講的是，無論如何觀照「意識流」就是主體觀照內在「生命狀態」（「客體」），它是「身體辯證現象運動」，也是「生命體驗詮釋」，他可以使「現時」呈現，「現時」呈現即是「當下即是」與「刹那即永恆」，我們可以參看馬丁·布伯所講的：

> 現時並非指我們觀念中眼下呈現的『已逝』時間的終點、時光流程裡凝固的一瞬，它是真實活潑、沛然充溢的現在。僅在當下、相遇、關係出現之際，現時方才存在；僅當「你」成為當下時，現時方才顯現。……現時非為轉瞬即逝、一掠而過的時辰，它是當下，是當駐**5**。

如何「觀看」意識流所呈現種種現象，成為「悟」、「真理顯露」及「存有開顯」的可能性。誠如海德格所言「真理作為存有之顯露」、「讓存有（Sein）之真理自行揭示於『此』（Da）。Dasein成為存有揭示之處。」**6**筆者以為「此有」在「此」揭露「存有」乃是

---

4 見威廉·詹姆斯著，蔡怡佳、劉宏信譯，《宗教經驗之種種——人性的研究》（臺北：立緒，二〇〇四年），頁597。

5 馬丁·布伯著，陳維剛譯，《我與你》，臺北：桂冠，一九九一年，頁11。

6 王應棠，〈棲居與空間：海德格空間思維的轉折〉，《地理學報》，臺北市：臺灣大學，五十五期，二〇〇九年，頁33。

「現時」呈現，「當下即是」與「剎那即永恆」，在「意識流」當中，讓「存有」揭露。

（一）禪的「生命體驗詮釋」

「禪」是什麼？梵語（dhyara），音譯「禪那」，意譯「靜慮」，慧能說：「我此法門，以定慧為本。」禪宗的意思乃是「靜慮」之後，「定而能生慧」。「定而能生慧」所「體驗」到的是「當下即是」與「剎那即永恆」。「當下即是」與「剎那即永恆」，這是我們理解禪宗的「悟」，筆者以為兩者均是在「觀照」「意識流」概念當中可以被理解，它是「密契經驗」。「觀照」「意識流」乃是對時間與空間所構築的「存有處境脈絡」有所「詮釋」。「此有的情境存有狀態」為何呢，我們以梅洛·龐蒂（Merleau Ponty）來解釋之：

> 我們寧願說，意識的生活、認識的生活、欲望的生活或知覺的生活是由「意識弧」支撐的，意識弧在我們周圍投射我們的過去，我們的將來，我們的人文環境，我們物質情境，我們意識型態，我們精神情境，使我們置身所有這些關係中。[7]

「此有情境存有狀態」，與「意識」有關，「生活世界」使我們置身於錯綜複雜的關係中，也說明著這情境是具足「時、空與動力場

---

7 梅洛·龐蒂著，姜志輝譯，《知覺現象學》，北京：商務印書館，二〇〇一年二月一版，頁181。

域」。此「場域」充滿「不確定性、差異性與辯證性」，它乃是「身體」對「此有」的「情境存有狀態」所覺知到的「生活世界」，只能勉強以隻字片語描述，但是僅能說明「關於它是不是什麼」，而不是「它是什麼」。

「禪悟經驗」是在「意識流」狀態下保持警醒，努力去「觀看」意識。它不是日常生活意識，它是了解形上真理的意識。伊利亞德說：

> 瑜伽的目標和數論一樣，是去除日常意識，代之以一種性質不同的意識，這種意識能夠完全理解形而上學真理。**8**

（二）禪的實存真如生命

> 前念迷即凡夫，後念悟即是佛；前念著境即煩惱，後念離境即菩提。
>
> 《六祖壇經‧般若品》

禪宗看重人的實存體驗，對人的實存體驗直覺了解，認為所謂「禪」體認應是在於當下「此有」的「情境存有狀態」處境中能夠有所把握，有如「禪悟經驗」般，「說是就是」了。透過「覺知見」，見其「本性」，筆者以為這就是在「意識流」當中，「身體」對「此

---

8 伊利亞德著，武錫申譯，《不死與自由—瑜伽實踐的西方詮釋》，北京：中國致公出版社，二〇〇一年，頁38。

有」的「情境存有狀態」所覺知到一切，見其本然的生命原初狀態，有如胡塞爾所言「即現象即本質」，在「現象」呈現之後，便能「直觀」到本然面目。「意識流」代表人所覺知見到是個「動態的理解、詮釋與對話」歷程，它是以「身體」爲場域而發生的「動態辯證現象運動」。人在「意識流」當中理解人的生命歷史，在「意識流」當中，要人爲「生命歷史現象」開顯存有自身眞理，這生命歷史是「循環」的歷史不是「直線」的歷史，透過生命歷史現象呈現，我們了解了作爲「生命敘事」的可能性，透過事件及時空配置，展開自身的詮釋。

（三）「一……即……」的此有情境存有狀態

　　一念悟時，眾生是佛。故知萬法盡在自心，何不從自心中頓見真如本性？《菩薩戒經》云：「我本元自性清淨，若識自心見性，皆成佛道。」

《六祖壇經・般若品》

　　禪宗所言即是「當下即悟」狀態，這裡所談「識自心見性」，那個「識」乃是「轉迷成智」的開端，這是「即刻、立即」的「開悟」，「一……就……」強調的是兩者互轉的快速與容易性，「翻轉」可以形容在此情境中「一……就……」。這是眞正「由迷轉悟」的「生命體驗詮釋」狀態。這種「翻轉」重心在於「即」的存有的時間及空間性格急速變化。「即」就是「頓」，「即」、「頓」代表「翻轉」不容等待，在頃刻間、在那空間下即發生。

　　「即」、「頓」說是當下「此有情境存有狀態」所呈現的「現

象」就是這樣了。「此有」對「情境存有狀態」體悟，乃是在念頭升起、落下的「那一瞬間」做爲一個起點。

（四）念念相續的「意識流」狀態

「念頭」的升起、落下串連在一起，便是表現念念相續、不斷變動的「意識流」。念頭升起、落下便是「意識的現象」，以電影圖象方式，展現給心靈之眼看到、直觀到如此「現象」，即是心靈原來面貌，即是「真如本體」、「虛幻即真實」、「真實即虛幻」。

> 無念者，於念而不念。無住者，爲人本性，念念不住，前念、今念、後念，念念相續，無有斷絕；若一念斷絕，法身即離色身。念念時中，於一切法上無住；一念若住，念念即住，名繫縛；於一切法上念念不住，即無縛也。……真如是念之體，念是真如之用。自性起念，雖即見聞覺知，不染萬境而常自在。
>
> 《六祖壇經・定慧品》

「念念相續，無有斷絕」就是「意識流」說法，而無所「住」、「繫縛」，能使一切法「時中」，「時中」意思乃是筆者「此有」在「此」揭露「存有」，乃是「現時」呈現，「當下即是」與「刹那即永恆」，在「意識流」當中，讓「存有」揭露。而這便是「法身」，「法身」意識乃是能夠「觀入」，「當下即是」，「不染萬境」，使「真如」顯現。筆者以爲這便是「此有生命體驗詮釋」，「此有生命體驗詮釋」乃在於「生命螺旋式歷史」（「生命循環歷史」）回溯所呈現「意識流」現象當中，體悟到「現象即本體質」，

「瞬息萬變即不變」的「心之自性」來。念念俱現，然吾心觀照，任其自然，常自在而無住，無縛亦無執是也。禪宗便是在「觀照意識流」乍起還滅的「念頭」升起落下當中，「空寂」即出現了，而「心性本體」自如也顯現出來了。故筆者認爲禪宗最高法門在於「意識流當」中間「空白」階段，透露「明光」，「即見聞覺知，不染萬境而常自在」。故慧能雖稱「我此法門，從上已來，頓漸皆立無念爲宗」。「念頭」流逝裡也代表時間相續接連，而這不就是柏格森的「綿延」概念嗎？能見「念頭無所住」的空白，即是「佛」、即是「菩提」，那「念頭」中「空白」時間切入，那「刹那即是永恆」，「當下即下」。

　　若悟無生頓法，見西方只在刹那；不悟頓教大乘，念佛住生路遠，如何得達？

《六祖壇經・定慧品》

（五）「意識流」當中「直觀」

　　禪宗的「禪觀」是「無念爲宗，無相爲體，無住爲本」[9]。在「意識流」當中的，在「念念相續」當中，如何「斷絕念頭，使念頭時中，無所縛執」，成爲「悟」的可能性，而這就是「實相般若」，「禪宗的精髓在頓悟，在實相般若」[10]，筆者以爲禪宗的「悟」就是在「意識流」當中如何去「觀照」，這是「身體辯證現象運動」，如

9　「無念爲宗，無相爲體，無住爲本。」「我此法門，從上以來，頓漸皆立無念爲宗，無相爲體，無住爲本。」「悟般若三昧，即是無念。何名無念？無念者，見一切法，不著一切法；遍一切處，不著一切處。」《六祖壇經・定慧品》

10　《禪宗宗派源流》，北京：中國社會科學出版社，一九九八年八月第一版，頁11。

何就「（身體）見聞而成為真如本體」，而這就是所謂筆者所言的「生命體驗詮釋」。筆者以為這是在「觀照」身體場域中「念頭相續」中，而呈現「現象即是本質」，然後「明心見性」。所以「無念為宗，無相為體，無住為本」乃在於「識心見性」和「頓悟成佛」。所謂「識心見性」就是體認事物的本來面目，就是「實相般若」；就是在「意識流」當中所呈現出「當下即是」狀態；在「意識流」之下所呈現「物如其是」狀態，自在而任其自然，「此有」只要把握直覺觀照，所謂「頓悟成佛」它是種如何翻轉「現象即本質」，呈現出永恆的存有揭露，可頓悟出成佛智慧，這就是「剎那即永恆」、「當下即是」。筆者「識心見性」乃能成就「頓悟成佛」，其實就是禪宗最高法門在於「意識流當」中間「空白」階段，透露「明光」，「即見聞覺知，不染萬境而常自在」。而這就是所謂禪宗被稱為是中國的「意識的現象學」，一個禪悟修行者，如何在柏格林的「綿延」（「意識流」）部分，也就是在「稍縱即逝的現象」（在身體感知時空中的「現象」），如何像胡塞爾所講「即現象即本質」，這就是來自於「存有根源」心靈深處的召喚，無有執著、無有輪迴，是自由自在。

　　筆者以為禪宗主張「以心傳心，見性成佛」內在直覺體驗，也就是禪的「生命體驗詮釋」最直截的方式。禪示當中修禪妙觀在於以「無念為宗」，自然「無相為體」，當然也就是「無住為本」。換句話說，禪宗所指的是在「意識流」的來來去去當中，把握心靈的澄淨，無執著念念之間的形象，不固著執守念頭之上，專務「直觀」，直覺觀照所有生命「意識流」來來去去，以此為「本體存有根源」的召喚，回返生命純真本色，或說是「原型」，任自然而生發，以天下之家為家，何處不是我家，自然無住，這就是「生命體驗詮釋」。

二、用柏格森的「綿延」來解禪宗「念念相續」說法

（一）二者都涉及到「意識流」

　　柏格森講到「綿延」（durée, duration），他說到：「純粹綿延是：當我們的自我讓自己生存的時候，即當自我制止把它的現在狀態和以前各狀態分離開的時候，我們的意識狀態所採取的形式。」而這不就是禪宗所講的「念念相續」嗎？「綿延」著重在「時間」上的講述，而「時間」又涉及了「記憶」。簡單來講，「純粹綿延」把過去和現在做成一個有機整體，裡面乃是相互滲透、不區分的繼起相續（柏格森，《時間與自由意志》）。柏格森沒有講到「意識流」，但他所講的「時間」，絕對不是量、抽象、數學「時間」，他講的是眞實的「時間」「綿延」（durée, duration）[11]。「綿延」尤其是在「記憶」中表現出來，因爲在「記憶中過去」殘留於現在。因而，「記憶」在柏格森的哲學裡便非常重要了。從原則上講，「記憶」必定是一種絕對不依賴於物質的能力，柏格森對「直覺」的論述是以他的「綿延」和「記憶」的理論爲前提的，因爲在「記憶」中「過去」存活到「現在」裡面，並且滲透到「現在」裡面。

　　所以筆者認爲有關生命發生種種內涵的歷史時間，說明著生命是有歷史的，不管過去、現在或未來發生種種都會連續回應在我們生

---

11 綿延尤其是在記憶中表現出來，因為在記憶中過去殘留於現在。因而，記憶論在柏格森的哲學裡便非常重要了。從原則上講，記憶必定是一種絕對不依賴於物質的能力，柏格森對直覺的論述是以他的綿延和記憶的理論為前提的，因為在記憶中過去存活到現在裡面，並且滲透到現在裡面。離開了精神，世界就會不斷在死去又復生；過去就會沒有實在性，因此就會不存在過去。使得過去和未來實在的，從而創造真綿延和真時間的，是記憶及其相關的欲望，使過去與現在與未來融合在一起，只有直覺能夠理解過去與未來的這種融合。參伯特蘭‧羅素的《西方哲學史》。http://www.twbm.com/www/window/liter/philwest/philw_cont.htm

命歷史河流之中，造成「生命敘事」，讓我們不斷重說著我們的故事，「記憶」我們的故事，將「過去、現在與未來」時間融塑成爲敘事，不斷「綿延」著。換句話說，人在「意識流」當中理解人的生命歷史，在「意識流」當中，要人爲「生命歷史現象」開顯存有自身眞理，這生命歷史是「循環」的歷史不是「直線」的歷史，透過生命歷史現象呈現，我們了解了作爲「生命敘事」的可能性，透過事件及時空配置，展開自身的詮釋。

「綿延」對應便是禪宗所言「念念相續」，念頭升起、落下好比是河流不斷前進般，所以筆者認爲可以稱爲「意識流」，「意識流」是「前後通貫，密密綿綿，前延入後，後融納前之一體」[12]。

筆者以爲柏格森是要說明：當我們體認到宇宙的眞實就是「綿延」，而「綿延」的本質就是「生命衝動」（elan vital），不斷創進、綿延不絕的生命力。[13]這種生命力湧進，不斷奮發，當身體存在覺知感受，體認到的永遠是不斷變異，充滿各種創發圖象的。在歷程中的生命存有感受是不斷創新的、相續、相連地，就好比是河流一般，被不斷體認出來。

只有「直覺」能夠理解過去與未來的這種「前後通貫，密密綿綿，前延入後，後融納前之一體」融合。

《創造進化論》中寫道：

本能是感應。如果這種感應能擴大其物件，能反思，

---

12 唐君毅著，《哲學概論》（下），臺北：學生書局，一九八二年，頁870～871。
13 吳汝鈞先生將elan vital譯爲「生命的原動力」，因爲「衝動」一詞易令人想到心理上、情緒上的衝動，他認爲這不是柏格森的原意，而他的原意是一種形上的實在，故將elan vital譯作「生命的原動力」，參看吳汝鈞，《西方哲學析論》，臺北：文津出版社，一九九二年，頁87、109。

那麼它就能給予我們打開生命過程的鑰匙。

　　直覺能把我們引到生命的內部，即本能是無偏向的，能自我意識，能思考其物件和無限地擴展其物件。[14]

　　這真實「綿延」的時間，是關連著實際事物（actual entity）或實際生命的時間，是「生命體驗詮釋」所感受到的「時間」，它使過去與現在與未來融合在一起。

（二）由「身體存在覺知感受」談「綿延」

　　「綿延」似乎可以說是「念頭」過去、現在與未來，「念頭」不斷流轉、好比是體現「此有」的「意識流」狀態，這與「身體覺知感受」當中「現象」體現在「念頭」本身有著相關性，它是「此有現象狀態」的真實呈現，因此如何在「意識流」所呈現「身體現象」狀態中如何「觀照」，這是了解柏格森的重點。

　　「純粹綿延」把過去和現在做成一個有機整體，裡面乃是相互滲透、不區分的繼起相續。在柏格森看來，「生命運動的流程是不能從空間上加以定義的，而只能用時間來加以刻畫。生命運動在時間中的流動就是綿延」。[15]筆者以為我們可以這樣理解，生命是能動的狀態，所有身體領受的現象本身是「碎片」，然「碎片」可以融塑成為「身體整體」，而時間的游離「碎點」也可以成為融塑成為「時間的整體」，如此看來「生命是可以全面觀照到」，而這就是「身體辯證

14　〔法〕柏格森著，姜志輝譯，《創造進化論》，北京：商務印書館，二〇〇四年，頁148。
15　〔法〕柏格森著，吳士棟譯，《時間與自由意志》，北京：商務印書館，二〇〇七年，頁171。

現象運動」，也就是「生命體驗詮釋」，它是知性形上學的實踐智慧，將我們「生命衝動」提振上升，讓我們有了嚮往。我們的過去破裂成斷片，在「綿延」裡，過去爲完全新的現在所充滿，我們必須融攝到正待滑脫的過去，把它不加分割地「整個」插到「現在」裡面。在這樣的「瞬間」，我們眞正占有了自己。「綿延」正是「存有」狀態的素材本身，「存有」狀態就是永遠的生成，絕不是某種已經做成的東西。「綿延」涉及了「存在感知覺受」，而「存在感知覺受」，便是由「身體存在感知覺受」出發說明。

對柏格森而言，「時間」爲何重要？乃在於說「時間」是生命或精神的根本特徵，對於生命萬分重要的時間是他所謂的「綿延」，也就是有著「生命意識」的「存有」狀態，這「存有狀態」連結著「過去、現在與未來」，利用「直覺觀照」將過去、現在與未來形成一個「有機動態詮釋」的狀態，不斷融攝滲透著，它是延續相屬的「整體」，不斷創進流通著，不斷新、新、新；苟日新，日日新，又日新。[16]「直覺觀照」，筆者以爲可以說是「身體存在感知覺受」。

筆者用「身體存在感知覺受」來說柏格森的「綿延」概念，是種純感應，直覺生命歷史洪流所呈現的眞實生命感的「綿延」，如實如其自身顯露出來。[17]這與禪宗「念念相續」來做比較，可以說是相同的，禪宗偏重的是「念頭」，「念頭」偏重是「意識」。「意識」，不是理智上制約的意識，而是身體感受知覺所產生的「存在意識」。「存在意識」著重的是「體驗」的概念，它需要在「生活世界」的「此有」去參與「意識流」當中，它需要在「意識流」當中，看著

---

16 有關主體與客體的問題，有關兩者區分與合一的問題，應當不從空間的角度、而從時間的角度來提，柏格森較著重時間說法。

17 鄔鐵軍、秦光濤等著，《現代西方哲學：二十世紀西方哲學述評》，長春：吉林大學出版社，一九九一年，頁43～44。

「意識流」當中的念頭升起又滑落。「念頭」不重要，重要的是「身體存在感知覺受」所建構出來的那種「存在意識」。

「身體存在感知覺受」，以禪宗說法便是「念頭」圖象相續相屬，流動、異質跳躍交參地當中即體現了「當下即是」與「剎那即永恆」。而柏格森說法就是在「綿延」生命體驗詮釋當中，了悟了自身。依此，「綿延」的意識流，不斷前進，有如「念頭」不斷起起落落，在起起落落的「意識流」呈現的「念頭」圖象現象中，身體存有感受覺知到了，也如實呈現了，這不就是「現象」自身嗎？這不是「真如」自身嗎？

如此一來，按照柏格森想法，「綿延」是「身體存在感受覺知」當中偏重「時間」的面向描述，「空間」內是沒有「綿延」的。「空間」內只有「同時發生」而沒有「陸續出現」。[18]「綿延」身體覺知於是與此有「情境存在脈絡」（後期胡塞爾所言的「生活世界」）有了相屬相依的「共感」。柏格森的「共感」，指的就是一種對眞實時間「綿延」的直覺感受，一種「身體存在知覺感受」，這種直觀是種神祕經驗。[19]

對生命時間所呈歷史眞實而又實在的「身體存在知覺感受」，其實是透過「直觀法」。它是一種內在「生命體驗詮釋」，它不是理論、語言所把握的狀態，而是在瞬息萬變的「身體現象」狀態下（「意識流」）去「觀看」所有「存在脈絡」與之共舞經驗（「此有與生活世界互為主體際性」），這樣的共舞相依相屬直覺體驗，就是一種神祕體驗[20]。這種體驗會有所謂的「天人合一」、「心即是

---

18 〔法〕柏格森著，吳士棟譯，《時間與自由意志》，北京：商務印書館，二〇〇七年，頁80。

19 L. Kolakowski, *Bergson*, p.152〜153。

20 L. Kolakowski, *Bergson*, p.152〜153。

物」、「盡心則知性，知性則知天」的神奇感受，是種破除主客觀，
參與整個宇宙大化洪流當中以與之契合的「共感」，筆者以爲這也
是柏格森想法[21]。這種「共感」讓我們聯想到「念頭無住」，禪宗的
「念頭」，是念念不斷，但得要在「意識流」當中產生「無住」。
「無住」意謂不執著於任一個圖象裡、處境中、時空中，任其自由。

　　筆者以爲這就是「意識的現象學」，也就是讓「意識流還是意
識流」，不要去截取片斷，而要讓每一時刻、每一情境、每一存在脈
絡具體呈現出來，讓胡塞爾所言「現象即本質」成眞。所以禪宗或者
柏格森只要傾宇宙之力活在那一瞬間，參與存有韻動當中，與之共
舞、與之遊戲，眞理自然開顯在「此有」中，「此有即在生活世界」
中，「生命的體驗詮釋」即在生命歷史回溯中，不斷回返又退出，直
到「悟」的那一瞬間。如此一來無縛亦無執，而人們只要去看一切發
生，意義自然明白，關係脈絡自然呈現，它是一個整體。讓「意識流
還是意識流」，讓其自由自在展現所到之處，意義與整體關係脈絡自
然出現，眞理也在其中開顯出來。

（三）時間與空間幻化的意識流

　　柏格森由「時間」來談「綿延」，卻很少談到「空間」，或者說
談到「空間」其較是「時間化的空間」，而且所談的「時間」不是計
量的時間，科學的「時間」概念，它比較是「生命時間」。柏格森指
出「綿延」才是「世界」的本來面貌，因此，要認識「世界」就必須
認識「綿延」。

---

21 L. Kolakowski, *Bergson*, p.158.

　　科學無法處理時間與運動，除非有了這個先決條件：
科學要把那主要的、性質式的因素先行去掉，即從時間裡
去掉綿延，從運動中去掉可動性。[22]

　　而這「時間去掉綿延，運動中去掉可動性」是不可行的，所以
科學無法處理時間與運動。其實筆者以爲「生命時間」很難說，只能
從何時、何地、何人、何事件、何遭遇、何情節、何感受等來著手說
明。換句話說，是由「身體存在知覺感受」來說明之。這有點像把
「身體當作文本」來看待之，彷彿也像是看待「電影」般了解了「身
體現象運動」。當我們去看時，就好比是說這些在「生命時間」發生
種種，就是「使故事重說了」，也是利用了倒敘法，也許是利用蒙太
奇方法，也許是平鋪直述法，將時、空、人、事、地、物、情節、遭
受等一幕幕重整變形成爲「圖象或影像」連續體（「綿延」），而成
爲我們「觀看的對象」。

　　筆者以爲「生命時間」發生種種可以說是「記憶」的重整，透
過「記憶」拼貼，我們重說了屬於我們的生命故事。將身體現象當中
「碎片」、「碎點」形塑出「生命故事」文本，提供了美麗素材，由
我們去詮釋之。在此，筆者似乎可以感受到，爲何海德格的《存在與
時間》是較偏於「存在而非時間」的描寫。當我們在說到「身體存在
知覺感受」時，所切入的「意識流」的點，或者與「生活世界」互參
切入點，都很難從「時間」層面去說明，除非由「記憶」中去說明回
味。柏格森強調「記憶」，「記憶」帶有強烈的「時間」色彩，它意
謂著從過去到現在，以走向未來，所以嚴格來講，「記憶」帶有「時

22〔法〕柏格森著，吳士棟譯，《時間與自由意志》，北京：商務印書館，二〇〇七
年，頁85。

間的註記」，以致於「綿延」必須用它來說明。

　　筆者不贊成有點偏頗的柏格森的「以時間談綿延」，而比較由「身體存在知覺感受」的「身體辯證現象學」談「綿延」。「身體存在知覺感受」的「身體辯證現象學」比較像「生命體驗」中的「現象」去談「綿延」。筆者以為柏格林的「綿延」包含著雜糅的時空經驗，對於「空間」的存在處境描繪，以及念頭事件「時間交錯著過去、現在」的此起彼落。有了時間序列排比，於是乎「時間亦是空間的幻化，而空間亦是時間的幻化」，「時間與空間」詮釋在生命歷史「體驗詮釋」當中達到最高峰，生命時間與空間形成隱形卻又不可缺的生命歷史感受的交待背景。

　　筆者以為柏格森的說法，應是指「綿延」當中也應交待出「時空交錯的存在狀態」，而非單就「時間」表述之。「時空交錯的存在狀態」，可以說是由「身體現象」所呈現出來的「在時間中的空間感」，它其實就是胡塞爾所描寫的「場域」（Horizon）（這個之後會談論到）。它比較像是由「身體存在知覺感受」的「身體現象學」去談「綿延」，亦比較像「生命體驗」中的「現象」去談「綿延」。筆者以為柏格林的「綿延」包含著「雜糅在時空中的生命體驗」來談，指的是「充滿生命歷史感的『此有』存有情境脈絡（場域）」。「充滿生命歷史感的此有存有情境脈絡」乃是充斥著「時間與空間的詮釋轉化」，時間是由發生什麼「事件」為座標軸，而對應的「場域」即是空間的詮釋，所以「真實時間」是綿延地、相續地、流動地、異質地，也可以跳躍地轉化差異當中又不斷融合在「場域」當中，所呈顯不同「事件」的關係脈絡，以說明生命敘事。

　　禪宗不著重在「綿延」的時間探討上，反而在「念頭」相屬接連上有著近一步的詮釋。所以「念頭」所夾帶時空的場景幻起幻滅，彷彿是有東西產生，也有東西消失了。「念頭」知道有東西發生，它有

先後秩序，它就是發生了，有圖象給你知道，你也看到、也觀想到，不斷前進，湧入發生幻滅。用禪宗的話來講，「真實的時間」即是「念頭相續」，「念頭」與「念頭」之間也是綿延地、相續地、流動地、異質跳躍交參地，在差異中又不斷融合，所以在「念頭」升起與落下的起起落落當中，而完成了「真實時間」的描述。

　　對柏格森來說，宇宙「原初的實在」（primitive reality）是一種「活動」（movement）（有點類似「道的生生歷程」）。[23]而我們藉由「意識流」的攝受，得以認出在生命歷史的特定事件「在時空中『存在的感受』」，就好比是透過電影虛擬的時間、空間托帶出不同的存在感受一樣。因此，在「意識流」當中，我們好比以「身體存在知覺感受」出一種虛擬的時間、空間感，這種虛擬的「場域」[24]，在禪宗來講，不認爲是不眞實的，如同「幻亦真，真亦幻」一樣，生命相屬的感受詮釋（「共感」），就在「是與不是」的張力當中，乍現整體存有眞理。在當中「此有」的「存在知覺感受」，似乎可以瞥見「刹那即是永恒」、「當下即是」。「原初的實在」，是動態活動，而「原初實在」的活動躍進與「綿延」的生命創發力量形構出「此有」與大化之流的「生活世界」詭譎多變的眞實虛幻關係，意義就在當中開顯了，生命的花朵也在默默的開了。

　　透過「綿延」乃是認識「世界」，我們可以說透過「生命體驗」（「身體現象學」），不斷去「詮釋」，「此有」不斷創進與流通參與生命大化之流，參與了「生活世界」而達到「主體際性」的交

---

23 L. Kolakowski, *Bergson*, Oxford: Oxford University Press, 1985, p.45.
24 莫詒謀著，《柏格森的理智與直覺》，臺北：水牛出版社，二○○一年，頁119～121。柏格森使用「電影攝制法」（cinematographic mechanism）來解釋傳統形上學只能將發生動態的宇宙一張張拍攝下來，只能是靜態呈現，不是變動實在，因此柏格森並沒有說明電影中所呈現時空存在感受，因此筆者與柏格森以電影為例的比喻是有差異的。

流與溝通。所以在「綿延」裡「存在知覺感受」，似乎可以瞥見「剎那即是永恆」、「當下即是」，了解那「原初實在」也是在不斷創造躍進當中，去除掉語言所知障，沒有概念束縛，而能從容不迫進入事物核心，去了解「意識流」現象當中所呈現的事物，直接把握。[25]生命所體驗的「綿延」不斷更新自身，也不斷創進，這就是一種「生命衝力」；「生命衝力」在[26]柏格森認爲就是「自我意識」的關係[27]，但是筆者認爲這「自我意識」不是理智管制的「自我意識」，而比較傾向自由的無意識範圍。筆者以爲這是比較接近榮格所講「無意識集體潛意識」，接近「夢」的自由聯想創造。

三、胡塞爾的「意識流」解析禪宗說法

　　胡塞爾是直接使用「意識流」說法。現在我們來進行胡塞爾的「意識流」理解。胡塞爾說：

　　　　意識流不只將內具時間建構出來，……此意識流自身也必須在其流動中爲必可解的。意識流的自身顯相並不需要另一其次的意識流，反而藉自身建構爲自身裡的現象。能建構與所建構，遂相符而一致。[28]

---

25 莫詒謀著，《柏格森的理智與直覺》，頁156。
26 莫詒謀著，《柏格森的理智與直覺》，頁165。
27 H. Bergson, *Creative Evolution*, tr. by A. Mitchell, New York: Dover, 1998, p176.
28 Husserl, *Zur Phänomenologie des inneren Zeitbewuɞtseins(1893～1917)*, Rudolf Boehm 編，一般稱爲《時間講稿》，s.381。胡塞爾云：「其明白宣說絕對流爲自身建構的特性。」

　　認眞說來，胡塞爾說到了「意識流」，他直接明顯說到了「藉自身建構爲自身裡的現象」。

　　禪宗「念頭」升起又滑落在「意識流」當中，「身體存在知覺感受」成了一個虛實指標，「身體存在知覺感受」永遠都在不斷創新躍進當中，「意識流的自身顯相並不需要另一其次的意識流，反而藉自身建構爲自身裡的現象」。面對存有的召喚，我「直觀」到「整體」，柏格森也強調「整體」，一個「存在的整體」。禪宗「緣起性空」成了見證「直觀整體」的最佳註解，這是「直觀智慧」，也是「實踐智慧」。「直觀智慧」，這是內在的「生命體驗詮釋」，是在生命歷史河流中的來回之間穿梭，它跨越了時空，悠遊穿梭在角落處，體嘗著這「生活世界」。

（一）「刹那」與「綿延」

　　胡塞爾在《內部時間意識現象學》援用「圖式論」來探討「意識相續性」，「意識的相續性」指的是：「意識」本身即是意向，也就是「意識」可以主動自由創造自己的「圖式」意向出去，生命的歷史無非是「意識」當中的「事件」交疊而成，而「意識」當中的事物如實呈現的「現象」，也不斷湧流在「意識流」，而這便是「意識相續性」。

　　依禪宗的看法而言，在「念頭」滑起又滑落，也應就是胡塞爾「意識相續性」，那「意識相續性」如何又被建構出來的呢？如果我們把當下「意識」所呈現狀況當作場景影片，那場景影片是如何從這裡到哪裡呢？

　　在「意識相續性」裡，胡塞爾首次使用了「刹那」（Querschnitt）來表示「身體存在知覺感受」片段²⁹。「刹那」意指「瞬間的知覺片段」。筆者以為它代表著是「身體碎片」，「身體存在知覺感受」是片段，猶如碎片般，一塊塊拼湊成為「身體存在整體」，在「意識流」當中，在內具時間中「藉自身建構為自身裡的現象」，也就是藉由「生命體驗那一刹那」的「身體存在知覺感受」，那片段的「身體碎片」，重建「自身的現象學」和重構「自身的詮釋學」，使走向「完形」的發展。

　　當代拉康完美的詮釋這樣的說法，他寫到：「在這一階段，辯證的歷時經驗勾勒了個人融入歷史的圖景。演示內心戲劇的『鏡像階段』，由力不從心向完善主體之預期的發展，吻合了空間認同的誘惑，並且不斷地幻想著從身體碎片向其完整的形態擴展」（*Jacques Lacan, 1977*）。

　　筆者以為這樣看起來「意識的相續性」不就是柏格森的「綿延」概念嗎³⁰？生命運動在時間中的流動就是「綿延」，也就是禪宗的「念念相續」，他談到「綿延」時說到；「當我們的自我讓自己生存的時候，即當自我制止把它的現在狀態和以前各狀態分離開的時候，我們的意識狀態所採取的形式。」這樣的「綿延」與時間中的「記憶」相關，而胡塞爾指的「刹那」意指「瞬間的知覺片段」，其實也與「記憶」知覺感受相關，它代表著是「身體碎片」，一塊塊拼湊成為「身體存在整體」，所以筆者以為生命場景影片不是只有一幕，它的呈現有如滔滔大河，不斷湧流前進，「時間」在「生命體驗」當中呈現，這是真實的生命時間感受，所以柏格森認為只能用

---

29 Brough, *Husserl: expositions and appraisals*, 1977, p.84。「刹那」意指瞬間的知覺片段，或譯作知覺底「切片」（slice），橫截面（crosssection）。

30 H. Bergson, *Creative Evolution*, tr. by A. Mitchell, New York: Dover, 1998, pp. 261, 263～264.

「直覺」把握，這與禪宗、胡塞爾想法不謀而合。

（二）「剎那」與當下所體驗「現象」

　　按胡塞爾說法：「現象」意義爲「呈現於意識中的事物」。「意識的相續性」無非「意識」當中的「事件」交疊而成，依禪宗而言，「念頭」升起又滑落，乃是呈現「生命體驗」中，在意識洪流當中，「意識」所意向到的「現象」，而這乃是「意識中的事物」，「此意識流自身也必須在其流動中為必可解的」，「身體存在知覺感受」到這樣的「所知」。

　　而「意識」本身即是意向，也就是「意識」可以主動自由創造自己的「圖式」，意向出去，這就是「能知」。「意識」當中的事物如實呈現的「現象」，不斷湧流在「意識流」當中，胡塞爾以爲當下所體驗的「現象」就是「本質」，所以「意識流的自身顯相並不需要另一其次的意識流」，依「意識流」所體驗的生命現象，即是可以「自身顯相」，能夠使「能知與所知」合一，那也就是「回歸事物本身」，「讓意識流是意識流」。

　　那「回歸事物本身」直觀逼視「意識流」當中呈現事物「現象」，則「本質」即在其中，這也就是禪宗「悟」的可能性。胡塞爾所言「存而不論」或者說「放入括弧」（bracketing），是讓「意識流」所呈現的「現象」「無住」，無縛亦無執，本質自性自然呈現。所以「存而不論」是參與其中，而不以自身妨礙「意識流」進行，對於主體而言，最重要是「體驗」它，這是一種「身體存在知覺感受」，是種「直觀」感受，也就是「實踐智慧」。

　　筆者以爲「讓意識流是意識流」，使「意識流」呈現自身，剩下只是讓身體知覺清明罷了，透過「能知」與「所知」的現象學操作，

「生活世界」在知覺清晰者面前冉冉升起。「知覺清明」者，也就是胡氏所強調整個「回歸事物本身」的工作，「回歸事物本身」無疑是一種對「意識流」的投入、涉身。在「意識流」當中藉著「直觀」感受，參與整個人與「生活世界」之間變化萬千的「意識流遊戲」本身，重要的是去「體驗」「意識流的遊戲」並重要的保持「緘默」，讓「意識流」本身發生，身體知覺體驗只是去看「剎那即永恆」、「當下即是」的意義整體。在「剎那」片斷，去體驗「剎那即永恆」與「當下即是」的「時空融為一體存在參與感受」。

（三）「意識流」所體驗「時空融為一體存在參與感受」

筆者以爲「意識流」所體驗「時空融為一體存在參與感受」，其中最重要的是站在存在的「體驗」去看待「意識流」所蘊含的時空特性，藉由「生命體驗詮釋」理解「意識流」當中的「現象」，「現象」當中所呈現的時空要素自然明顯化出來，它是「可解」的生命現象本身，讓「現象即本質」，藉由參與流逝的「意識流」現象所呈現出來的「時間」性，也建構生命自身對「意識流」場域的體悟。讓我們再一次完整看胡塞爾所說：

> 意識流不只將內具時間建構出來，……此意識流自身也必須在其流動中為必可解的。意識流的自身顯相並不需要另一其次的意識流，反而藉自身建構為自身裡的現象。能建構與所建構，遂相符而一致。[31]

---

31 Husserl, *Zur Phänomenologie des inneren Zeitbewuβtseins*(1893～1917), Rudolf Boehm 編，一般稱為《時間講稿》，s.381。

　　胡塞爾對內在「時間」意識的探討勝於「空間」的探討，「時間」當中隱含著對「場域」（horizon）感受，在某部分來說，「場域」可以說是一種即爲抽象的「空間」感受。而「場域」到後期，更轉化爲「生活世界」的探討[32]。這樣「場域」跟「身體存在知覺感受」有了聯繫，換言之，我們知覺到物件或物體時，都是在「世界之視域（場域）」（world-horizon）之內被知覺到的。[33]

　　「生活世界」就成了理解事物或事件的基準點，也是根本「場域」（horizon）。於是在不同的時空脈絡裡，即會有不同的理解「場域」出現。[34]關於「時空融爲一體存在參與感受」，以下援引海德格說法以輔助這樣說法可能性：

　　　　此有的存有建構是立基在時間性（Zeitlichkeit）或譯「時序性」上。對存有理解之存有論的可能條件就是時間性自身。……所謂時間性就其時間性自身，是被當行爲存有理解及如此存有論之可能條件的主題。而歷時性一語則意指，在存在分析中時間性重現了場域，由此我們得以理解存有。[35]

---

32 晚期胡塞爾（1929～1938）以《歐洲科學危機》（1936）提出「生活世界」說法。

33 Things, objects are given as being valid for us in each case but in principle only in such a way that we are conscious of them as things or objects within the world-horizon. Each one is something, "something of the world" of which we are constantly conscious as a horizon. Edmund Husserl, *The Crisis of European Sciences and Transcendental Phenomenology*, (Evanston: Northwestern University Press, 1970), p.143.

34 Ibid. p.146～147。

35 "Die Grundprobleme der Phanomenologie"《現象學的基本問題》（1975），Eng. trans. by Alert Hofstadter, "The basic Problems of Phenomenology"（Indiana Univs. Press,1982），本文所引該書爲英譯本頁碼，p.228。

　　依海德格說法，「此有的存有建構是立基在時間性」，我們在「時間性」當中建構了「存有」，並且在「存在分析」中，「時間性重現了場域」。筆者以爲這便是在「生命歷史」當中，由「此有走向存有」，在「此有的生命歷史」的「時間性」知道了「場域」，或者說「生活世界」是如何。

　　筆者以爲「意識流」自身所建構的「現象」是彰顯「存有」的可能性，眞理在此得以顯明。「即迷即悟」，「即現象即本質」，時間與空間的區分不再壁壘分明，而是雜糅在「生命體驗詮釋」當中，在「可解」「意識流」（「生命現象」）當中自然流露出來。海德格所言的「在世存有」（Being-in-the-world, Dasein）強調人總是會發現自身是被拋擲於某種具體的日常情境之中人類的「存有」，實質地置於「具體的時空脈絡」之中而去理解「存有」是怎麼一回事。如此一來，由「生命體驗詮釋」中，「能知」與「所知」合一、「主觀」與「客觀」合一、「現象」與「本體」合一、「時間」與「空間」合一而已，剩下只是「讓意識流是意識流」罷。

　　而人，是被認爲爲一段生命歷程在「空間」與特定場所裡的展開。

　　後記：之後的海德格也發展出了他哲學體系中的「空間」概念。「空間」，是人們對世界的一種「涉入」（involvement）。即是，眞正的原初「空間」，來自於產生根本空間感的日常生活的活動。[36]有了專家研究基本空間裡地理觀念時，更加以延伸人與「生活世界」之間的相關係性。[37]

---

36 這些活動，是由一連串的關懷場域所構成的（家庭、工作場、神聖場域等）。這種『在世存有』的空間概念，是充滿了人們情感與經驗軌跡的，絕不是抽象的客體化容量或幾何學上的座標定位。

37 Richard Peet著，王志弘等譯，《現代地理思想》，臺北：群學出版，二〇〇五年，頁

四、三者對「意識流」探討

　　筆者以為無論禪宗、柏格森或者胡塞爾的「意識流」，都在說明著「存在是種體驗」，它是「任其自由展現存在動能活動」，也是「觀看生命歷史之回顧」，更是「時空融為一體存在參與感受」，「讓意識流是意識流」更是一種「直觀智慧」，也就是「實踐智慧」，它是「生命體驗詮釋」。

（一）「意識流」告知我們──「存在是種體驗」

　　「存在是種體驗」，更是一種超越語言、名相、意識，而回歸到純粹、原創綿延地、相續地、流動地、異質跳躍的流動當中，靜靜體會，這是超越時空存在感受，也是根源於身心一體的「身體存在覺知感受」。

　　「剎那即永恆」、「當下即是」，被深沉的「存有根源」召喚，置身投入大化之流，與「存有」面對面相會的「神祕存在體驗」，「此在」彷彿在此當中開顯了自身，一切意義關係的整體也就明朗化了。「生活在世界中的此在」，不再被遺忘，而是混沌的狀態，對立不再有、時空的界限不再有，以及生死不再有了，有的只是喜悅的「體驗」，這樣的「體驗」是「現象學」式的「意識」，可以回到「本體」。透過生命歷史回返與「生活世界」相應相感的種種，給予內涵種種，所有「差異」與「解構」都在最後原初「相續無住」（「意識相續性」、「綿延」、「念念相續」）上達到融合境界。原

來「存在」脈絡底下一切存有與人的自性都是共舞的，所以「一切萬法不離自性」、「直指人心」、「明心見性」。

> 白雲淡濘已無心，滿目青山無不動，漁翁垂釣，一溪
> 寒雪未曾消；野渡無人，萬古碧潭清似鏡。
>
> 《五燈會元》[38]

（二）「意識流」乃是「任其自由展現存在動能活動」

「意識流」乃是「任其自由展現存在動能活動」，筆者以爲這就是「讓意識流是意識流」，使「意識流」呈現自身。讓「意識流」本身發生，身體知覺體驗只是去看「刹那即永恆」、「當下即是」的意義整體。這點東方可是擅長的很，東方哲學強調只要「澄心默坐」、「體認天理」即得「當下切入，證會本體」，即可「任持本心」，「任持本心」乃是「任其自由展現存在動能活動」，這是「意識流遊戲」，重點乃是「去染成淨」，這就是胡塞爾所言「存而不論」。「任持本心」成了心空靈明覺所展現自由無拘執的最佳歷程寫照。「去染成淨」就是釋放存在潛藏的能量，任其「身體存在知覺感受」感受所有一切「現象」，得以在無意識與意識當中悠遊自在，「意識流」得以無阻礙。現代哲學說到解構語言，都是重回到符號基礎，或回到「存有學詮釋」工作。不管是「神話學」探討，或者「隱喻」的揭示都是在可見與不可見當中去釋放「存有動力」能量，讓「意識流還是意識流」，「任其自由展現存在動能活動」。「去染成淨」就是「讓意識流還是意識流」，釋放「身體存在覺知感受」，透過「意識

流」與之交參「現象」感受，去召喚出「當下即是」、「剎那即永恆」中悟的契機。

　　以意識流小說普魯斯特的《追憶逝水年華》為例，普魯斯特寫了《追憶逝水年華》**39**（A la recherche du temps perdu），當中寫到「生命事件」總在喚出又喚來當中完成生命紀實，「生命的體驗詮釋」總在偶然不經意當中完成自身，回到自己的家，與自己的原初遭遇對話變得個別化、差異化與疏離化。然在這當中，又隱含著張力，一種「回歸的現象還原」，不斷要求「個別中回到整體化」，要求在「差異中的合一」與「疏離當中的回復」。而這「意識流」當中最值得探討乃是「此有與生活世界主體性際性」的關係，「此有」在「生活世界」中，以「觀照」「此有現象」本身的流逝，得以歸位，讓我們得以看見這暗流洶湧生命衝力，以個人之姿向著「整體存在」脈絡躍動的英勇姿態，江河入海的「整體存在」歸屬感，向我們召喚，「此有在生活世界中，生活世界也在此有」中。

（三）「意識流」當中「觀看生命歷史之回顧」

　　依柏格森、禪宗及胡塞爾說法，「意識流」活動是「綿延」、「念念相續」與「意識相續」的活動。筆者以為「意識流」是不斷創進的生命歷程，所以只能借由「生命體驗詮釋」去看所「意識流」當中「現象」的起起落落，讓「意識流還是意識流」。在某方面說來這是「生命歷史的回顧」，也是經由內在生命經驗當中「觀照」史實般「意識流」的生命。這可以說是「心靈事件、生命紀事」，以「時

---

39 普魯斯特著，許鈞、楊松河譯，《追憶似水年華》，臺北：聯經出版社，一九九二年十月。

空」為作為座標軸顯示出來。它有如「鏡照」般輝照著「過去」，呈現「現在」，走向「未來」，詩般的生命史實，將「此有與生活世界」的互動詮釋歷程，在虛擬的時空中穿梭，「如迷如悟」徜徉在幻臆與現實之間，共同融通、理解、詮釋與對話，生命的歷史召喚「此有」的「在」，因為「在」而參與這個「生活世界」。

> 詮釋哲學家呂格爾指出，過去不可能再現，它只有以「作為某事」（being as……）的方式帶入語言。……人在現在所說的往事，對於過去只是一種類比，類比既包含了相同，也涵括了差異。……我們認為人說的往事是他以現在之光循著故事的方式照亮了渾沌的過去。…然後透過敘說往事資料，我們重新發現人在生活世界的「記得」。
>
> 《生命史學》**40**

當觀看模糊的「存在」之流，在當中鏡子般的生命史實，「無住、無念、無相」又鮮活了起來，透過「意識流」所呈現的「現象」，彷彿重說了故事，生命的存在彷彿在模糊當中又被照亮。

（四）「意識流」當中所展現的時間與空間性：「時空融為一體存在參與感受」

所以在「意識流」當中，有了事件所展現出來的時間與空間性已不是原來樣貌了，它是「時空融為一體存在參與感受」。「意識流」所呈現在「現象」當中的「事件」，當筆者透過「身體存在感受覺

---

40 余德慧、李宗燁著，《生命史學》，臺北：心靈工坊，民九十二年，頁200。

知」生命歷史事件，已經是時空雜糅在一起的生命事件的「重說」，因此「回首往事讓人可以後退一步，從現觀、縱覽全局的眼光看清過去的起伏轉折，進而得到整體的形貌、某種傾向，或主題的一致性。」

我們以余德慧的《生命史學》來說明：

> 一個人說出他「記得」的往事，並非重現往事如它原來的樣子，也不是片斷地說些互不相關的事實，而是一個理解的過程，……換句話說，回首往事讓人可以後退一步，從現觀、縱覽全局的眼光看清過去的起伏轉折，進而得到整體的形貌、某種傾向，或主題的一致性。……因此隨著不同的生活處境，人永遠可以再脈絡化其過往經驗而再發現新的意義，於是人有活在「情節中」的迷於局裡和驀然回首地明白，使得故事將不斷地被重說。
>
> 《生命史學》[41]

筆者以為「時空融為一體存在參與感受」是「詩意體驗」，「詩意體驗」藉由「記憶」引發了共鳴，也引起了迴響，更碰觸更深一層的存在感受。如上所說，「因此隨著不同的生活處境，人永遠可以再脈絡化其過往經驗而再發現新的意義」。

「生命體驗詮釋」透過「身體存在感受覺知」到「此有」歷史在「生活世界」當中，在「場域」中所呈現的「事件」，「事件」是關連著時空的，它是有著「情節」的，「於是人有活在『情節中』的

---

41 《生命史學》，頁218～219。

迷於局裡和驀然回首地明白，使得故事將不斷地被重說。」生命感受常借「隱喻」來說明，「記得」的往事，是一個理解的過程，它類似「隱喻」、「神話」既「是又不是」狀態中去理解生命故事本身。

在「意識流」現象中，人在「情節」中，且入乎其中，而事後「回憶」是出乎其外，在語言的出與入中說出「情節」，所以「此有」在「生活世界」中，不斷在「過去」、「現來」與「未來」中穿梭，不斷在時空中離開而返回，借著反思「回憶」，人可以不斷「再脈絡化其生命體驗」而得到意義創發，生命便在如此「生命詮釋循環」當中得以顯明「存有」，由「此有」走向「存有開顯」。如此，「過去」不再只是「過去」，而是在「意識流」當下的「生命體驗詮釋」。如此一來，「生活世界」也不再只局限在一「空間」中，而是無限散布的「空間」，這無限展延「空間」是「生活世界」，是呈現著生存活著變化創生的世界，展開幻化流逝的「生活世界」，而參與「生活世界」大化之流的「此有」，也以千變化萬化之姿迎向整個世界。

（五）「意識流」當中的「直觀」

談到了三者「意識流」看法，最重要是「截斷中流」的「直觀」，如何在「念念相續」、「綿延」與「意識相續」中的「意識流」去「直觀」。「意識流」中的「直觀」，是禪宗最重要「識心見性」、「頓悟成佛」的要件，也是柏格林裡所講「直觀」，更是胡塞爾所提「本質直觀」。整體而言，「直觀」讓「意識流還是意識流」，「當下即是」，「剎那便是永恆」。

在「意識流遊戲」本身，重要是去「體驗」「意識流的遊戲」，重要的保持「緘默」，讓「意識流」本身發生，身體知覺體驗

只是去看「剎那即永恆」、「當下即是」的意義整體。在「剎那」片斷，去體驗「剎那即永恆」與「當下即是」的「時空融為一體存在參與感受」。

　　無執著的「直觀」整個「意識流當中現象」，在「念」與「念」之間尋找空白處，在雜糅的時空中，以「生命體驗」來「詮釋」現象事件種種。「直觀」整個「意識流」當中的「現象」，這些「現象」串連時空的定位，而心靈以「回憶」在「生命時間之流」「事件」，裡面標示著生命遭逢「場域」，這「場域」說明著「空間」，生活世界眾事件在時空中呈現，其本身亦是在流轉變化，而當與心靈本真直覺相應「觀照」到時，彼此如相應，彼此相應才形成心靈「時空一體」、「主客一體」與「此有與生活世界一體」感受。心靈覺察到「萬有」在這「場域」中自如地呈現，這是未有反省、未有語言構作世界的「純粹生命體驗」，也是多樣呈現，這是「無名」的「非語言」的狀態，天地在此開展。

總 結

　　禪宗、柏格森及胡塞爾所談的「意識流」是本文重點。「意識流」中「現象」就是「生命歷史的回溯敞開」的狀態，它說明「生命所體驗」的「實質內涵」，透過「觀看」，它給予了呈現「現象」當中意義的詮釋，也表明了「生命根源性」描述，這是一種「存在性根源」描述，使得「現象與本體」合而爲一，做爲「生命體驗詮釋」的「此有」彷彿也參與「生活世界」，「身體存在感受覺知」到在「意識流」當中事件的詮釋出來「現象」時，事件當中的「時空座標軸」馬上被定序出來，而主體要做的事便是「讓意識流還是意識流」。

　　無論禪宗、柏格森或者胡塞爾的「意識流」，都在說明著「存在是種體驗」，它是「任其自由展現存在動能活動」，也是「觀看生命歷史之回顧」，更是「時空融爲一體存在參與感受」，「讓意識流是意識流」更是一種「直觀智慧」，也就是「實踐智慧」，它是「生命體驗詮釋」。

　　「生命體驗詮釋」說明，最重要是「身體存在感受知覺」，「身體存在感受知覺」生命大化「意識流」所呈現的「現象」是「當下即是」，這是種動態思維感受，在此狀態下，以感覺去「感受」知覺，這也就是「身體對身體自身經驗」的「探問及觀照」，這種「探問及觀照」以「身體存在感受知覺」爲基要，使「物各如其所是」展現。

　　使「物各如其是」展現時，則是過去、現在與未來均在「觀照」中，顯現出無隔異的「時間」感受，一切均在「那一刹那間」俱現在眼前，這便是「刹那即永恆」、「當下即是」。

　　「刹那即永恆」、「當下即是」比較傾向以「時間性」展現「生命體驗詮釋」，而在「時間性」當中涉入了「場域」概念。「生命體驗詮釋」涉及一種覺知世界方式，是種人與世界照面亮相的「一

瞥」。這「一瞥」便是「意識流」當中的「直覺觀照」，「直覺觀照」是感受世界方式，它是大塊無分別以「整體存有經驗」來感受，自我在此向著自我，在自我內在核心時，也向著「世界」這個大文本開放自身，也可以說就是向著「他者」開放。

　　無論禪宗、柏格森及胡塞爾其實都在說明，在「意識流」當中，由「此有」的「身體」所開展的「生命體驗詮釋」，通過「生命體驗詮釋」開展整個「生活世界」，而迎向這世界，這世界也迎向它，這樣所呈現的世界是寂然不動，然後感而遂通的生生造化之美，人與自然、人與天、人與神有著「無主體性或說是主體際性」的交流與溝通，這便人間美境，是你與我、你與他的和諧關係，而這樣的美感知覺就發生在「意識流」的「直觀」中。

參考書目

中文書目

1. 蔡源煌著，《從浪漫主義到後現代主義》，臺北：雅典出版社，一九九一年。

2. 威廉·詹姆斯著，蔡怡佳、劉宏信譯，《宗教經驗之種種—人性的研究》，臺北：立緒，二〇〇四年。

3. 馬丁·布伯著，陳維剛譯，《我與你》，臺北：桂冠，一九九一年。

4. 梅洛·龐蒂著，姜志輝譯，《知覺現象學》，北京：商務印書館，二〇〇一年二月，一版。

5. 王應棠著，〈棲居與空間：海德格空間思維的轉折〉，《地理學報》，臺北市：臺灣大學），五十五期，二〇〇九年。

6. 伊利亞德著，武錫申譯，《不死與自由—瑜伽實踐的西方詮釋》，北京：中國致公出版社，二〇〇一年。

7. 唐君毅著，《哲學概論》下，臺北：學生書局，一九八二年。

8. 柏格森著，姜志輝譯，《創造進化論》，北京：商務印書館，二〇〇四年。

9. 柏格森著，吳士棟譯《時間與自由意志》，北京：商務印書館，二〇〇七年。

10. Richard Peet著，王志弘等譯，《現代地理思想》，臺北：群學出版，二〇〇五年。

11. 吳汝鈞著，《西方哲學析論》，臺北：文津出版社，一九九二年。

12. 莫詒謀著，《柏格森的理智與直覺》，臺北：水牛出版社，二〇〇一年。

13. 鄒鐵軍、秦光濤等著，《現代西方哲學：二十世紀西方哲學述評》，長春：吉林大學出版社，一九九一年。

14. 普魯斯特著，許鈞、楊松河譯，《追憶似水年華》，臺北：聯經出版社，一九九二年。

15. 余德慧、李宗燁著，《生命史學》，臺北：心靈工坊，民九十二年。

16. 埃德蒙德‧胡塞爾著，倪梁康譯，《現象學的觀念》，上海：上海譯文出版社，一九八六年。

17. 吳立民主編，《禪宗宗派源流》，北京：中國社會科學出版社，一九九八年。

英文書目

1. Edmund Husserl, *The Crisis of European Sciences and Transcendental Phenomenology* , Evanston: Northwestern University Press, 1970.

2. L. Kolakowski, *Bergson*, Oxford: Oxford University Press, 1985.

3. H. Bergson, *Creative Evolution*, tr. by A. Mitchell, New York: Dover, 1998.

第三章　以後現代觀點[1]檢視東方文本當中的「生命體驗詮釋」
──以《莊子・齊物論》中「罔兩問景」[2]為例[3]

1　「後」現代以超越或遠離對現代文化認同之姿興起，由解構主義所主導的「去中心化」方案解放了多元的可能性，於是，變動與多元成了後現代社會的文化特徵。
2　首先要說明的是，這不是傳統莊子的詮釋觀點，筆者嘗試以後現代閱讀理論的觀點來說明「罔兩問景」。請不要告訴筆者莊子不是這樣寫，因為當代閱讀理論當中，「閱讀也是一種誤讀」，所以才能在傳統思維當中開闢另一種可能性，所以筆者最重要核心乃是在於為「罔兩問景」說出文本「生命體驗詮釋」的可能性。最原初原文乃是「罔兩問景曰：『曩子行，今子止；曩子坐，今子起。何其無特操與！』影曰：『吾有待而然者邪，吾所待又有待而然者邪，吾待蛇蚹蜩翼邪。惡識所以然，惡識所以不然。』」
3　本文發表於真理大學《博雅教育學報》，第三期，二○○八年十二月，頁109～124。

形、影、罔兩

誰在追逐誰

誰又是誰

我看不清臉孔

那或許是你的

也是我的說法

又或是他

管他的

誰真誰假

由誰去說

這世界就是這樣

夢中真實，還是真實在做夢呢？

物齊了沒，要去齊嗎？

多管閒事吧？！

他喜歡在不齊當中

這個問題從何而來呢？

前　言

　　本文為文目的乃在於回到「文本」，以「文本」為中介，而認知到作者所召示的某種意義結構，心靈與身體也產生與意義符號象徵的反應，「文本」所突顯的存有狀態也被召喚出來，這已然超越所謂的語言體系，而追尋與「他者」同感的關鍵，這是「此在生活世界」的共感，是種互動、溝通交流、辯證的現象呈現，這是所謂的「周雨問景」的「文本生命體驗詮釋」。

　　在自由開展的「文本生命體驗詮釋」當中，得以展現「道」的多元面向，方法是多元的，「文本」的切入也可能是多元的，道與「文本」有其差異性，分析「文本」，因著「文本」的可理解性而形構出「文本」的詮釋架構，意欲使我們重構那「存有根源的體驗」，這裡存在著「道與言」的辯證，理解與詮釋之間的辯證。

　　在後現代論述之下，「文本」不只印刷書籍形式的「產品」（product），它也說明了「生命體驗詮釋」的「過程」（process），更說明了它與「生活世界」之間互涉的思維，和包含各種形態的影響。

　　它與「生活世界」之間互涉，也就是指在存有者「處境」當中重新去看「文本」所表達為何，德希達強調「處境」，詮釋的人處於什麼「處境」，決定了他如何去理解「文本」，在當代符號學和詮釋學的研究中，索緒爾說到「文本」甚至是任何「能指」（signifier）系統[4]，而「能指」又與「所指」（signified）相關，它通常是約定俗

4　所謂signifier指的是：「能指、指符、符徵」等，而所謂signified指的是「所指、指意、符旨、意旨」等，一九六一年Fedana de Saussure提出，整個語言系統結構可以稱之為sign「符號」，是由the sound image「聲音形象」與the concept「概念」組成。the sound image就是所謂的signifier，用來指稱一個語言概念上的字被念出來、寫出來、讀起來的方式或樣子，the concept就是signified，指的是那個被念出來、寫下來，及讀起來的字背後所代表的意思。而兩者之間的關係稱之為signification「表意作用」、「符

成，與經驗世界相關，它提供了一個想像空間，在一連串的生成變化之後，自由創意無限延異開來，德希達（Derrida, J）的見解：

> 詮釋不是一連串圈環，我們穿過它們，最終到達一個國度，是沒有中介經驗的，在那裡我們不再需要詮釋。相反，詮釋是身為人並且經驗世界不可脫離的一部分。[5]

這裡的「文本」說法，使我們不禁想起了《莊子・齊物論》寓言「罔兩問景」當中「形、影、罔兩」說法，其實「形、影、罔兩」正足以說明當代的「文本」觀點。「文本」不只印刷書籍形式的「產品」（product），它也說明了「生命體驗詮釋」的「過程」（process），更說明了它與「生活世界」之間互涉的思維，和包含各種形態的影響。所以筆者以《莊子・齊物論》中「罔兩問景」為何例，以後現代觀點[6]檢視東方「文本」當中的「生命體驗詮釋」。所以筆者會解釋「文本」的「生命體驗詮釋」以及「罔兩問景」如何說明了「文本生命體驗詮釋」，最後以「罔兩問景」中對「文本」解讀來說明「無待」的「動態生命體驗詮釋」。

總之，對「文本」道的體悟應去除只是單一面向平面的閱讀，而應以「文本生命體驗詮釋」為核心，才能真正悟入莊子的思想本源，由這段恰好符合本文的想法，讀出「文本」以外那空白處，常是默言以對，無待以期那美好道境來臨。

號作用」。

5　史密斯（James K. A. Smith），《與後現代大師一同上教會》，香港：基道書樓，二〇〇七年，頁27。

6　「後」現代以超越或遠離對現代文化認同之姿興起，由解構主義所主導的「去中心化」方案解放了多元的可能性，於是，變動與多元成了後現代社會的文化特徵。

一、何謂「文本」的「生命體驗詮釋」

前面已說明了「文本」不只印刷書籍形式的「產品」（product），在後現代裡，它也說明了「生命體驗詮釋」的「過程」（process），更說明了它與「生活世界」之間互涉的思維，和包含各種形態的影響。所以這段我們探討「文本」以及「文本」意欲「此有生命體驗詮釋」達到的境界。

（一）何謂「文本」

德希達提到「解構閱讀」是一種揭露文本結構與其西方形上本質（Western metaphysical essence）之間差異的「文本」分析方法。換句話說，結構非一成不變的，而是在「文本」深層閱讀當中不斷揭露出來，希冀透過「文本」閱讀達到真理的連結，使「文本」之下，形上存有得以揭露自身。德希達指出了「文本」結構應有「能指」（signifier）部分與「所指」（signified）部分，「能指」（signifier）部分與「所指」（signified）部分應是有所差異的。應用「存有」為例：「存有」的描寫方式或樣子與「存有」本身應是有差距的，這種差異在「解構閱讀」當中很明顯說出來，這種揭露「文本」結構，與西方形上本質之間是有差異的，針對這種差異所做「文本」分析方法，是稱為「解構閱讀」。當我們了解了所謂德希達的「解構閱讀」，可以進一步了解在結構反省之後，後現代「文本」的特色：多元、延異及變化的特色。這些特色，它首先說明了傳統單一「文本」的弊病，後現代的大師羅蘭·巴特以為「作者已死」，裡面強調傳統「文本」的閱讀方式得要另闢途徑，此種想法，強調作者的原來意圖在「文本」的閱讀上應是其次，或者說，其實無論如何，我們再

也讀不出原味，甚至連原來作者本身也回不去原來的思維。

如此一來，轉換以「作者」為中心的閱讀方式，成就了以「讀者」為中心的閱讀方式，給予更開放的閱讀空間，這也是後現代「文本」的特色：多元、延異及變化的特色。後現代「文本」去除了傳統單一「文本」的弊病。所謂傳統單一「文本」弊病意謂著：「文本的霸權」，而「文本的霸權」[7]意謂著：單一「文本」的荒謬性被提出，單一「文本」的荒謬性指的便是「文本」權威，且不容置疑。「文本的霸權」現象其實與「文化霸權」息息相關，葛蘭西曾經說過：「霸權意味著資產階級（即布爾喬亞階級）的價值和規範對附屬階級享有意識上的優勢，強調上層結構（即智識與文化的影響）在使階級永久化和阻止階級意識發展上所扮演的角色而非經濟影響。」按葛蘭西的說法，其實說明著「文本」背後隱含著文化教育、政治、經濟或者說是意識形態影響，換言之，被這社會「文化霸權」所影響。如此一來，每一位作者與讀者都必須了解如何去除「文本的霸權」（或說是文本底下的「文化霸權」），使文本得以「解構閱讀」，使形上存有得以揭露自身，透過「文本」閱讀達到真理的連結。

換言之，「文本」得要剔除霸權本身，給予更開放的價值。其中，「文本」意識形態的強姦是最令人詬病的，它代表主流意識的控制，「文本」本身不應是意識形態的傳聲筒，不應是布爾喬亞階級價值的奠立者，而應是在多元文化現象當中去看待「文本」本身。

7　這點和葛蘭西的「文化霸權」可以說明，「文化霸權」說的是：「霸權意味著資產階級（即布爾喬亞階級）的價值和規範對附屬階級享有意識上的優勢，強調上層結構（即智識與文化的影響）在使階級永久化和阻止階級意識發展上所扮演的角色而非經濟影響。」Robert W. Cox, *Gramsci, Hegemony, and International Relations*, UK: Cambridge University Press, 2000, p.80。文本其實背後隱含著文化教育、政治、經濟或者說是意識形態影響，換言之，被這社會「文化霸權」所影響。文本得要剔除霸權本身，給予更開放的價值。

　　「文本」是語言寫出，它代表著語言的「痕跡」。就語言的面向而言，後現代代表著語言的轉向，這轉向說明著「文本之外，別無他物」。「文本」觀的探討，在後現代來講，極具重要性，而由以上得知，後現代「文本」沒有固定意義。當代多元「文本」的解讀，就「文本」而言，任何人對它的理解詮釋，的確在某種程度上，有著不斷產生差異的驅力，而這確定是人類精神的動力與靈魂，所以意義的模糊、歧異與誤讀都不礙於意義的呈現多元差異中的差異。**8**

（二）「文本」意欲「此有」「生命體驗詮釋」達到的境界

　　這樣看起來，後現代「文本」沒有固定意義，必須要在「處境」（或說是一種「氛圍」、「視域」）當中去看出，被個別實踐「閱讀」出來，這樣「文本」才會有真實意涵。換言之，「文本」的生命體驗詮釋，指出在「生活世界」中的「存有」者如何就在「處境」（或說是一種「氛圍」、「視域」）中去讀出「文本」真實意涵，而這「文本」的真實意涵是現象式的、動態式、辯證式的現象體證，必有賴個人「生命體驗詮釋」出來。

　　「文本」意欲「此有生命體驗詮釋」達到的境界，此句話最重要便是「此有」**9**。海德格使用「Dasein」（「此有」）來表達其存有

8　後現代是語言學的轉向，沒有先於且獨立於語言的客觀實在世界，沒有獨立於語言的客觀意義，所以「文本之外無一物」。見於王岳川，《後現代主義文化研究》，北京：北京大學出版社，一九九五年。

9　「Dasein」（此有）表達其存有論，亦即是存有之承載者，其外延就是指人或生命。正如學者所詮釋的，現象學之特質正在於此有之自我顯示及其存有結構之顯現；而存有則透過兩方面以顯現此有之存有現象本身。Dasein之存有表示人之存有：存在（existence）；Da表示人存在自身中之開放性。Dasein的本性就是它的「存在」，Dasein就是它自身的開顯性——只有此有在其存有中關係到存有，存有就在此有之開顯性中同時顯現。張燦輝著，《海德格與胡塞爾現象學》，臺北：東大圖書公司，

論，Sein意旨「存有」，Da意旨「在那裡」，合起來就是「存有在那裡」。「存有」是現象式的、動態式、辯證式的現象體證，必有賴於個人「生命體驗詮釋」出來。換言之，「此有之存有現象」之自我顯示及其存有結構之顯現即在「生命體驗詮釋」動態辯證當中。

　　「此有」達到的境界必須要在「處境」（或說是一種「氛圍」、「視域」）當中去看出，被個別實踐「閱讀」出來，這樣「文本」才會有真實意涵。就如同前所言，去讀出一種不同於作者構築作品的味道，乃是一種新的實踐智慧，也是一種創作，而這便是後現代的精神：「閱讀是種誤讀，而誤讀本身是種新的創作歷程」。換言之，我們在閱讀「文本」當中，可能讀錯了，或說是懂錯了，但是「文本」結構非一成不變的，而是在「文本」深層閱讀當中不斷揭露出來，希冀透過「文本」閱讀達到真理的連結，使「文本」之下，形上存有得以揭露自身。所以「文本」更重要的是去「體證」出來，而這就是「文本」意欲「此有生命體驗詮釋」。

　　但是「文本」的「生命體驗詮釋」，指出在「生活世界」中的「存有」者如何就在「處境」（或說是一種「氛圍」、「視域」）中去讀出「文本」真實意涵，此乃是「文本」到達的真正目的。

　　簡單來說，它是將「文本」給予真正意義賦義，體現在人身上，如此「道、言、真理」便能合而為一，而「文本、此有、生活世界」便能互詮、互為整體脈絡一部分。如此一來，「文本」真正目的顯明了，「此有、生活世界與文本」之間彼此互詮，使「文本」走向開顯，「文本」真理顯露於其間。如此「文本」不再是語言文字符號對立，而是有了生命、動力、對話、辯證等，於是「文本」變成活的

一九九六年，頁194～195。

生命的詮釋體驗，語言不再是語言，語言有了生命。

而這「文本」的眞實意涵是現象式、動態式、辯證式的「現象體證」，必有賴個人「生命體驗詮釋」出來，我們總是能讀出「言外之意」，讀出「語言之外空白處」。我們再使用「存有」爲例，「作者與讀者」之間的關係猶如「存有與存有者」之間的關係，讀者所讀不出的作者原味而硬要去讀出，此乃是「存有的遺忘」，讀者只能就自己的體驗「氛圍、處境及視域」去讀出某些所以然，而這便是「文本生命體驗詮釋」，它是現象式、動態式、辯證式的「現象體證」。

而或許有人會質疑，這樣的「文本生命體驗詮釋」，可以眞實傳達出來「文本」的眞實意涵嗎？在問這個問題之前，筆者想先請所有質疑者去問自己，吾人認爲眞實意涵又是如何呢？它眞的可以被傳達出來嗎？筆者設想大多數人會在此問題當中打住，因爲問題是無解的，後現代「文本」觀強調著「閱讀是種誤讀，而誤讀本身是種新的創作歷程」，而這也說明了「存有」的描寫方式或樣子與「存有」本身應是有差距的，既然有差距，不妨在讀之後大膽親近的說出、描寫出，或者說是實踐出經典的「文本」的智慧。當然，「文本」「能指」（signifier）部分與「所指」（signified）部分是有差異的。「此有文本生命體驗詮釋」更重要的任務是應是在「生活世界」當中的「存有者」所感受的種種描寫、說出或閱讀中（「能指」），去親近那個未出席「存有」概念本身，也就是「所指」部分。

「此有文本生命體驗詮釋」乃是達到自我體道過程，也就是所謂與形上存有眞理相遇的過程，而這就是「此有文本生命體驗詮釋」所意欲達到境界。首先「文本」說出了不能說的空白處—「文本空白

處」。**10**「文本空白處」乃是言外之意。現象式、動態式、辯證式的「現象體證」的「文本」閱讀體驗，總是能讀出「言外之意」，讀出「語言之外空白處」。「文本空白處」乃是要指向的是「道」，去親近那個未出席「存有」概念本身，也就是「所指」部分。讀者只能就自己的體驗「氛圍、處境及視域」去讀出某些所以然，而這便是「**此有文本生命體驗詮釋**」所欲達的境界本身，不再「**存有的遺忘**」，而是體證詮釋出「文本空白處」的「存有」來。

　　後現代的「文本」觀，不讓「文本」只有單面向被對待，而應該多面向被對待，要正著看、反著看、上著看、下著看，任何方向都可以看，後現代「文本」觀強調著「**閱讀是種誤讀，而誤讀本身是種新的創作歷程**」，這非固著於「文本」的本身來看，而是總能在「文本」沒有說出、不能說出的「文本空白處」看出個所以然，它設法在在「模糊地帶」中炒作自我矛盾認知的無限可能性。這代表語言充滿許多不確定，既「是」且「不是」，而呈現「真實」的面容也有可能是被建構的出來「類真實」的面容。

　　所以，試問當嘗試了解眞實「痕跡」時，「文本」所告知吾人的確實不可能，這不是令人非常沮喪嗎？當然，也有可能是這樣，也有可能不是，正如前面所言，「**閱讀是種誤讀，而誤讀本身是種新的創作歷程**」。我們在確立欲達成境界後，盡可能說出「文本」沒有說出、不能說出的「**文本空白處**」，那是「存有」的「痕跡」認知，「痕跡」認知不代表眞實，然而它有種「**動力、辯證且現象學**」式的讓我們以「**此有文本生命體驗詮釋**」趨近眞實。當我們以「痕跡」接

---

10 德希達著，楊恆達等譯，《立場》，臺北：桂冠，一九九八年，頁28～29。文本空白處指向的是文本本身不帶任何支配性的空白，只留下差異的痕跡的一場遊戲，延異是差異有系統遊戲，不屬於在場，也不屬於缺席的狀態，所以非常具有想像空間的留白是「罔兩問景」當中的有與無張力對白。

近眞實時，人們裂縫中找到模擬眞實的形象，在千姿百態的形象當中，認知到內在自我矛盾，藉以擺脫「**文本霸權**」狀態，而得以自由搏扶搖而直上，以「**不完形的我**」內在缺席而欲達到「**完形的我**」內在出席的過程，達到「**文本**」當中「**存有**」本身的開顯。

二、「罔兩問景」當中說明了「文本生命體驗詮釋」

「罔兩問景」是《莊子‧齊物論》寓言，是描寫「**形**」、「**景**」（即影），及「**罔兩**」（影外微陰、影子的影子）關係：

> 罔兩問景曰：「曩子行，今子止；曩子坐，今子起；何其無特操與？」景曰：「吾有待而然者邪！吾所待，又有待而然者邪！吾待蛇蚹蜩翼邪！惡識所以然？惡識所以不然？」
>
> 《莊子‧齊物論》

另外，在七篇之外，也有描寫：

> 眾罔兩問於影曰：「若向也俯而今也仰，向也括撮而今也被髮，向也坐而今也起，向也行而今也止，何也？」影曰：「搜搜也，奚稍問也！予有而不知其所以。予蜩甲也，蛇蛻也，似之而非也。火與日，吾屯也；陰與夜，吾代也。彼吾所以有待邪？而況乎以有待者乎！彼來則我與之來，彼往則我與之往，彼強陽則我與之強陽。強陽者，

又何以有問乎！」

《莊子・寓言》

（一）「罔兩問景」的「文本」觀

莊子「罔兩問景」說法，說明著後現代的「文本」。莊子「罔兩問景」主要是《莊子・齊物論》寓言，是描寫「形」、「景」（即「影」），及「罔兩」（「影外微陰、影子的影子」）關係（以下均寫為「形」、「影」，及「罔兩」）。「形」、「影」及「罔兩」代表著後現代的文本特色：多元、延異及變化的特色。

用德希德說法來說明，可以說「形」、「影」，及「罔兩」代表著「形」、「景」（即「影」）、「痕跡」，或說是「痕跡中痕跡」「罔兩」（「影外微陰、影子的影子」）有著多元、延異及變化的特色。它不代表著真實，然真實也以藉此映照出「痕跡」，讓我們有跡可尋。「形」、「影」，及「罔兩」代表著「痕跡」或「痕跡中的痕跡」。

「形」、「影」，及「罔兩」，它代表著「文本」是語言寫出，它代表著語言的「痕跡」是不斷延異，而這便是後現代「文本」觀，後現代「文本」觀強調著「閱讀是種誤讀，而誤讀本身是種新的創作歷程」。「罔兩」不去問「形」，而去問「影」，這是非常有趣的說法，這代表著從後現代「文本」觀非固著於傳統「文本」的本身來看，它是多元、延異及變化的。

「文本」沒有說出、不能說出的「文本空白處」，那是「存有」的「痕跡」認知，「痕跡」認知不代表真實，然而它有種「動力、辯證且現象學」式的，讓我們以「此有文本生命體驗詮釋」趨近真實，然「痕跡」認知是「似之而非也」。

老子與莊子對「道」的解讀，一如對「文本」的解讀一樣，他是「在場形上學」的解。在「文本」的痕跡中，不斷理解產生「延異」的遊戲活動。[11]換句話說，「文本」不是絕對，誠如「形」、「影」及「罔兩」，在對「道」的理解體悟中，應有如編織物般多元交統，呈現出「道」的開放性。在「形」、「影」及「罔兩」之上應有「強陽」，讓我們以柏拉圖的洞穴說法即可明白，「形」所烙印出來的「影」，及「罔兩」都應在陽光「道」的照耀之下而有所顯明。「形」、「影」，及「罔兩」是「痕跡」，而按德希達的說法，「痕跡」不斷延異著，走向多元詮釋。

「罔兩問景」若用現代眼光來看是種去除單一傳統「文本」弊病，走向後現代多元詮釋的「文本」觀。「罔兩問景」指出了單一「文本」閱讀「荒謬性」[12]，「荒謬性」意謂著「文本本身不可閱讀」，但那又何妨呢？因為穿越時空與老子、莊子對談是不可能的，身為現在處境的筆者無法按圖索驥去讀出原作者心中意圖，但是總能在「文本之外」、「文本空白處」去讀出所沒有、也不能發現的東西，總能在意義盈溢之外發現原作者所沒有、也不能發現「文本」之外的東西。

所以「罔兩問景」轉換以「作者」為中心的閱讀方式，成就了以「讀者」為中心的閱讀方式，給予更開放的閱讀空間，這也是後現代「文本」的想法，它去除了傳統單一「文本」的弊病：「文本的霸權」，老子甚至強調了二元對立執著的破除，意謂著「文本的霸權」不容許在對立框架中進行。所以在老子「文本」當中，確切說明二元

---

11 德希達著，楊恒達等譯，《立場》，臺北：桂冠，一九九八年，頁29。
12 文本成了充滿矛盾的存在，不可閱讀意謂著文本的矛盾與不一致性，換句話說，不可能去閱讀文本當中真實意涵，而「罔兩問景」即是說明文本當中的寓意是永無止盡的延異，不斷生成之中，在探尋之中，不可能文本當中得知文本真實狀況。

對立強勢觀念都不應該太執著，當這些主客二元對立的符號砌起人心的恐懼與欲求時，就已框住人所有的想像力與創造力了。文本要有動力，必先突破二元對主客框架。

> 「道可道，非常道，名可名，非常名。無，名天地之始；有，名萬物之母。故常無，欲以觀其妙；常有，欲以觀其徼，此兩者，同出而異名，同謂之玄。玄之又玄，眾妙之門。」
>
> 《老子・第一章》

眞實的「道」本身是在「形、影、罔兩」，或者是說在「罔兩問景」，抑或是說在「眾罔兩問景」的文字追逐遊戲當中，它說明著「文字符號」本身掌握眞實「道」的「荒謬性」，也指出了具體「文字符號」不足以體現眞實的「道」，或者是說詮釋者本身若要依緣「文字符號」本身到達眞實的「道」，則是有待的「道」，而非無待的「道」本身，眞實的「道」不是「術」（「形、影、罔兩」）。後面會再度提及，這裡不再贅言。

（二）「罔兩問景」的「文本」觀意欲「此有」「生命體驗詮釋」達到的境界

「罔兩問景」總能在「文本之外」、「文本空白處」去讀出所沒有、也不能發現的東西，總能在意義盈溢之外發現原作者所沒有、也不能發現「文本」之外的東西。「罔兩問景」指出「文本不可閱讀」：意謂著「文本」的矛盾與不一致性，像前面所提及的老子說明「道」的描寫（「能指」）的難處一樣。換句話說，不可能去閱讀文

本當中真實意涵，而「罔兩問景」即是說明「文本」當中的寓意是永無止盡的延異、不斷生成之中。在探尋之中，不可能在「文本」當中得知道「文本」所指涉的「所指」真實狀況。

「罔兩問景」的「文本」觀意欲「此有生命體驗詮釋」達到的境界，指的是閱讀「文本」代表「此有」（「存有在此」）對此「文本生命體驗詮釋」。真實的「此有文本生命體驗詮釋」總能在「文本」沒有說出、不能說出的「文本空白處」看出個所以然。

「形」、「影」及「罔兩」是有待的「術」，真正的「道」的體悟，不理會「文字符號」的斜影，或說是影子中的微影，若不真正體「道」、實踐「道」的可能性，則「罔兩問景」的荒謬性會不斷發生，因為那是有待的「文字符號」世界，是固定僵化的「能指」部分，「能指」不是「所指」，而「所指」（「道」）必有待於「能指」（「道」的描寫述說），它設法在「模糊地帶」中炒作自我矛盾認知的無限可能性。這代表語言充滿許多不確定，既「是」且「不是」，而呈現「真實」的面容也有可能是被建構的出來「類真實」的面容，但如此仍不若無待「道」顯現自身。

「此有文本」的「生命體驗詮釋」，透過生命真正實踐，而不是有所待在「文本」經典當中死的詮釋，也不是死抱著書籍有所頓悟，盼能透過「此有文本生命體驗詮釋」來了解「生活世界與此有」、「讀者與作者」、「莊子與我們」之間互滲且交參「文本」對話，來進行真理「存有」的開顯路徑。

「罔兩問景」的「此有文本生命體驗詮釋」乃是達到自我體道過程，也就是所謂與形上存有真理相遇的過程，而這就是「罔兩問景」的「此有文本生命體驗詮釋」所意欲達到境界。首先「文本」所指涉

常是「意在言外」，也就是「文本空白處」。[13]透過「此有文本生命體驗詮釋」現象式、動態式、辯證式的「文本」閱讀體驗，總是能讀出「言外之意」，讀出「語言之外空白處」所指涉的「所指」部分。「文本空白處」乃是要指向的是「道」，去親近那個未出席「存有」概念本身，也就是「所指」部分。讀者只能就自己的體驗「氛圍、處境及視域」去讀出某些所以然，而這便是「此有文本生命體驗詮釋」所欲達的境界本身，不再「存有的遺忘」，而是體證詮釋出「文本空白處」的「存有」來。

　　藉「罔兩問景」的「此有文本生命體驗詮釋」解析，以此呼喚「為道」的眞確路徑，而非將「道」放入一堆死物當中。「形、影、罔兩」說明了「生命體驗詮釋」的「過程」（process），更說明了它與「生活世界」之間互涉的思維、包含各種形態的影響。它指出了「文本」沒有說出、不能說出的「文本空白處」，而那是「存有」的「痕跡」認知，「痕跡」認知不代表眞實，然而它有種「動力、辯證且現象學」式讓我們以「此有文本生命體驗詮釋」趨近眞實。當我們以「痕跡」接近眞實時，人們從裂縫中找到模擬眞實的形象。在千姿百態的形象當中，認知到內在自我矛盾，藉以擺脫「文本霸權」狀態，而得以自由搏扶搖而直上，以「不完形的我」內在缺席而欲達到「完形的我」內在出席的過程，達到「文本」當中「存有」本身的開顯。

　　此種說法有如以後現代來說明禪學精神，如下所言：

---

13 德希達著，楊恒達等譯，《立場》，臺北：桂冠，一九九八年，頁28～29。文本空白處指向的是文本本身不帶任何支配性的空白，只留下差異的痕跡的一場遊戲，延異是差異有系統遊戲，不屬於在場、也不屬於缺席的狀態，所以非常具有想像空間的留白是「罔兩問景」當中的有與無張力對白。

　　　　「一種從所有形上學中心的固著中，跳脫開來的無
邊開放性……（藉著）文本的能指而徹底裂決地自由遊
戲……。」**14**

　　解開「文本」的結構，給予多元、延異、變化的閱讀空間，不再
遺忘存有，自由地在「文本」的「能指」中放開而徹底的遊戲著，不
再固著在形上那個缺席的「所指」上。此指出了「周兩問景」是需要
「文本」的「生命體驗詮釋」，它是實踐智慧。「周兩問景」是在指
「文本」當中，當主體生命「此有」體認道時，不斷產生理解延異的
活動描寫，所以「文本」當中，應該特別著重在作者與讀者之間的關
係，不論作者與讀者都試圖溝通詮釋有關「道的形上境界與方法」，
這是「周兩問景」所欲告知我們的事。

三、由「術」走向「道」的知覺現象學及情境存有學

　　「周兩問景」的「此有文本生命體驗詮釋」指出了由「術」走向
「術」，以及當中所突顯出來的「知覺現象學」及「情境存有學」。
　　「周兩問景」說明著「文本」的真實意涵是現象式、動態式、辯
證式的「體證」，必有賴個人「生命體驗詮釋」出來，讀者只能就自
己的體驗「氛圍、處境及視域」去讀出某些所以然，而這便是「文本
生命體驗詮釋」，它是將「文本」給予真正意義上的賦義來體現在人

---

14 Steve Odin, Derrida and the Decentered University of Chun/Zen Buddhism, *Journal of Chineds Philosophy17* (1990), p84.

身上，如此「道、言、真理」便能合而爲一，而「文本、此有、生活世界」便能互詮、互爲整體脈絡一部分。如此一來，使「文本」走向開顯，「文本」眞理顯露於其間。如此，「文本」不再是語言文字符號對立，而是有了生命、動力、對話、辯證等，於是「文本」變成活的生命的詮釋體驗，語言不再是語言，語言有了生命。「周兩問景」的「文本生命體驗詮釋」，要說明的是由「知覺現象學」將走向「情境存有學」[15]，也說明著「存有在此」，「存有」得以開顯。換句話說，「文本」當中所蘊含的意思是，在體道之中人是由對形上「道」的體認到自由無待世界的開展，由「文本」體認詮釋爲起點，從身體存在感受覺知到的現象，到整體生活世界溝通詮釋，走向開顯眞理，開顯存有整體脈胳，使存有情境意義不明而喻。

（一）「文本」不是「術」而是指向「道」──對「道」的「文本生命體驗詮釋」

「文本」不是「術」而是指向「道」，我們舉出《莊子・養生主》爲例：

> 庖丁爲文惠君解牛，手之所觸，肩之所倚，足之所履，膝之所踦，磐然響然，奏刀騞然，莫不中音，合於《桑林》之舞，乃中《經首》之會。文惠君曰：「嘻！善哉！技蓋至此乎？」庖丁釋刀對曰：「臣之所好者，道也，進乎技矣。
>
> 《莊子・養生主》

---

15 後面陸續會提到，這裡不多做解釋。

　　「形」、「景」（即「影」）及「罔兩」（「影外微陰、影子的影子」）指的乃是對「道」的描寫（「術」），而非「道」本身。在後現代的文本觀當中，「形」、「影」，及「罔兩」只是詮釋方法而已，它只是「術」而已；「形、影與影子中的微影」乃是指多元、延異及變化的「道」的「文本」詮釋觀。

　　「文本」不是「術」而是指向「道」，所指出的乃是指「術非道」、「道進於術」了悟，若非「此有文本生命體驗詮釋」當中達到互為主體、彼此互詮的共詮階段，若淪為「*術也僅是術而已，不會再有其他進展*」，換言之，「形、影與影子中的微影」告知我們的是彼此互隨、互相追逐、互相詢問與互相對話當中「術」的變化，當中「術」必須進入「道」層次，才能達到互為主體的溝通平臺，真正達到「物我一齊」的為道境界，[16]而這也就是「*為道者必須同於道*」境界。

　　對老子及莊子「文本」的關心，不應只為「文本」只是個「術」[17]而已，當然，對「文本」的關心乃是因為「文本」是個呈現道的藝術、也是技術，所有對文字象徵符號掌握其實就是一種「術」的把握，也就是對真理方法的理詮，而「術」是可以進階到「道」的境界。

　　後現代「文本」當中，我們解讀「形」、「影」及「罔兩」有關「術」的面向，它代表著：多元、延異及變化著，由於詮釋不同，我們讀出了多樣的差異，而這正是「文本」古今昔比可愛之處，「文本」的多元體現讓我們以體現「文本」與自我之間精神層面的互動，

---

16 罔兩問景指向一種非宰制性的閱讀，是一種多重互為主體的閱讀，是種多重矛盾衝突的互動主體的文本閱讀經驗。

17 文本不是只有一個術而已，意謂著文本不是封閉完整的單一個體，文本的閱讀可以擴大變化文本的意義，具有開放與多元性，道充乎其中，變化萬千。

「文本」多元差異性使自我從「文化拳養的奴性」當中跳脫開來，亦不再是在彼端，而是在此端，「在此即在彼，在彼即在此」。如此文本不再只是「術」，「文本」給予生命創造與救贖的可能生，從泥淖中自我提升。而動態詮釋，即「此有即生活世界，即生活世界即此有」，相即相離，避免二元主客對立的割裂，也是「由技轉向道」多維度「無為而化」的世界觀。

「術」的解讀是指「方法」，「方法」有「差異」存在，在「差異」中呈現多元，由「差異」讀出關心照顧自我，以至於使自我進階到「道」的境界。「術」的解讀，到最後是指向「方法」，而「文本」的「術」也就是「文本」的詮釋角度方法，以後現代中對「文本」的解構，使我們能容納異己，包涵萬有，以無限寬容矛盾中求統一的心情去面臨世事場域的變化多端，以及人做為精神存有在生活世界中去承先啓後、採取行動的無限可能性，將「文本」的趨近真實面體現出來。

「罔兩問景」指的是一種對生命的詮釋體驗態度，語言指向「生活世界」可能性，是不能、也不可以透過有為有守的傳統單一「文本」來進行說明，這裡很難有定案，然而不幸的是，傳統「文本」說出常是理性冷然秩序，使我們遠離「氣氛遭遇」，而忘卻了「晦暗領域」。「晦暗領域」便是「形」、「景」（即「影」）及「罔兩」（「影外微陰、影子的影子」）「罔兩問景」的「文本」觀點中，以「形、影與影子中微影」告知我們的後現代「文本」是彼此互隨、互相追逐、互相詢問與互相對話當中「術」的變化，當中「術」必須進入「道」層次，才能達到互為主體的溝通平臺。如此一來，後現代的「文本」不再有意識形態的束縛，不再屈服在權力論述之下，而找出一個關於「此有文本生命體驗詮釋」當中達到互為主體、彼此互詮或共詮的無待生命來。

　　「罔兩問景」讓我們重新以「文本」做生命體驗詮釋，以實存生命為出發點與「文本」有所互動，用「文本」來體驗實存為道美學，如此不再只是言說出來的「道」而已，此「文本」生命體驗的道學，能夠擺脫範式思考，轉化解釋因果的死硬科學成為結構整體「存有」與「生活世界」的互詮，如此一來「文本」的敘述目的乃是「此有」的生命歷史，以己的實存體驗來揭示「存有」的真理體驗，以「罔兩問景」來達到無待的生命最高境界。

　　如此一來，「罔兩問景」來達到無待的生命最高境界。無待的生命情境便是由「罔兩問景」的「文本生命體驗詮釋」出發，要說明的是由此出發，由「此有」的生命歷史，以己的實存體驗來揭示「存有」的真理體驗，便是由「知覺現象學」將走向「情境存有學」。

（二）「罔兩問景」當中的知覺現象學

　　「罔兩問景」走向的是「知覺現象學」[18]。「知覺現象學」乃是梅洛・龐蒂（M. Merleau-Ponty, 1908～1961）所提出的方法，這裡筆者使用此概念乃是希望透過「文本」的「生命體驗詮釋」去說出原初與道接觸的「氣氛遭遇」為何，所以這裡所謂「罔兩問景知覺現象學」指的是「罔兩問景」中「文本」的說出只是可能性揭露，它說出「可能的事實」。所謂「可能的事實」乃是「接近事實」，「接近事實」不是事實。「罔兩問景」提醒我們必須用現象學方法

---

18 梅洛・龐蒂（M. Merleau-Ponty, 1908～1961）在其《知覺現象學》的身體理論中提出，人的生活世界是藉由身體而開顯的，「我通過我的身體意識到世界」、「我們的身體是活生生的意義的紐結」Maurice Merleau-Ponty, trans. Colin Smith, Phenomenology of Perception, London: Routledge & Kegan Paul and Atlantic Highlands: Humanities Press, 1962, pp.82,151；姜志輝譯，《知覺現象學》，北京：商務印書館，二〇〇一年，頁161、200。

來接近事實，排除自以為是的成見，以「放入括號」的態度讓事實還原，那「可能的事實」就是「影子」自身，它代替了「實體」，所有「文本」創作乃是要說出那「可能的事實」為何，「可能的事實」透過「玄想示現」方式來說明那「氣氛遭遇」是什麼，「玄想示現」當中的「玄想」是「罔兩問景」的「文本生命體驗詮釋」，代表著多元、延異及變化著的體驗詮釋，「玄想示現」當中的「示現」讓我們以體現「文本」與自我之間精神層面的互動，使自我從「文化素養的奴性」當中跳脫開來，如此一來，「道」亦不再是在彼端，而是在此端，「在此即在彼，在彼即在此」，此乃「示現」。如此「文本」不再只是「術」，「文本」給予生命創造與救贖的可能生，從泥淖中自我提升。「氣氛遭遇」指出了原作者生命創作所說出的「現象」。

「罔兩問景」的「文本生命體驗詮釋」給予了「文本知覺現象」的解讀，以「身體」去體驗「存有」根源，以回應大地之母之召喚，乃是超越「文本」，給予「文本」實踐動力，以回向「文本」的大化流行。如此，「文本」亦是我，我亦是「文本」，「文本」與我並無隔閡，對於「文本」體驗的面向，是個人在主體化形構過程中，匯流而成「主體際性」的交流，天人合人的位格際性，溝通了你、我與他之間，和諧且不分彼此，以達到真、善、美與聖，是種「道的游於藝」的境界，也是儒學當中「仁，己欲立而立人，己欲達而達人」。

「罔兩問景」的「文本生命體驗詮釋」，「形」、「景」（即「影」）及「罔兩」（「影外微陰、影子的影子」）在「罔兩問景」的「文本」彼此互相詢問、探究與對話，彷彿是種自我對話，它以自身方式詢問。「罔兩問景」的「文本生命體驗詮釋」說明著，生命是個存在，不是哲學問題，任何關於它本身的答案，都是局外答案，它只能藉由自身來解答，以「身體」去體驗「存有」根源，「生命體驗

詮釋」當中，最重要的是「身體存在感受」，知覺身體感「當下即是」，是種動態思維感受，在此狀態下，以感覺去「感受」感受，這也就是「身體對身體自身經驗」的探問及觀照。

這種「身體對身體自身經驗」的探問及觀照。以「身體存在感受」爲基要，使物各如其所是展現。「身體對身體自身經驗」的體驗涉及一種「覺知世界」方式，是種人與世界照面亮相的一瞥。「身體覺知」是感受世界方式，它是大塊無分別以整體經驗來感受，自我在此向著自我，在自我內在核心時，也向著「生活世界」這個大「文本」開放自身。

「罔兩問景」的「文本生命體驗詮釋」，「形」、「景」（即「影」），及「罔兩」（「影外微陰、影子的影子」）說明著一切都在「氣氛遭遇」，體會「晦暗領域」當中的「道」。這「道」在「形」、「景」（即「影」），及「罔兩」（「影外微陰、影子的影子」）當中游離著，代表著在「文本」說出與未說出的張力，是種似乎「是又不是」的狀態中，「罔兩問景」目的乃是擺盪在「文本」說出與未說出裡面所透顯出來的「張力」，乃是達到「直覺體認」，「直覺體認」就是所謂的「罔兩問景」的知覺部分，在「文本」說出與未說出的張力乃是達到「直覺體認」，「直覺體認」到形、影、影子的微影互動、追問，難以言喻的張力，以致於貼近眞正「文本」，其實就是謎題索引。而說出的「文本」與未說出的「神聖氛圍」張力乃是謎底，如此一來，「實體本身」是什麼，是個疑問，因爲作爲「實體本身」永遠是個謎題，必待「罔兩問景」的「文本生命體驗詮釋」解釋之。

謎底有如影子般，是透過「玄想示現」方法來進行，所以必須就「玄想示現」不存在現實世界且幾乎不可能發生或完成的情景，而「玄想示現」當中的「玄想」是「罔兩問景」的「文本生命體驗詮

釋」，代表著多元、延異及變化著的體驗詮釋；「玄想示現」當中的「示現」讓我們以體現「文本」與自我之間精神層面的互動，使自我從「文化素養的奴性」當中跳脫開來，如此一來，「道」亦不再是在彼端，而是在此端，「在此即在彼，在彼即在此」此乃「示現」體驗。「示現」體驗的發生只能在「玄想」中，也就是象徵隱喻或神話等。「形」、「景」（即「影」）及「罔兩」（「影外微陰、影子的影子」）的「晦暗領域」出現。這「示現」體驗的發生保留在記憶深處，是以「說出」「影子」部分來借代回味那種「氛圍遭遇」。具體的已是「氣氛遭遇」狀態，說明著人的境遇為何，人在生命歷史當中不斷自我走出，對於「文本」體驗的面向，是個人在主體化形構過程中，匯流而成「主體際性」的交流、天人合一的位格際性，溝通了你、我與他之間，和諧且不分彼此。

　　總之，「罔兩問景」的「文本生命體驗詮釋」給予了「文本知覺現象」解釋面向：以「身體」去體驗「存有」根源。「生命體驗詮釋」當中，最重要是「身體存在感受」，知覺身體感「當下即是」，「罔兩問景」希望回到作者本身去理解創作過程，去詮釋那作者尚未清晰的所在地，讓結構張舉、沉澱。「文本」的「影子」說出當中呈現那未說出的「氛圍遭遇」，當然「文本」也可能產生書寫異化的危機，這是固定符號僵化之後所產生的距離，使得「影子」替代物呈現非臨在的不是狀態，使得「實體」不再透明自身。所以「罔兩問景知覺現象學」希望回到「形」、「景」（即「影」），及「罔兩」（「影外微陰、影子的影子」）當中對「道」的直覺體認，當悟即是，在流逝現象當中，找尋真正生命真君的軌跡，使「實體」真實顯現，「存有」大大開顯。「罔兩問景」的「文本生命體驗詮釋」強調「身體感知知覺」，建構出「對身體自身經驗」的探問及觀照，如此「身體存在感受」為基要，使物各如其所是展現。

（三）「罔兩問景」當中的「情境存有學」

「罔兩問景」的「文本生命體驗詮釋」給予了「文本知覺現象」解釋面向：以「身體」去體驗「存有」根源，「生命體驗詮釋」當中，最重要是「身體存在感受」，知覺身體感「當下即是」，「罔兩問景」希望回到作者本身去理解創作過程，去詮釋那作者也還未清晰的所在地，那「罔兩問景」的「知覺現象」必然走向「情境存有學」，所謂「情境存有學」，按梅洛・龐蒂說法乃是「身體」和「空間」之間關係，說明我們透過「身體」直接感受「空間」。所謂「情境」（situation）是：「人和環境相涉相融，具有『主觀面』（subject-side）和『客觀面』（object-side）；既是『主動』（activity），也是『被動』（passivity）；既是『主體』，也是『客體』，不能單方面的被獨立分離，乃是兼具兩者的『交綜錯雜』（interweave）與『辯證之內在關聯性』（dialectically intercon-nected）。」其中，「情境存有學」體現出來存有世界，是後期他說的「體現」（the flesh）世界，是互相容涉、主體交融的世界。**19**

「情境存有學」指的乃是認知主體不可能由「生活世界」抽離出來，反而應是出席於「生活世界」，內在於「生活世界」中去做出理解詮釋，它是主觀、也是客觀，是主動、也是被動，是內在辯證融涉交疊而成。所以是「在生活世界的此有」在其「氛圍遭遇」中必須是具體投入不斷變化、生成變化當中，做出在關係脈絡中的行動。就是說明人作爲「此有」在「生活世界」展現，必須將自己重新投射出來，而非有待於形、影、罔兩。眞正理解詮釋「文本」是內在於「生

---

19 顧世勇，〈「裝置藝術」當中的身體、符號與情境〉。http://www.itpark.com.tw/art-ist/essays_data/39/271/288

活世界」的理解，關於吾人處境的「在場的理解」，[20]這是需要實際參與而獲得的「得道」境界的理解詮釋，也就是「生命體驗詮釋」，也是「周兩問景」的「情境存有學」。

「周兩問景」的「情境存有學」要肉體參與「生活世界」，是種「情境性參與」（personal participation）來建立一種主客體溝通認知，使達到一種「主體際性」之間的交流與共感。「周兩問景」說明我們必須從「情境」淪落中脫穎而出，徹底從「文本」糟粕遺物中，勾勒出任何存有學研究，以及所依的可能性條件，以此來了解「此有」的狀態，而「此有」的意義也在此生命時間中顯示出來。「此有」的本質在「生活世界」中，由具體「肉身」狀態中參與「生活世界」運行當中去理解自己，達到「文本」與作者「主體際性」的交融與溝通，如此一來，讀者的閱讀有了動態辯證的內在詮釋歷程，從「情境」當中參與展現存有之姿。

「周兩問景」的「情境存有學」要肉體參與「生活世界」，是一種「情境性參與」。如此一來，「情境存有學」體現出來存有世界，是「體現」（the flesh）世界。他說明的是：真正理解詮釋「文本」是內在於「生活世界」的理解，關於吾人處境的「在場的理解」，[21]這是需要實際參與而獲得的「得道」境界的理解詮釋，也就是「生命體驗詮釋」，也是「周兩問景」的「情境存有學」。「周兩問景」的

---

20 梅洛‧龐蒂強調身體感官在情境中的作用，他論述「情境的存有論」（The ontology of situation），說明我們透過身體直接感受空間，見Maurice Merleau-Ponty，姜志輝譯，《知覺現象學》，北京：商務印書館，二○○一年。換句話說，認知主體不可能由生活世界抽離出來，反而應是出席於生活世界，內在於生活世界中去做出理解詮釋，所以他必須是具體投入不斷變化，生成變化時序當中的關係行動。這是根特根據蒲蘭耳的「內住」（indwelling），他說：「要肉體參與生活世界，是種情境性參與（personal participation）來建立一種溝通認知」。Michael Polanyi, Personal Knowledge: Towards a Post-Critical Philosophy, London: Routledge, 1998, pp.vii-viii.
21 同上。

「情境存有學」要肉體「情境地參與生活世界」去體現「存有」之姿，而非「存有遺忘」，所以他要所有人參與這場主客交融的文本多元、差異及變化當中身歷其境的閱讀中，去讀出來、實踐出來，使過去缺席，再度現身。

要肉體「情境地參與生活世界」去體現「存有」之姿，而非「存有遺忘」，說明著：「文本」所提供乃是原本存在的「缺席之處所」，它提供了一個「失去位置」，而這「失去位置」原來是「道」存在的真正居所，所有閱讀文本的「存有者」，都是在「文本」的遺物糟粕中找尋道的真跡。「存有遺忘」說明著「此有」的生存歷史當中，「此有」曾經與「道」相遇，然這段歷史被遺忘了「形、影、罔兩」，正足以說明當代的「文本生命體驗詮釋」的「過程」（process），更說明了它與「生活世界」之間互涉的思維，和包含各種形態的影響。所以「罔兩問景」在「形、影、影子的微影」在「晦暗領域」中要指出的是與道相遇的「情境存有」面向，它是與人的實存本真層面接軌，讓生命有個接觸，「罔兩問景」指的便是這接觸本身。當我們使用「罔兩問景」玄想方式，以象徵和隱喻活絡內在意涵，將其中隱而未顯的張力發揮極致時，當下即是，即現象即本質。

「罔兩問景」的「情境存有學」要人「情境地參與生活世界」去體現「存有」之姿，說明著「罔兩問景」只是「召喚」，「召喚」是在「晦暗地帶」當中嘗試擺盪出一種可能性，在「罔兩問景」中「影子」的「說出」只能是替代物而已，它不是生命實相本身，然經由「文本」是內在於「生活世界」的理解，一種「在場的理解」體驗所說出表達的「影子」，我們彷彿可以貼近那「實體本身」。如此一來，（「召喚」對「存有」的整體的理解，以多元、差異及變化的文本詮釋來掌握「作品與行動結構」的互動，這樣對「存有情境」的「理解」不是只當成認知模態，來接近理解作者的主觀意向而已，相

反地，從那種存在的「氣氛遭遇」（身體知覺到的空間「情境」）參與來互詮生命本身，以肯定彼此（讀者及作者）生命在「生活世界」互動溝通，讓彼此主客體更加交融。

「周兩問景」說明著「情境地參與生活世界」。「情境地參與」拒斥「文本生活世界被殖民化」，「被殖民化」意謂著沒有熱情參與，只有單板解讀、失去反省，只被主流權力論述宰制架空。「文本」不能「被殖民化」，不能讓生命的真實感缺席，所以「周兩問景」透過「形」、「景」（即「影」）及「周兩」（「影外微陰、影子的影子」）追逐探問當中說明要擺脫文字障礙，由作繭自縛當中，找出真實的無待的道境來。也就是說，人必須自我救贖，從生命歷史救濟自我淪落當中，存有的語言不能使自身疏離，不能不參與共在此生活的存有世界交融。

前面我們說過了，後現代「文本」沒有固定意義，必須要在「處境」（或說是一種「氛圍」、「視域」）當中去看出，被個別實踐（「閱讀」）出來，這樣「文本」才會有真實意涵。換言之，「文本」的生命體驗詮釋，指出在「生活世界」中的「存有」者如何在「處境」（或說是一種「氛圍」、「視域」）中去讀出「文本」真實意涵，而這「文本」的真實意涵是現象式、動態式、辯證式的現象體證，必有賴個人「生命體驗詮釋」。「此有文本生命體驗詮釋」是內在辯證主體客體涵攝融合成為一個整體，在「情境」當中參與整個世界的大化之流，筆者作為一個閱讀「文本的生命體驗詮釋者」，也因之而遷化，這便是「文本」內在化於筆者本身，而筆者也成為創作的參與者。

四、「罔兩問景」來解讀無待「動態生命體驗詮釋」的「文本」觀

（一）「罔兩問景」當中所蘊含的「動態生命體驗詮釋」的「文本」

「動態生命體驗詮釋」的「文本」當中「動態」其實就是一種「擺盪」。「擺盪」在巴修拉在《空間詩學》，談到「擺盪」（re-tentissement）[22]這字詞是指翻譯與詮釋乃是涉及到不同靈魂間的震顫迴盪，這其實就是「文本生命體驗詮釋」重點，它涉及到不同靈魂間的震顫迴盪在「道」之間。德國哲學家海德格（Heidegger）說到詩人賀德林（Hölderlin）提及翻譯者與詮釋者之間關係時[23]，常是以「生命體驗詮釋」的精神顯現。筆者以為翻譯者與詮釋者之間的關係，好比是作者、文本與讀者之間的關係，當他們進行互詮時，其精神在溝通交流之時，使語言重新活了起來，也使得為道中人，徹底超越「文本」，讓「文本」活力在自我的生命中體現詮釋出來，如此的為道之書，乃是讓「文本」活生生在生命體驗之中，生存其中，使語言生命韻味重新展現，如此才能解除文明遮蔽，給予動態的理詮。

「罔兩問景」指的是「擺盪」著的靈魂本身「生命體驗詮釋」對話，「擺盪」中生命永遠在訴說，「文本、此有與生活世界」也在訴說，而身為「閱讀及創作者」的我們，是沈默以對，看著所以發生，

---

22 巴修拉來說在《空間詩學》導論（PE, 4）中，他說到翻譯與詮釋乃是涉及到不同靈魂間的震顫迴盪。參考黃冠閔，〈徘徊於十字路的形象與想像：論巴修拉與波希亞〉（英文），《國立政治大學哲學學報》，第九期，二〇〇二，頁25～62。

23 Martin Heidegger, *Hölderlin's Hymn "The Ister"*, Trans. William McNeill and Julia Davis, Bloomington: Indiana University Press, 1996.

意義自然就開花了，意義在整個關係網絡裡，它呈現在身體場域與之互動交流關係脈絡中，展開了自身呈顯存在真正意涵。

「罔兩問景」中的「擺盪」其實就是一種「動態生命體驗詮釋」的「文本」。

> 物無非彼，物無非是。自彼則不見，自知則知之。故曰：彼出於是，是亦因彼。彼是方生之說也。雖然，方生方死，方死方生；方可方不可，方不可方可；因是因非，因非因是。是以聖人不由而照之於天，亦因是也。是亦彼也，彼亦是也。彼亦一是非，此亦一是非，果且有彼是乎哉？果且無彼是乎哉？彼是莫得其偶，謂之道樞。樞始得其環中，以應無窮。是亦一無窮，非亦一無窮也。故曰：莫若以明。
>
> 《莊子·齊物》

「罔兩問景」中的「擺盪」是莊子「樞始得其環中，以應無窮」，這是典型的「動態生命體驗詮釋」的「文本」觀，莊子從不給吾人標準答案說明道是什麼，而只是告訴吾人必須透過自身的「動態生命體驗詮釋」來底定答案，答案就是「莫若以明」。「罔兩問景」不就是這樣告訴吾人答案，唯有透過吾人「動態生命體驗詮釋」，才能獲得答案，要不然任何一個「文本」都可能是錯誤的答案，是也不是，不是也是，不是就是禪悟的機鋒嗎？這種「擺盪」是種「中渡」現象，所謂「中渡」是中間游牧擺盪，而莊子便是在游牧擺盪當中尋求「是與非」之外的可能契機，它是「動力的展現」，是「動而愈發，發而中節，達到感而遂通」的諧合狀態。

　　　　可乎可，不可乎不可。道行之而成，物謂之而然。惡
　　乎然？然於然。惡乎不然？不然於不然。物固有所然，物
　　固有所可。無物不然，無物不可。故為是舉莚與楹，厲與
　　西施，恢詭譎怪，道通為一。

《莊子・齊物》

　　在《莊子・齊物論》的「罔兩問景」也是指向這種「擺盪」方
法，「擺盪」指的是在「形、影、罔兩」之間，總是不斷有所延異，
有所變化、辯證、差異，好比是說「以手指月」總是手不是月、形指
向影，總是影不是形，影指向罔兩，總是罔兩不是影。

　　總之，「罔兩問景」舉出了「是也不是，不是也是」的「動態
生命體驗詮釋」，這就是「擺盪」。「罔兩問景」指出了有待「動態
生命體驗詮釋」的「文本的荒謬性」，它不是「是」與「非」的簡
單答案，而是在「是」與「非」當中生命混沌處「擺盪」，它「擺
盪」出生命本真來──「真君」、「真人」來，是以有「真人而後有
真知」。以「文本與生活世界」的主客互涉理解而言，「道」總是超
越「文本」之外，與「生活世界存有者」互為「詮釋的循環」，所以
「為道者同於道」。

　　「罔兩問景」的「動態生命體驗詮釋」的「文本」觀是指生命
內層底蘊的真誠溝通與交流（讀者與作者、此有與生活世界之間）。
「罔兩問景」有與無的「晦暗領域」中不斷的「擺盪」，在「中渡」
階段就是告訴你「動態生命體驗詮釋」的「文本」。「靈魂」交涉的
「文本的動態生命體驗詮釋」是「莫若以明」的無待狀態。這就是他
要告訴你的，沒有萬無一失的「文本」，只有不依循任何形式「文
本」，而能展現出來真正在道中的生命體驗「文本」才是真正的文本
而已。換句話說，道的「文本」的真正意涵，此緣只在此生命體驗當

中，「有真人而後有真知」，道與言與真理同在真人「動態生命體驗詮釋」當中合而爲一。

然與不然、可與不可、說與不說、意識與潛意識之間的張力即在「文本的動態生命體驗詮釋」動力詮釋場域中張顯，而在自由自在遊戲中詮釋彰顯出來。這令筆者想到《海上鋼琴師》，鋼琴師的生命就在海上「擺盪」，因爲在這存在處境下，他無法在有限地看見地平線的陸地上去彈奏出無限感動的樂章來是一樣的道理。

總結，筆者認爲只有在真正「文本的動態生命體驗詮釋」當中，「道」的說法才能真確無誤，否則其餘的溝通表達都是無效的。而爲道的人，總是在自我迂迴曲折表達中達到道的理詮的真正透徹，這是動態生命歷史了解，這了解「直覺體認」在於當下處境中能夠有所把握，有如「禪悟經驗」般，說是就是了。在時間與空間的精確掌握下，達到直中標的神準任務，這好比是投籃機在游移的目標中，仍能達成使命般射中目標一樣，是個「動態的理詮」。這「罔兩問景」「文本的動態生命體驗詮釋」，特別在「形、影、罔兩」追逐中讓我們看清，所有經由第二手的理解詮釋，都不可能貼近真實，即使真實的「文本」說出及表達出來都會失真，但那趨近真實的嘗試是值得的，在不斷「玄想」當中，唯有經由「文本的動態生命體驗詮釋」，才能真真正正體現那不可言說的境界，真正「示現」出來。

（二）「罔兩問景」當中所蘊含的「無待生命體驗詮釋」的「文本觀」

是然也？是不然也？然與不然在於「文本的無待生命體驗詮釋」。「罔兩問景」乃是要描述「無待」在場生命情境，形無待影，影無待於形，影無待於罔兩，罔兩無待於影，筆者把用「罔兩問景」

觀點，非「有所待」在文本經典當中的詮釋，來說明這段「**文本的無待生命體驗詮釋**」。

事實上，「**罔兩問景**」虛構擬人對話方式來說明「**有待**」的荒謬性，「**惡識所以然？惡識所以不然？**」指出「**無待**」的境界，

> 若夫乘天地之正，而御六氣之辯，以游無窮者，彼且
> 惡乎待哉！
>
> 《莊子·逍遙遊》

「**無待**」關於這部分，常是以「**默言**」表示，當我們試圖說出「**文本**」真實時，就犯了一個謬誤，一個人怎麼可以去說出「**文本**」中沒說出的部分。

> 道可道，非常道；名可名，非常名。無，名天地之
> 始；有，名萬物之母。故常無，欲以觀其妙；常有，欲以
> 觀其徼。此兩者，同出而異名，同謂之玄。玄之又玄，為
> 妙之門。
>
> 《老子·第一章》

「**道可道非常道**」說明著「**文本**」存在性理解詮釋是個「**奧祕**」，他以不屬於象徵秩序的雜質發聲，「**文本**」向著「**生活世界**」發聲。

> 六合之外聖人存而不論，六合之內聖人論而不議，春
> 秋經世先王之志，聖人議而不辯。故分也者有不分也，辯
> 也者有不辯也。曰何也？聖人懷之，眾人辯之以相示也。

故曰：辯也者有不見也。夫大道不稱……不道之道，若有
能知，此之謂天府，注焉而不滿，酌焉而不竭，而不知其
所由來，此之謂葆光。

《莊子・齊物》

他以不屬於象徵秩序的雜質發聲，「存而不論」、「論而不
議」、「議而不辯」來去除單一召喚、單一立場的尷尬，以「不道之
道」來說明符號之為符號與實際存在之物的差異，不是單一的解構理
詮就可涵蓋。後現代「文本」沒有固定意義，當代多元「文本」的解
讀，就「文本」而言，任何人對它的理解詮釋，的確在某種程度上，
有著不斷產生差異的驅力，「解構閱讀」意謂著「無待生命體驗詮
釋」閱讀。

「罔兩問景」讓我們產生主亦客、客亦是主、有待於無、無待於
有、無待於內、無待於外的「中間晦昧不明階段」。「罔兩問景」指
出了生命「然與不然」都在「無待生命體驗詮釋」狀態下才能回答這
個真正問題，要不然只能在「中間晦暗不明的狀態」下以「有待說出
無待」語言來，而這似乎提醒了我們唯有真人，才能從容在道之中，
回答「然與不然」的問題，否則均陷入「有所待」的矯揉造作之中，
唯有真人才有「文本」的「無待生命體驗詮釋」，真人能體現道、
言、真理與生命乍現在吾人自身，道無言，禪不立文字不就是告知我
們「罔兩問景」的「無待生命體驗詮釋」嗎？也唯有「文本」的「無
待生命體驗詮釋」才能給予了免於虛假的救贖。

「文本」的「無待生命體驗詮釋」開啓了無限的可能性去面對
「此有、生活世界與文本」之間互相震盪的創造性，所成就在精神上
超越，無執著於、無待世間有限，而「擺盪」在無限可能性之外，悠
遊自在。

　　「文本」切記不可被定型、格式、殖民化，因爲「文本」、「此有」和「生活世界」關係好比是「形、影和罔兩」之間關係一樣，任誰也無法從「有待」的局限之處讀出「無待」來。這好比是說在「讀」當中找出裂縫中拋出的「無關乎意識」的存有物，這些「無關乎意識」存有物，可以跳脫文字世界的奴隸狀態（文化的奴性狀態），而進行支解分離呈現一種「環」狀的投射，這好比是說「樞始得環中」。

　　形、影和影子中的影子提醒著「文本」不能全是資藉、有待的狀態，更重要是「文本之外」、「文本空白處」那無法言說區塊，是然，亦不然也。「文本」自是必須從「有待」的文字障礙中走出，從「有待」生命困境中走出，走向逍遙及「無待」的存有狀態。

　　總結，筆者認爲只有在眞正「文本的無待生命體驗詮釋」當中，「道」的境界才能眞正顯達。而爲道的人，總是在自我迂迴曲折表達中達到道的理詮的眞正透徹。「罔兩問景」乃是要描述「無待」在場生命情境，形無待影，影無待於形，影無待於罔兩，罔兩無待於影。「此有」「文本」「生命體驗詮釋」乃是達到自我體道「無待」過程，也就是所謂與形上存有眞理相遇的過程，是無待於內，亦無待於外，逍遙自在。

總 結

　　「語言意涵」最怕成為「痕跡糟粕」而已，「痕跡糟粕」意謂著「在場」的意符反而被「不在場」意符所規定，這是倒本為末的方法，不足以為取，但是若給予「文本生命體驗詮釋」，則「文本」將走出無限寬廣的世界。「周兩問景」說明的是「文本」說出只是要指出「那說不出的」在場缺席狀態，我們總能在「文本」當中，發現那未發現的「意思殘餘」，對於「文本」不能說出那未說出的只能保持沉默。

　　後現代「文本」的作者、讀者與「文本」之間界線會在「晦暗領域」。在後現代「文本」當中，作者、讀者與文本會產生互解與重建，當中的界線會越來越模糊，「文本」不再只是「文本」，「作者」不再只是「文本」、「讀者」也不再只是「讀者」，[24]後現代的「文本」觀點，猶如知覺到身體感受般，現象呈現變化，有如夢與真實的交界聯想一樣，「莊周夢蝴蝶，蝴蝶夢莊周」[25]美境也就在這樣界限游離處出現了，出現在未經意識理解的「文本空白處」當中出現了。

　　　　昔者莊周夢為蝴蝶，栩栩然蝴蝶也，不知周也。俄然
　　　覺，則蘧蘧然周也，不知周之夢為蝴蝶與，蝴蝶之夢為周
　　　與，此之謂物化。

　　　　　　　　　　　　　　　　　　　　　　　　《莊子‧齊物》

---

24 羅蘭‧巴特曾說作者已死，文本的寫作喚起了互動與親密，而讀者的閱讀參與了文本的樂趣，二者互相愉悅交融，見Roland Barthes, *The Pleasure of the Text*, New Tork: Noonday, 1975。

25 莊周或蝴蝶，誰是主？誰是客？主客在此等境界是分不清吧，而文本說出及未說出中間擺盪中存在許多曖昧空間留待此有參與來說明之，作者與讀者之間的界線彷彿在文本空白處留下許多想像空間，誰是主？誰是客？主體際性交融互詮吧，而不再有隔閡。

　　「文本空白處」的曖昧不明卻又是如此顯明的弔詭，正足以呈現理解詮釋溝通的清明之夢，是夢耶，非夢耶，弔詭嗎？哦，不，並不是。「周兩問景」的「文本生命體驗詮釋」可很清楚自己的方法、目的與手段。

　　「文本空白處」乃是顯露或者說是表達出那未顯露或者表達的部分，那部分乃是召喚或者訴諸一個「絕對的他者」，當進行閱讀文本時，作者與讀者位置定點會產生位移，彷彿與內在需求有關，「文本的空白處」乃是在「讀」當中找出裂縫中拋出的「無關乎意識」的存有物，這些「無關乎意識」存有物，可以跳脫文字世界的奴隸狀態（文化的奴性狀態），而進行支解分離呈現一種「環」狀的投射，這好比是說「樞始得環中」，道的中心點就像是在「文本空白處」顯露一樣，你看不見它，但它的魅力像黑洞一樣，四周的環境不斷向著黑洞臣服，流向這吸引人力量中心點，看到自己，做為「精神中的存有」向著「世界」開放，向著失落的帝國中敞開自身，這不就是一種「存在的開顯」狀態嗎？不就是一種陷落狀態下提升嗎？人從自我遺忘當中，走向「存有的光明」之中，也代表著人對自我沉淪中走出，這就是「自我救贖」也。

　　「周兩問景」永遠指的是一種模糊、一種曖昧的居中地帶，這是個「晦暗的領域」，「周兩問景」是「形、影、影子的微影」的接縫處為的是要找到真實的記憶，「存有開顯」「存在的記憶」，那種對奧祕的「存在的記憶」，在「影子」與「真實」重疊當中去找尋「存有實體」記憶，然「影子」與「真實」重疊是為了喚醒奧祕記憶，納入生命歷史的洪流中去找尋一個「晦暗的領域」，一個中性無邊際，介於「無與有」之間、「永恆與暫時」之間混沌的所在居所；也是「想像與記憶」、「真實與幻象」、「經典與空想」之間，扭曲變形、懸置、延異變化當中深奧的所在。這樣的存有空間有著隱喻晦

澀張力，也有著失序與規則、邏輯與非理性矛盾對立，是並列、也是從屬，忽明忽暗、忽上忽下，偶然來個翻轉，然而它未離其真實「已是」的生命歷史而任意發聲，它總是在生命的「氣氛遭遇」中以不斷揭示自身逼近「真實」。

「罔兩問景」說明著形、影與影子中的微影當中無限變幻可能，而這可能性顯示在有與無的「晦暗領域」當中，所謂「晦暗領域」引領著人們有著無限可能性，召喚著人們投向於其生命歷史的洪流。它來它去，它走它留，總沒定性，在協調與不協調當中，衝撞出顫動的、跳躍的、偏離的、沖蝕的，和反覆不定的現實與烏托邦場域，也是神聖與世俗共處的場域，人在此「共在」當中，穿越時空愛上化身為「真實」影子的那個說不出的「奧祕」，它是人類命運的所在。

莊周或蝴蝶，誰是主？誰是客？主客在此等境界是分不清吧，而「文本」說出及未說出中間「擺盪」中存在許多曖昧空間留待「此有」參與來說明之，作者與讀者之間的界線彷彿在「文本空白處」留下許多想像空間，誰是主？誰是客？讓我們不再有隔閡，「主體際性」交融互詮吧！

參考書目

中文書目

1. 史密斯（James K. A. Smith）著，《與後現代大師一同上教會》，香港：基道書樓，二〇〇七年。

2. 王岳川著，《後現代主義文化研究》，北京：北京大學出版社，一九九五年。

3. 張燦輝著，《海德格與胡塞爾現象學》，臺北：東大圖書公司，一九九六年。

4. 德希達著，楊恒達等譯，《立場》，臺北：桂冠，一九九八年。

5. 莫里斯・梅洛・龐蒂（Maurice Merleau-Ponty）著，姜志輝譯，《知覺現象學》，北京：商務印書館，二〇〇一年。

6. 黃冠閔著，〈徘徊於十字路的形象與想像：論巴修拉與波希亞〉（英文），《國立政治大學哲學學報》，第九期，二〇〇二年。

英文書目

1. Robert W. Cox, *Gramsci, Hegemony, and International Relations*, UK: Cambridge University Press, 2000.

2. Steve Odin, Derrida and the Decentered University of Chun/Zen Buddhism, *Journal of Chineds Philosophy 17,* 1990.

3. Roland Barthes, *The Pleasure of the Text*, New Tork: Noonday, 1975.

4. Michael Polanyi, *Personal Knowledge: Towards a Post-Critical Philosophy*, London:Routledge, 1998.

5. Martin Heidegger, *Hölderlin's Hymn "The Ister"*, Trans. William McNeill and Julia Davis, Bloomington: Indiana University Press, 1996.

第四章　體現真理的身體意識與生活世界

　　——理論與實踐合一的化身：
　　王陽明[1]

1　本文乃是轟雅婷助理教授發表於《哲學論集》，第四十一期，二〇〇八年七月，頁33～52。

將生活世界納入此有
吾人的心體
是何等狂妄啊
然這便是陽明
心揚而明之
生活世界不再殖民化
內心的純淨
像小王子
像一口深井
靜靜的
在本性中
探望
像淘金般
看到

前　言

　　中國哲學擅長在身體場域實踐理想，實踐理想性人格乃是成就聖人、真人、至人、神人的境界。這境界的描寫在中國哲學有很多，境界達致需要迴返與超升的工夫，而這迴返與超升工夫，乃是一「逆覺體證」工夫，是經由逆而覺之達致，豁顯其本體，這是本心即道體，道體即本心的根源性實踐。換言之，中國哲學只要「澄心默坐」、「體認天理」即得「當下切入，證會本體」，即可「任持本心」。

　　特別是在陽明說知行合一或者是致良知說法中，是體驗真理的登峰造極之作，將體驗之知介入行的身體場域動態實踐中，呈現出一體世界觀，此乃心即是理的真義呈現。此篇即是探討陽明先生身體意識的體現真理與生活世界之間互詮，以呈現理論與實踐結合的方式。

　　這理論與實踐的生命學問乃是透過身體意識來體現真理與生活世界之間的互詮，這也就是說了在泰古原始直樸經驗中，透過身體體驗，體現真理，使生命本真流靈，在外遷與回歸中，走進而走出。王陽明本身「心即是理」即是說明了由心性意識直入原始混沌未分體驗，超越而內在，在循環理解、詮釋與對話中，雙向迴返交流，達到內在和諧，是種黑暗中乍見光明的原味覺醒。這覺知源自於生命參贊生活的體驗為主體座標軸，以身體頂天立地參贊於生生不息的大化洪流。

一、針對中國哲學的特色對陽明先生的反省

　　王陽明的生命學問，「生命體驗詮釋」乃是此有在生活世界的遭遇而形構對出其理想視域來。換言之，陽明先生是透過此有的身體

意識去體現出所謂「知行合一」的真理，也就是透過身體脈絡去探詢的全人身心靈結合的真理。在此我們先探討陽明先生與身體有關係的「心靈原點」，與此有的「生命體驗詮釋」，以及透過格物致知所展現的「生命體驗詮釋」。

（一）陽明先生心靈原點

許慎《說文解字》云：「心，人心。土藏，在身之中，象形。博士說以為火藏。」東方哲學以實踐修養自身工夫上回溯心靈原始狀態，陽明先生即是如此說明：

> 所謂汝心，亦不專是那一團血肉。若是那一團血肉，如今已死的人，那一團血肉還在。緣何不能視聽言動？所謂汝心，卻是那能視聽言動的。這箇便是性，便是天理。有這箇性，才能生這性之生理。便謂之仁。這性之生理，發在目便會視。發在耳便會聽。發在口便會言。發在四肢便會動。都只是那天理發生。以其主宰一身，故謂之心。這心之本體，原只是箇天理。原無非禮。這箇便是汝之真己。這箇真己，是軀殼的主宰。
>
> 〈傳習錄〉[2]

所謂「心」，不是外在血肉之軀的心而已，而是心性天理相連能主宰一身的心，回到心靈原初狀態，正是原本的自己，陽明先生「喜

---

2 〈傳習錄〉上，《集評》122，頁146。陳榮捷著，《王陽明傳習錄詳著集評》簡稱《集評》，學生書局，一九八三年。

怒哀樂未發之中的狀態」，獨知的未發之中爲「心靈的原點」狀態。

> 良知即是未發之中，即是廓然大公，寂然不動之本
> 體，人人所同具者也。但不能不昏蔽於物欲，故須學以去
> 其昏蔽。然於良知之本體，初不能有加損於毫末也。
>
> 〈傳習錄〉**3**

這原始狀態爲「心靈的眼界」，無僵化內容或思維構作，無拘執、無範圍或語言場所、無所待的呈現，是思想的本體基礎。人對此直接體悟，這原始的心靈直接觀照，是一切生活實踐的基礎。

而這乃是東方哲學的常講的「修養」工夫。所謂「無昏蔽的本體」，乃是求其心靈本然天眞狀態的呈現，使生命回歸無偏見的「心靈原點」，這是本眞的直觀、無主客對立、無能知所知的區分，是破知識與理論而起的悟道之本體根源。是自始就存在的心靈本然，此心的本然依本眞的直覺而察覺到，以呈現心靈原始的覺性，我們名之爲「心靈原點」。此是類於《莊子·知北遊》當中「無思無慮始知道，無處無服始安道，無從無道始得道」。

> 「人有虛靈，方有良知。若草、木、瓦、石之類，
> 亦有良知否？」先生曰：「人的良知，就是草、木、瓦、
> 石的良知；若草、木、瓦、石無人的良知，不可以為草、
> 木、瓦、石矣。豈惟草、木、瓦、石為然，天、地無人
> 的良知，亦不可為天、地矣。蓋天、地、萬物與人原是一

---

3 王守仁，〈傳習錄〉下，《王陽明全集》，卷三，上海：古籍出版社，一九九二年，頁90。

體，其發竅之最精處，是人心一點靈明，風、雨、露、
雷，日、月、星、辰，禽、獸、草、木，山、川、土、
石，與人原只一體。故五穀、禽獸之類皆可以養人，藥石
之類皆可以療疾，只為同此一氣，故能相通耳。」**4**

（二）由西方來了解陽明先生所呈現的「心靈原點」本義

西方世界常是主客心物的分隔，然東方哲學心靈原點則不然，
特別在陽明先生良知本體與生活世界中，我們以陽明先生的眼所看到
的乃是一無拘執的眼界場所，它所呈現乃是多樣性的生活世界。多樣
的生活世界呈現於時空流化之中，心靈對此有直接體悟，爲「**心靈覺
性**」，稱爲「**本真直覺**」，是無偏見的本然天眞，呈現「**本真所直觀
的世界**」，爲時空中事件、生活世界的種種。

這種東方哲學的「**修養**」工夫，乃是求天然本眞狀態的呈現，使
生命回復無偏見的心靈原點，這是本眞的直觀，無主客對立、無能知
與所知的區分，是破除知識與理論而能悟道本體根源，這是自始就存
在的心靈本然，此心的本然依本眞的直覺而察覺到，以呈現「**心靈原
始的覺性**」。陽明學說全繫於「**心靈原點的覺性**」，他說：

> 蓋天地萬物與人原是一體，其發竅之最精處，是人心
> 一點靈明。
>
> 〈傳習錄〉**5**

良知是造化的精靈，這些精靈，生天生地，成鬼成

4　《王陽明傳習錄及大學問・傳習錄下》，頁144。
5　《王陽明全集》卷三，〈傳習錄〉下，頁107。

地,皆從此出,真是與物無對。

《傳習錄》**6**

此點「靈明」乃是融物我、通內外,陽明之學乃是透過生命體驗要收攝於「心」內。王陽明發揚了象山派的「心即理」學說,強調吾心即道,道外無事,心即理,理即心,「萬物森然於方寸之間,滿心而發,充塞宇宙,無非是理。」這說明了王陽明理想視域乃在於心上,只要能發揮心的靈明虛覺本質,則天地萬物皆備,這種話語充滿了神祕特色,他強調心靈與生活世界的互動溝通,也充分展現出中國思想的特色。這點體會也要歷經曲折,陽明曾遍讀朱子書,格物致知,爾後,因格竹沉思而未有得,乃覺物理與心理有所隔異,後貶至龍場,始悟出「心即理」之道,「心即理」體悟,乃是出於朱而歸於陸**7**,使心學越加完美。

(三)心靈原點與此有的生命體驗詮釋

「心靈原點」的覺性乃是透過真實生命實踐而逐漸開顯,也是實踐智慧本身體現(Phronesis)**8**,這是所謂「生命的體驗詮釋」,用海德格的話來說,便是此有以己身揭露出來,使此有由「遮蔽走向

---

6 《王陽明全集》卷三,〈傳習錄〉下,頁104。
7 當代唐君毅認為陽明之學與朱子關係緊密,與象山關係疏。參唐君毅之〈陽明學與朱子學〉,見《中國哲學思想論集·宋明篇》,臺北:水牛出版社,一九八八年,頁251～263。
8 實踐智慧(practical wisdom)乃是古希臘的用語,在亞里斯多德的《尼哥馬倫理學》(Nicomachean Ethics)第六卷當中有近一步的探討,近代的高達美(Hans-Georg Gadamer)更進一步的在《真理與方法》當中說明實踐智慧是生命體現的人生智慧,高達美認為此概念為詮釋學經驗的典範(Risser, 1997: 105),生命智慧將傳統與現代境域做視域融合(fusion of horizon),在生命歷史情境當中將過去、現在與未來進行新的理解與詮釋(Gadamer, 1960/1990:312; 1960, 1989:307)。

開顯」的狀態，這種「存有開顯」的狀態乃是眞實無蔽的「眞理」揭示。而這樣血淋淋的「生命體驗詮釋」歷程，是迂迴曲折、反覆的狀態，是與所有文本「互動理解、詮釋與對話」之後的「獨白」，這「獨白」蘊含著「互爲主體性」（inter- subjectivity）[9]溝通歷程。而這歷程，就在於生命原始意義的成全，這是眞理開顯的空靈召喚，也就是希望能夠透過生命的體驗，去看生命本身發生了些什麼。

心的本體乃是心的本來面目，須經一番功夫始能去蔽，這「心」常被陽明先生說成是「良知」，「良知」即是陽明先生說的「心的本體」。

　　良知天理之昭明靈覺處，故良知即是天理。

　　　　　　　　　　　　　　　　　　　　　　　　《傳習錄》[10]

　　良知只是一個天理，然明覺發見處，只是一個真誠惻坦，便是他本體。

　　　　　　　　　　　　　　　　　　　　　　　　《傳習錄》[11]

心的本體乃是陽明先生格物致知之後所欲達致的目標，此致學問的生命轉化成爲生命的學問，由邊緣之知轉化成爲核心之知，成爲「此有」的「生命詮釋體驗」。「生命體驗詮釋」無它，在於求其放

---

9 Husserl「交互主體性」（Inter-subjectivity）概念強調個體主體之間的共存關係，且共同面對客觀世界，它強調以交互主體性爲前提的生活世界中，自我與他我是共同存在、共同分享的。主體之間並不存在隔離分裂的現象。Habermas認爲行爲主體在「生活世界」進行相互理解，形成一種交互主體關係。另外，Habermas也更進一步賦予交互主體性社會學的意義，要求公共領域中參與成員必須持以尊重、包容、平等的精神與異己者進行對話只有從相互主體性出發，才能理解每個人的地位與角色。其次，從相互主體性出發還能實現對公共領域的重構。

10 《王陽明全集》卷二，〈傳習錄〉中，頁72。

11 《王陽明全集》卷三，〈傳習錄〉中，頁84。

心也，此乃陽明先生超越朱子之處也。

> 承朱子而去其短，宗象山而宏其規，洒脫而無滯礙，雄放而任自然，其後學多有擒生龍搏活處手段。奇哉偉哉！宋學傳至陽明，乃別開生面。……程朱之學，歷宋元及明代，傳習日久，大抵注意踐履，守先師語錄甚嚴，而於本原處，無甚透悟，學日益隘，人日習於拘執，故陽明先生發明良知，令人反己，自發其內在無盡寶藏，與固有無窮力用。廓然豎窮橫遍，縱橫自在，莊生所云自本自根，朱子所謂「為有源頭活水來」，差可形容。

《傳習錄》[12]

（四）由格物致知所產生的「心靈原點生命體驗詮釋」

中國通過修養工夫來尋求本真直覺呈現，如所謂「默坐澄心」、「涵養用敬」乃心靈實踐方法，本真直覺呈現乃是自身的心靈原點回歸，以「生命體驗詮釋」回返道的根源。

朱子到王陽明思維階段發展，這意謂著中國哲學從「理識哲學」向「心識哲學」體悟，「心識哲學」的回歸成為歷史的必然，朱子代表便是理識哲學—由「理」入，而王陽明則是心識哲學—由「心」入。如此「理識哲學轉向心識哲學」的知識取向乃是由外再走向內在超切，這是身體現象學式的還原，回到事物本身，直覺觀照使「現象呈現即為本質」。[13]

---

12 熊十力著，《讀經示要》卷二，臺北：明文書局，一九八七年，頁467、472。
13 朱子到王陽明乃是由理學到心學路徑，而這路徑著重於理論與實踐的合一。

　　王陽明「生命體驗詮釋」在「格物致知」來講即是「致吾心之體」。「心體」即是「良知」、即是「本體」、即是「生活世界」，透過「格物致知」以致於參贊化育在大化之流裡，作為「此有」，作為「在世存有」，以「生命體驗詮釋」參贊生活世界，就這樣參贊於天地之間，在彼此往返、溝通、互詮的過程裡，構成一個整體。

　　故熊十力詮釋陽明先生「致知」在於「格物」言：

　　　　所謂致知格物者，致吾心之良知於事事物物也。吾心
　　之良知，即所謂天理也。致吾心良知之天理於事事物物，
　　則事事物物皆得其理矣。致吾心之良知者，致知也。事事
　　物物皆得其理者，格物也。是合心與理而為一者也。

　　　　　　　　　　　　　　　　　　　　　《讀經示要》**14**

　　王陽明先生「格物致知」是「心靈原點」的「生命體驗詮釋」，乃是從生命本身去理解生命，參與生活世界運作，而在參與之中有了存在感受，「致知格物者，致吾心之良知於事事物物也。是合心與理而為一者也」。因此，就陽明而言，所謂「致知」即指「致吾心之良知」，所謂「格物」即指「事事物物皆得其理」。「格物致知」乃是落入「形上本體詮釋」，關於「存有體驗詮釋」，也就是「此有生命本身還原」至「生命的體驗詮釋」。

二、身體意識

　　王陽明認爲發揮心的靈明虛覺本質，則天地萬物皆備，換句話說，回到心靈原點乃有賴於身體意識的實踐，能體驗天理流行的神聖奧祕。王陽明的身體乃是「心識生命體驗詮釋」，其「心即是理」乃是奠基於「身體場域」乃是「存有開顯」的呈現。如此，「身體」可以是支藉的方式，也可以是體現眞理的場域。[15]所以陽明言「心」便是「性」，「便是天理」、「便謂之仁」、「便是汝之真己。這簡真己，是軀殼的主宰」，而陽明常有「主於身也，謂之心」。[16]

　　可見王陽明之說乃是「心即理」學說，此強調吾心即道，道外無事，心即理，理即心，「萬物森然於方寸之間，滿心而發，充塞宇宙，無非是理」。於是乎窮理不必外求，理非離心獨立，理在事中，也在人心，若人能去心的私欲之蔽，則能復其本體，則能照見五蘊。

　　能照見五蘊，必須去探討「體驗神祕」的關鍵字：那就是「氣」，因此我們緊接著說明「氣」在身體意識上地位，賦予了「氣」知識論與存有論合一的基礎，在知與行的體驗上建構出獨特中國「氣」的地位。

　　　氣即是性，「人生而靜，以上不容說」，才說「氣即
　　是性」，即已落在一邊，不是性之本原矣。孟子性善，是
　　從本原上說。然性善之端，須在氣上始見得，若無氣亦無

---

15 《中國文哲研究集刊》第二十期，二〇〇二年三月，頁541～564。當中說到身體乃是精神修養呈現的身體，這裡說到身體是與精神共談的，換言之，身體可以是支藉成為道呈現的境界。由外走向內，藉由心即理的密契經驗，察覺到吾人自身現象流變，以致於可觀入那「道」的所在。

16 〈傳習錄〉卷上，《集評》三十八，頁74。

可見矣。惻隱、羞惡、辭讓、是非即是氣。程子謂「論性
不論氣，不備；論氣不論性，不明。」亦是為學者各認一
邊，只得如此說。若見得自性明白時，氣即是性，性即是
氣，原無性、氣之可分也。**17**

陽明先生以「氣」來說明工夫部分，氣發動後有所清濁，爲達澄
明之境，必去濁入清，必在氣上做工夫。人心必去私欲之蔽，以「**存
養心性**」，以「**致良知**」爲要。

（一）身體即道場呈現

換言之，陽明先生是透過此有的「**身體意識**」去體現出所謂
「**知行合一**」的眞理，也就是透過身體脈絡去探尋的全人身心靈結合
的眞理。不僅陽明如此，之前孟子也是講到即身體即道場，實踐形體
之全，則可近乎眞理本身。關於眞理顯露即在此有自身，此有在世界
中精神只要能夠參悟，即能當下皆是，參與存有本身奧祕。

何謂身？心之形體運用之謂也。何謂心？身之靈明主宰
之謂也。何謂修身？為善而去惡之謂也。吾身自能為善而去
惡乎？必其靈明主宰者欲為善而去惡，然後其形體運用者始
能為善而去惡也。故欲修其身者，必在於先正其心也。

《大學問》**18**

---

17 〈傳習錄〉卷上，頁85。
18 王陽明〈大學問〉，收入《王陽明全集》下，上海：古籍出版社，一九九二年，頁
967～973，引文見頁971。

　　當下的存有知覺感受，以身體處境與感受來攝受回歸到「心靈原點」的「生命體驗詮釋」，冥冥中生命意義在關係網絡開花了。

　　　君子所性，仁義禮智根於心。其生色也，睟然見於面，盎於背，施於四體，四體不言而喻。

　　　　　　　　　　　　　　　　　　　　　　　《孟子・盡心上》

　　　形色，天性也；惟聖人，然後可以踐形。

　　　　　　　　　　　　　　　　　　　　　　　《孟子・盡心上》

　　存有奧祕在於「生命的體驗詮釋」，此體驗詮釋正足以說明「道在吾人自身」，可以用西方「道成肉身」或道家的「為道者同於道」的概念來說明，因自身形上所體悟靈明之道，而能「即此身即道場」，以「心靈原點」來體悟「此有與生活世界與道之間」相互依存的關係脈絡，使得脈絡下倫理五常自然之理，得以升華成為因之然而然的天理。此「道成肉身」或「為道者同於道」在中國哲學史上，孟子講的是「踐形」概念，乃是因著身體存在知覺感受若能返能心靈生命原點生發，則道德不求而全具，道德乃是乃「由仁義行」，而非「行仁義」。所以在孟子來講，一個君子生命學問得以在「踐形」情形下保全性命之真，學問也因此提升了。依此脈絡理解，孟子所講「踐形」，到了王陽明可以理解為「致良知」，致吾心良知靈明，使得一氣亨通，生生不息。

（二）氣在身體意識的地位

　　　可知充天塞地中間，只有這箇靈明（案：依原書上

文，指心）。人只為形體自間隔了。我的靈明，便是天、地、鬼、神的主宰。天沒有我的靈明，誰去仰地高？地沒有我的靈明，誰去俯他深？鬼、神沒有我的靈明，誰去辨他吉、凶、災、祥？天、地、鬼、神、萬物，離卻我的靈明，便沒有天、地、鬼、神、萬物了；我的靈明，離卻天、地、鬼、神、萬物，亦沒有我的靈明。如此，便是一氣流通的，如何與他間隔得？

《傳習錄》 [19]

身體可以是支藉，也可以是障礙。身體與存有脈絡處境其實是相通的，天地與人之間絕無疏異之畫分，「道無天人之別」，聖人只要回返心靈原點去感受大化流行的發現，以至誠的心，真積力久則入，自然真理即在當中顯露出來了。

身體存在感受知覺到的狀況，若以陽明先生來看便是如此的，很自然與「良知」扯上了關係，而「良知」又很自然與氣的「太虛」[20]，扯上了關係。而這當中即為「人與萬物感通」與「一氣流行」的基礎依據，這是非常有趣的比喻，換句話說，身體存在感受知覺是以無形無象的「氣」為溝通上下左右的情境脈絡作為中介橋樑。

良知之虛便是天之太虛，良知之無便是太虛之無形。日月風雪山川民物，凡有貌象形色，皆在太虛無形中發用

---

19 〈傳習錄〉卷上，《集評》三三六，頁381。

20 橫渠說到氣散為無形，即是復歸於太虛之「體」。聚而有象，其中亦有太虛在其中為「常」。其中說到：「天地之氣，雖聚散、攻取百塗，然其為理也順而不妄。氣之為物，散入無形，適得吾體；聚為有象，不失吾常。太虛不能無氣，氣不能不聚為萬物，萬物不能不散而為太虛。循是出入，是皆不得已而然也。」（《正蒙》，〈太和篇〉一）。

流行，未嘗作得天的障礙。聖人只是順其良知之發用，天
地萬物俱在我良知的發用流行中，何嘗有一物超於良知之
外，能作得障礙？

《傳習錄》**21**

此時「*良知*」字義雖帶有知識論意謂，然在此段更可見到其
「*存有論*」上的意涵。「*良知*」在知識論上與存有論轉換，都在知行
合一所體會到身體存在感受的知覺上，而身體存在感受知覺便是在
「*氣*」的樞紐，身體可能是助力，也可能是阻力。同樣地，「*氣*」也
可能是助力，也可能是阻力，王陽明先生不避諱談到「*氣*」的一刀兩
刃性格，如其言：**22**「*氣即是性，性即是氣*」、「*氣亦性也，性亦氣
也*」、「*善惡只是一物*」，無怪乎許多學者以氣清濁成了談論性的重
點。

王陽明的「*氣*」主要是要知識上與存有學上的「*良知*」做完美
的結合，以理論與實踐的知行合一呈現「*良知*」該有的內涵，換言
之，「*格物致知*」帶有形上的實踐智慧面向。「*良知*」該有的內涵即
在於發揮「*心靈原點*」一點靈明感受，使得身體存在感受知覺有所順
自然而發，不再滯礙難通，這是「*一氣流通*」的存有意識知識論上意
涵轉化成為身體存在感受形上意涵，於是構成不再遺忘存有的「**體
驗形上學**」**23**。那種根源上「*在*」的感受，使自我與宇宙萬物有了根

---

21 〈傳習錄〉卷下，《王陽明全集》，頁111。
22 性無定體，論亦無定體，有自本體上說者，有自發用上說者，有自源頭上說者，有自
　流弊處說者：總而言之，只是一簡性，但所見有淺深爾。若執定一邊，便不是了。性
　之本體，原是無善、無惡的，發用上也原是可以為善、可以為不善的，其流弊也原是
　一定善、一定惡的。見《集評》，頁352～353。
23 筆者後來發展「生命體驗詮釋議題」，說明了這種「體驗形上學」說法，它就是一種
　形上學的進路，也是將知識論與形上學結合成為一種理論與實踐合一的生命學問。

源性詮釋體悟,是「精神流貫,志氣通達」的,是「元氣充周,血脈條暢」的。[24]這樣關係的意義自然排序下來,這樣的「良知」不是孤單只覺察到自身,而是能覺察到自身以外「其他」生命相屬感受,而這都是藉由表示良知或天道之發用流行並不受人物之隔所障礙。從孟子的「養浩然之氣」到《管子》四篇的「治氣養心」之術,自然賦予了「氣」的豐富意涵,「氣」在身體意識上的功能,主要在於能提供「良知」知識存有合一面向上,建構一套知行合一、「體驗」形上學的活動。

楊儒賓以現象學來看東亞身體觀中「氣」的作用[25]為:

> 現象學地來看,此世之內沒有無身體的意識,也沒有無意識的身體,而在這兩者中間居間起作用的,乃是「氣」。所以身體一活動,即有氣的流行,也就有潛藏的意識作用。意識一活動,也即有氣的流行,也就有隱藏的身體作用。　　　　　　　　　《儒家身體觀》

陽明先生「一氣流行」,代表良知發揮理論與實踐的極致,在發用流行、在本體根源上流行感通,在感通互通上均不能偏執一方,身體存在感受知覺應是越用越明,即物即知。所以身體存在感受知覺必須是流通的,像是中介鏡子般,如實映照出物自身來,而修身便是保持這樣的狀態,使氣能夠流暢開來,無縛亦無執。

---

24 〈傳習錄〉卷下,《王陽明全集》,頁37～38。
25 楊儒賓,《儒家身體觀》,臺北:中央研究院中國文哲研究所籌備處,一九九八年,頁49。

（三）身體覺知的轉化

　　身體覺知的轉化在於實踐智慧的體現，這種實踐智慧的體現就是「體知」。王陽明思想中「體知」既是存有論意義的，又是現象論意義的，也是道德論意義的「體知」思想。[26]

　　所謂存有學意涵在於陽明先生「致知」上，致吾心的良知，就是知識論上性格。將知識論的理論轉化成爲實踐的體知乃是陽明先生要做的，這便是「體驗知性形上學」，心靈「所觀照」知識面向或者是氣的「呈現」的現象面向來說。於是身體覺知的轉化便在於「氣」上顯明，身體存在感受覺知到心靈原點與天地萬物之間無非是「一氣流行」。

　　這「一氣流行」，以胡塞爾而言，就是一種「呈現」、「一氣流行」的現象，當然也在流轉意識（consciousness）中呈現的，因此現象不能離開流轉心識而存在。[27]這種「氣」的呈現，「氣」的呈現就是虛靜心靈觀照到的「現象」，如此的知性形上學的生命體驗乃在於良知的「致」上。

　　所謂的「致知」在陽明先生來講即是一種觀照自身所呈現的各種氣感現象，所以這樣的「體知」具有知識論、存有論及現象學的面向。身體存在感受覺知到的具體典型代表就是「氣」，因此「氣」引領身體覺知到的是由外向內，既是外也是內的相應法則，身體橋樑支藉可以在內在心與外在生活世界當中，當作轉化的支點。換言之，「此有」心境以「身體覺知」到「生活世界」的樣貌，以直觀方式來把握其身體意識覺知的「生活世界」圖象，以「現象」呈現在內視覺的「本質」，而這發生便在生命「直觀」的「體驗」當中——「靜觀

---

26 《王陽明「萬物一體論」》，陳立勝，二〇〇四年。
27 吳汝鈞，《胡塞爾現象學解析》，臺北：商務印書館，二〇〇一年，頁32。

「默坐」裡，這便是一種「身體現象學的運動」。

> 「精一」之「精」以理言，「精神」之「精」以氣
> 言。理者，氣之條理；氣者，理之運用。無條理則不能
> 運用；無運用則亦無以見其所謂條理者矣。精則精，精
> 則明，精則一，精則神，精則誠；一則精，一則明，一則
> 神，一則誠，原非有二事也。但後世儒者之說與養生之說
> 各滯於一偏，是以不相為用。前曰「精一」之論，雖為原
> 靜愛養精神而發，然而作聖之功，實亦不外是矣[28]

作聖之功其實就是「養氣」，「養氣」即是「養精神」，「養
精神」、「養生」及「養氣」並無二致，其所養的身體的「氣」與孟
子所講「浩然之氣」應是合流的，所以才能將心、性與天理結合在一
起，而這就是聖人的修養工夫。

而「氣」到底有沒有認知層面？或者是說「氣」與「意識」、
「念頭」之間的切換究竟為何？目前本文並不做探討。勘察陽明先生
文本，我們倒是發現在「氣」當中，提出了「意」的講法，[29]這邊
本文也不做探討，不過是一個可以發展的觀點。不過學者常針對此將
陽明先生比喻為中國的意識現象學的發萌者。

---

28 《王陽明傳習錄及大學問‧傳習錄中》，頁86。
29 若按照胡塞爾的說法，所謂「意向性」可以是王陽明的「有是意，便有是物；無是
　意，即無是物」。

（四）氣的動態理詮超越文本

人實存體驗，總在人迂迴曲折表達中達到理詮，這是動態生命歷史了解，這了解直覺體認在於當下處境中能夠有所把握，有如禪悟經驗般，說是就是了。在時間與空間的精確掌握下，達到直中標的神準任務，這好比是投籃機在游移的目標中，仍能達成使命般射中目標一樣，是個動態的理詮。陽明先生顯然在他為學與為道之間的取捨問題，為學應為生命之學，然而他卻是只格外在物之理，生命的理則如何通透的了呢？他必須要有所歧異領悟：

> 十一年戊午，先生二十七歲，寓京師。是年先生談養生。先生自念辭章藝能不足以通至道。求師友於天下又不數遇，心持惶惑。一日讀晦翁〈上宋光宗疏〉有曰：「居敬持志，為讀書之本，循序致精，為讀書之法。」乃悔前日探討雖博，而未嘗循序以致精，宜無所得。又循其序，思得漸漬洽浹，然物理吾心終若判而為二也。沈鬱既久，舊疾復作。益委聖賢有分。偶聞道士談養生，遂有遺世入山之意。**30**

陽明先生曾經有過道教的理解，然他在建立「良知」學問後，便不再以此示人，然而在這種經歷過程中，顯然他在生命學問的文字的詮釋當中有所轉化，包括他對「格物致知」、「知行合一」、「理氣」都會有不同的理解內涵。

---

30 《王陽明全集‧卷三十三‧年譜一》，頁1224。

仙、佛到極處，與儒者略同。但有了上一截，遺了下一截。終不似聖人之全。然其上一截同者，不可誣也。後世儒者又只得聖人下一截，分裂失真，流而為記誦、詞章、功利、訓詁，亦卒不免為異端。是四家者，終身勞苦，於身心無分毫益，視彼仙、佛之徒，清心寡欲，超然於世累之外者，反若有所不及矣。今學者不必先排仙、佛，且當篤志為聖人之學。聖人之學明，則仙、佛自泯；不然，則此之所學，恐彼或有不屑，而反欲其俯就，不亦難乎！鄙見如此。先生以為何如？」先生曰：「所論大略亦是。但謂上一截，下一截，亦是人見偏了如此。若論聖人大中至正之道，徹上徹下，只是一貫，更有甚上一截、下一截？『一陰一陽之謂道』，但『仁者見之便謂之仁，知者見之便謂之智，百姓又日用而不知，故君子之道鮮矣。』」**31**

　　我們可以用後現代的文本觀點來說明之：人敘事、理解人的生命歷史，人作為生命歷史開顯存有自身，以敘事實效歷史來說出自己，在現存狀態下重解歷史現象，當中有時間、敘事、存有，也就是說，作為具有生命歷史的此有在時間中敘述本身的精神實存體驗，此乃對文本的轉化。文本、讀者與作者之間的互動，成就了主體際性的交流。讀者交流存有體驗是動態性理性，此超越文本束縛，使得閱讀不再只是膚淺的文字解讀，不會淪為自我異化，落入文字障當中。而是擺脫範式思考，轉化解釋因果的死硬科學，成為結構整體存有與生活世界的互詮，如此一來文本的敘述目的乃是此有的生命歷史，以己的

---

31 《王陽明傳習錄及大學問・傳習錄上》，頁28。

實存體驗來揭示存有的眞理體驗。

> 夫良知一也，以其妙用而言謂之神，以其流行而言謂之氣。**32**

> 「然則無善無惡乎？」曰：「無善無惡者理之靜，有善有惡者氣之動。不動於氣，即無善無惡，是謂至善。」曰：「佛氏亦無善無惡，何以異？」曰：「佛氏著在無善無惡上，便一切都不管，不可以治天下。聖人無善無惡，只是『無有作好』，『無有作惡』，不動於氣；然『遵王之道』，會其有極，便自一循天理，便有箇裁成輔相。」**33**

陽明先生以「**良知**」來說明氣，氣無所拘執，才能達到無善惡的至善，至善乃是理靜，也就是以靜來論及天理，然佛學及道家無爲不是陽明先生認爲的治世法則，而是以儒家聖人之功，不動於氣，善於內在修爲以致於可以通貫天下一氣，無所滯礙的方式，才是陽明先生嚮往的「**格物致知**」的聖人之治，換言之他轉換神仙佛道的術數之學，承接到聖人之功，以此有的身體修養到生活世界的治理爲一致的學問目標努力。這是歷史中的此有，面對「**格物致知**」之學轉化，陽明先生以自己實存生命體驗詮釋出屬己的本眞詮釋來。

---

32 《王陽明傳習錄及大學問・傳習錄中・答陸原靜書》，頁86～87。
33 《王陽明傳習錄及大學問・傳習錄上》，頁46～48。

三、陽明先生由此有所展現的生活世界

整體而言，對王陽明學說理解，可以由「吾心即宇宙」、「心外無物」、「心外無理」等來加以發揮，筆者試圖探討心靈或說是此有與生活世界之間的關係。將一般學者所重的陽明先生致良知的知行合一的道德實踐層面上溯到心的形上虛靈明覺層面，因為陽明先生所說：「吾心之良知，即所謂天理也。」正是指出了心的形上本體乃是落實在生活世界的實踐思考，盼能以此回對生命內省思考的道德層次轉為一種本根的生命探尋。

> 氣即是性，「人生而靜，以上不容說」，才說「氣即是性」，即已落在一邊，不是性之本原矣。孟子性善，是從本原上說。然性善之端，須在氣上始見得，若無氣亦無可見矣。惻隱、羞惡、辭讓、是非即是氣。程子謂「論性不論氣，不備；論氣不論性，不明。」亦是為學者各認一邊，只得如此說。若見得自性明白時，氣即是性，性即是氣，原無性、氣之可分也。[34]

此時陽明先生，不再執著氣、性分別，不再依循傳統學者的分法，而轉向「人生而靜」，「自性明白」當中去說性的「本原」，而這說明即是指「良知」，「良知即是道」，道表現在吾人身上。

> 夫良知即是道，良知之在人心，不但聖賢，雖常人亦無不如此，若無有物欲牽蔽，但循著良知發用流行將去，

---

34 《王陽明傳習錄及大學問·傳習錄上》，頁85。

即無不是道；但在常人多為物欲牽蔽，不能循得良知。**35**

讓我們更進一步想去探討「此有」本身，特別是王陽明又說到「草木良知皆是吾的良知」時，令我們想起了「生活世界」與「此有」的關聯性。

（一）此有與生活世界的展現

「生活世界」**36**，是指人們具體經驗到的周遭世界。這個想法的提出，原本是在胡塞爾的名著《笛卡兒的沉思》一書中出現的。他是胡塞爾認為科學數理化抽象化之後所製造危機，這危機便是失去掌握本真存有的意義，只流俗於表面，而忘卻深層真正「生活的存在」（lived existence）的這一個世界。所以「生活世界」概念，可說是我們原本即可直接經驗到的周遭世界，他認為回返到「生活世界」本身，才能作出深入的自我理解與探討。對「現象學」的目標及方向，胡塞爾提議應針對「生活世界」的基本結構從事學術探討。

海德格（M. Heidegger）引現象學的方法，意圖揭露心靈絕對狀態下人居於世界中之處境。其最重要的哲學理念是「在世存有」（Being-in-the-world），也就是「此有」（Dasein）。此強調「人」是被拋擲在具體處境當中，而其背後隱然有某種文化與歷史的脈絡。

---

35 《王陽明傳習錄及大學問・傳習錄上》，頁94。

36 Husserl, Die Krisis der europäischen Wissenschaften und die transzendentale Phänomenologie, Husserliana VI, ed. W. Biemel, The Hague: M. Nijhoff, 1st ed. 1954, 2nd ed. 1962, p. 331; The Crisis of European Sciences and Transcendental Phenomenology, Eng. trans. D. Carr, Evanston: Northwestern University Press, 1970, p. 284～285；中譯本：《歐洲科學的危機與超越論的現象學》，胡塞爾著，王炳文譯，北京：商務印書館，二〇〇一年，頁330～386。

海德格所指出的Dasein爲最根源的安立點。**37**人，是被認爲爲一段生命歷程在空間與特定場所裡的展開**38**。

　　以陽明先生方式即是說明心靈原點所體悟萬物一體感受，「**此有**」本質，就是在世界中，所謂「**在世存有**」，即是指此有在此世界之中，人作爲一存有，其本體結構永居於其中的存在，海德格將現象學之路轉向此有分析，而此有又是在世存有，於是現象學即由知識論的研究轉入具體人生存在論述。所謂「**世界**」是指在整體中存在，此有的本體結構，此有是整體相關的，爲在世存有，人在世界中不斷開顯自身。

　　由此有身體存在「**感知**」生活世界時，可以把一切「**外在**」與我們的「**內在**」隔離打破，使「**生活世界**」與我們的「**內心**」可以形構成一體。因爲「**生活世界**」和「**內在的此有心境**」，乃是在相參、互通，所以彼此相應。這是此有生命體驗詮釋「**本原**」的一種「**回歸**」歷程，所呈現的一種「**覺醒**」。如《傳習錄》中還有以下一紀錄：

> 　　先生遊南鎮。一友指岩中花樹問曰：天下無心外之物。如此花樹在深山中自開自落，於我心亦何相關？先生曰：你未看此花時，此花與汝心同歸於寂。你來看此花時，則此花顏色一時明白起來，便知此花不在你的心外。

---

37 譬如海德格在《基礎命題》（*Satz vom Grund; Sentence of Ground*）一書中批評以計算之理性作爲基礎時，人之「歸屬於家的」（Heimisches; home）被剝奪了，以致陷於「無家之可怖」（unheim-lich; awfully）裡；陷入「無底的」（Bodenloses; ground-less）深淵。他認爲胡塞爾的想法超驗主體並沒有涉及真正的存有意義。

38 《海德格爾選集（上、下）》，孫周興編譯，上海三聯書店出版，一九九七年，頁374。

（二）由「生活世界殖民化」[39]到「生活世界的自如觀照」

當代世界文化的問題，即是失去對生活世界的反省，文化的危機乃在於生活世界的殖民化哲學始於生活世界，始於人性內在要求。若不是，則成為一種技術，失去了哲學態度和體驗。虛無的病態文化已被哲學家勘破，齊克果以信心跳躍來超次，而尼采則必須大力宣揚上帝已死才能突破。

「生活世界殖民化」意謂著「生活世界的架空」。換句話說，生活世界與此有生命體驗詮釋自相隔絕了，這便是有所蔽也，生活世界原本應是與此有習習相關的，我們透過世界的大文本氛圍，體悟到我們本來面目，然生活世界的殖民使我們忘了一切根源的追尋，導致生命體驗詮釋支離破碎。王陽明在《傳習錄》有段深刻說明：

> 知之真切篤實處即是行，行之明覺精察處即是知，知行工夫，本不可離。只為後世學者分作兩截用功，失卻知、行本體，故有合一並進之說，真知即所以為行，不行不足謂之知。……「專求本心，遂遺物理」此蓋失其本心者也：夫物理不外於吾心，外吾心而求物理，無物理矣。遺物理而求吾心，吾心又何物邪？心之體，性也，性即理也。

---

39 這原是哈柏馬斯所用「生活世界理性化」（rationalization of the life-world）容易成為「生活世界的殖民化」（colonization of the life-world），而這「攻擊生活世界溝通內在建構，將每天的實踐理性化為僵化的平面」，這使得人的生存感受，成為像殖民主人強加外在指令在一部落一樣，感到物化，而與生活世界關係產生破碎。見Jurgen Habermas, "A Replay to my Critics", *Habermas: Critical Debates*, Cambridge; Mass, 1982, P.28。

「吾心即宇宙」、「心外無物」、「心外無理」說明著此有與生活世界相互成為主體際性，生活世界不再被殖民化。「殖民化」代表著知行不合一，此有與生活世界分裂。

> 「交養互發，內外本末一以貫之」，則知行並進之說，無復可疑矣。又云「工夫次第不能不無先後之差。」無乃自相矛盾已乎？知食乃食等說，此尤明白易見。但吾子為近聞障蔽自不察耳。夫人必有欲食之心，然後知食，欲食之心即是意，即是行之始矣；食味之美惡，必待入口而後知，豈有不待入口而已先知食味之美惡者邪？必有欲行之心，然後知路，欲行之心即是意、即是行之始矣；路岐之險夷，必待身親履歷而後知，豈有不待身親履歷而已先知路岐之險夷者邪？
>
> 《傳習錄》

那生活世界為何被殖民化？原因在於「**生活世界的理性化**」[40]，胡塞爾認為生活世界是被理性化所殖民，生活世界因為在工具理性中導致生命活水被外於生命的功名利祿所拘執，以致於呈現莊子的「**物役**」狀態。生命呈現死水，有如行屍走肉般，馬克思稱為「**異化**」狀態，人與本真狀態隔絕乖異，這就是海德格所言的「**存有遺忘**」，哈伯瑪斯稱為「**生活世界的殖民化**」[41]，於是「**各種自動化系統的指令**

---

40 Jurgen Habermas, "*A Reply to my Critics*", J.B. Thompson and D. Held, Habermas: Critical Debates, Cambridge; Mass, 1982, p28.

41 梁燕城，《中國哲學的重構》，臺北：宇宙光，民九十三年，頁18。殖民化強加外在非本真的體系於生活世界，於是摧毀了生活世界的內在建構，將人的生命降為僵化的平面。

從外在進入生活世界，像殖民地主人進入一個部落一樣，強加一種相同發展於其上」。[42]

> 「知是心之本體。心自然會知。見父自然知孝，見兄自然知弟，見孺子入井，自然知惻隱。此便是良知。不假外求。若良知之發，更無私意障礙。即所謂『充其惻隱之心。而仁不可勝用矣』。然在常人不能無私意障礙。所以須用致知格物之功，勝私復理。即心之良知曾無障礙，得以充塞流行。便是致其知。知致則意誠」。
>
> 《傳習錄》

透過「格物致知」，去除私意障礙，不假外求，不讓生活世界被殖民，從心的本體上求，讓良知復明，則心自然會知「道」。「良知」與「道」並無二致。

事實上原先生活世界應是「道」的素樸狀態，是種徹底不二，主客不分，心物合一，天人合一之境。然人爲操縱使得機械設計巧作成爲相對化，生活成爲殖民的異化，我們讓出生命的活路，給予矩陣思考的格式死路。奴隸成爲少數人所覺察到的問題，原因是因爲習於被安排、宰制，安於現狀思考。法國哲學家列維納斯（Emmanuel Levinas）指出那是劃一性的思考模式（tauton，英譯the same），那會產生淪陷危機，使得大夥陷入「極大的沉悶（boredom），一切都被催迫與融化於劃一性之中」。[43]

---

42 Jurgen Habermas, *The Theory of Communicative Action, Trans*, Thomas McCarthy, Boston: Beason Press, 1989, p355.

43 Emmanuel Levinas, "*Ideology and idealism*", The Levinas Reader, ed. S. Hand, Oxford: Basil Blackwell, 1989。當然列維納斯所反對的劃一性，是指將所有一切都劃入矩陣思

「看書不能明如何」？先生曰，「此只是在文義上穿求，故不明。如此，又不如為舊時學問。他到看得多，解得去。只是他為學雖極解得明曉，亦終身無得。須於心體上用功。凡明不得，行不去，須反在自心上體當。即可通。蓋四書五經，不過說這心體。這心體即所謂道，心體明即是道明。更無二。此是為學頭腦處」。

《傳習錄》

　所體悟的「良知心體」是一，是道，但不是「劃一的沉默思考」而無活力。

　而王陽明的回歸心靈原點的生命體驗詮釋，使得知行合一，這種「體知」格物致知可重返心靈原始本眞，格物致知使人、事、物、自然與世界大文本之間有了詮釋、對話與交流，生命本原的呼喚。於是與生活世界有了回應，這回應去除了心的弊端所造成的限制與扭曲，並得以本眞直覺。這本眞直覺覺察到心靈原點，帶來了眞理與自由，於是萬事萬物便在眞理與自由如其實展現開來，吾以得以觀照悟道來。換言之，陽明先生所言：「吾心之良知，即所謂天理也。」正是指出了心的形上本體乃是落實在生活世界的實踐思考，盼能以此回對生命內省思考的道德層次轉爲一種本根的生命探尋。此乃是去除生活世界的殖民化，而讓生活世界重回現象本體的自如觀照來。

考模式，呈現龐大而無生命活力的整體觀，這是就工具理性異化觀點而論劃一性。此忽略了生命存有本真原始面貌是在斷裂與延續、自然與人生、主觀與客觀等對立拉拔張力下的生發。也就是沒有一個靜靜東西等著被發現，所有被發現物是相對位置的座標，在那是主客觀交流與對話、生命與生命的共舞。如此一來，神聖與生活世界關係，這種相對的位置座標，即無待於定格的僵化模式，即生活世界即神聖，即神聖即生活世界，神聖與生活世界的張力拉拔源自於生命本身的覺知體悟。

（三）此有生命體驗詮釋所開展即此有即生活世界的存有學

人作爲一個「*活存者*」（*活生生的存有者*），是生生動態的此有，此身體乃是中介向著整個世界開放的。它是載體，也是內世界（此有）與外世界（生活世界）交接處，而「*生命體驗詮釋*」乃是此有面對生活世界的體驗詮釋，即「*此有即生活世界，即生活世界即此有*」。「*生命體驗詮釋*」即是建構「*即此有即生活世界*」的知性形上學。

王陽明生命的學問，乃是生命本身去理解生命。生命學問對外在經驗與內在體驗的知識企圖對生命歷史加以掌握，海德格認爲「*存有意義*」（meaning of Being; Seinssinn）的掌握，唯有透過「*時間性*」（temporality; Zeitlichkeit）之理詮，也就是所謂「*生命歷史*」當中才能徹底展現，在吾人身體存在感受，道與眞理（truth; Wahrheit）即臥居在其中。**44**

期盼能在內省中對時間洞悉，生命體驗能被表達、觀察、理解，通過理詮去體察。因此有生命體驗詮釋說法，生命原本親密熟悉，但又是最黑暗和最不觸摸那一個區塊。

> 人並不是對存在有了感受，而是人在參與世界存在之中有了感受，在流動不居的事件裡有了感受。……迴盪是一種人直接在現場想著不在現場的事—透過眼前的看著，遙遠的過去回到眼前的現場，重新迴響。一個人在說話或不說話都賦予觀看的人們一種迴盪的心思。這樣的心思就引向肉身的直接了然。……大地呼喚了什麼？沒有。大地什麼聲音也沒有說，它不聞任何世間消息……大地總是只

---

44 收於Keith Hoeller (ed.): *Heidegger & Psychology*. A Special Issue from the Review of Existential Psychology & Psychiatry, Seattle, WA, 1988, pp148～149.

在沉默中說話。

《生命史學》**45**

　　陽明先生回歸心靈原點的生命體現，成爲眾所皆知「**知行合一**」命題；回到心靈原點，則能體萬物之仁，此乃天所命。將此有參與於宇宙生生不息的大化之流當中，藉由身體存在感受知覺「**一氣流行**」，使得現象、本體與知識圓融實現在吾身，所以能「**盡心**」、「**盡性**」以至於「**盡命**」。因著觀照到氣清濁而有所調整自身生命藍圖，以致於更能貼近萬有生命的整體感。由此有出發與生活世界互爲呼應、互爲表裡、互爲主體際性的溝通交流，所以能至正、至靈、至清，以充塞身心，氣貫不已，週行不殆。所以此良知良能之「**致**」，乃是生命體驗詮釋之「**體知**」，而得以「**踐形**」。

　　王陽明學說正足以說明東方哲學與西方哲學的差別，傳統上來講，中國哲學以「**尊德性**」、「**道問學**」爲主，此即是強調人文主義的精神。東方講「**天人合一**」強調此有與生活世界息息相關，而所謂致良知即是「**復其天地萬物一體之本然**」，即是「**萬物一體之仁**」，即是「**遂其萬物一體之念**」，乃是此有與生活世界的一體呼應，存在道德眞實感受，感而遂通，天地萬物爲一體。

　　體現人的良知本體於人的存在歷程中，「**知是行的主意，行是知的功夫；知是行之始，行是知之成。**」生活世界各事件各如自化者，且有自由選擇在特定事件中之實踐行動。當本眞直覺或本眞直觀以自由選擇戒懼於人欲未萌之際，以涵養用敬保存其自身單純的覺性，而不用成心偏成判斷，即可如實見生活之樣貌，有「**感而遂通**」狀態，而可「**發而中節**」，做出生活正確判斷與實踐。

---

45 余德慧、李宗燁著，《生命史學》，臺北：心靈工坊，民九十二年，頁128～130。

總　結

　　陽明先生以身體體現真理於自身，化歸於主體際性的生命之流，使內世界與外世界達到和諧一體感受，這種「**此有即生活世界，生活世界即此有**」，如實照見生命本源。當今生活世界的盲點在於，無法如實照見，無法「**致**」吾心之良知。當我們生活世界資訊越多，那意義越少，環境氛圍的意涵被濃縮擠壓在迅捷、提綱、淺表性的閱讀，此種閱讀擦消了默想的時間及凝神專注的空間，真理的照見顯得無法實現在現實生活場域。

　　所以，雖然我「**在**」卻不在，缺席在脫軌的快速生命列車中，無法掌握現實感，也難以產生整體感與視域融合。如果可以以陽明先生身體體現真理於生活世界當中時，當修行在身體操作時，「**格物致知**」試圖以寧靜的慢速來達到神聖的生活世界的體會時，這是面對生活場域世界的細細咀嚼，放慢速度以體會生命之流的痕跡，讓這足跡成為神聖的召喚，使內在於身體內的理想藍圖得以呈現。

　　王陽明通過「**格物致知─致良知**」修養工夫來尋求本真直覺呈現，此乃心靈實踐方法，以心靈原始本真，回到心靈原點，得以自然流發而與生活世界的事件有了回應。此去除了語言、意義及狹窄世界觀及意識型態所帶來的限制與扭曲，得以釋放本真直覺，這本真直覺覺察生活世界，而任其如如自化者。「**致良知**」乃是說當本真直覺或本真直觀以自由選擇之實踐行動於人欲未萌之際，保存其自身單純的覺性，而不用成心偏成判斷，即可如實見生活之樣貌做出生活正確判斷與實踐。如此一來，便是「**心即是理**」。此心即是理乃是「**良知**」之說的延伸，乃是指心靈原始狀態，無所待的本體，此乃是陽明先生知性體驗形上學基礎，是理論的也是實踐的基礎，更是陽明知行合一的發軔。

　　　　良知即是未發之中，即是廓然大公，寂然不動之本
　　體，人人所同具者也。但不能不昏蔽於物欲，故須學以去
　　其昏蔽。

《傳習錄》⁴⁶

　　陽明先生回到「心即理」、「格物致知」、「致良知」說法當
中，均是指明這是本眞的直觀，這是無主客對立、無能知所知的區
分，是破知識與理論而起的悟道之本體根源，以呈現心靈原始的覺
性。覺性表現在現象即本體的思考方式，在萬物流轉當中，如何持守
觀察到、意、物、良知、氣的動態流逝乃是君子大人的境界說法⁴⁷，
生命體驗詮釋著重生活世界與身體感受的互詮，此乃是心靈原點形上
思考的具體落實，以開啓心靈覺性在大化之流當中，感受如如相應，
自如自化，讓所有一切均在時空流化中有其自身發展，生活世界萬有
在關係中呈現，自如自化發展，乃是直覺所掌握的物自身，其全體即
是宇宙大全，如如相應此即爲其自身，而非僅爲現象。本眞直覺與生
活世界眔事件是相應整體的一部分，彼此同爲一體之分殊，故可如如
相應，不必主客分離互隔解釋。

　　如此「此有即生活世界，生活世界即此有」，說明著「此有與生
活世界」關係，換句話說，「生活世界」是一整體相關呈現，事件彼
此相關成爲生活連續進程，行動實踐串起一切事物與事件，在時空中
發展生活世界原始呈現，心靈眼界、本眞直覺及呈現的萬有事件，天
人合一的「生活世界」乃是此有參贊，以身體感受存在的大化之流，

---

46 〈傳習錄〉下，《王陽明全書》，頁90。
47 有人認爲境界由本體乃是偏重於實踐主體的心理活動內涵。參見勞思光，《新編中國
　　哲學史（三上）》，臺北：三民書局，二〇〇五年。亦有人認爲境界乃是由宇宙進路
　　說明實踐主體的身體狀態以及生活世界結構的知識意義。

開顯而爲相關的整體。

> 唯天下至誠，爲能盡其性；能盡其性，則能盡人之
> 性；能盡人之性，則能盡物之性；能盡物之性，則可以贊
> 天地之化育；可以贊天地之化育，則可以與天地參矣。
>
> 《中庸・二二章》

　　將自身「*此有與生活世界*」的互動歷程，瞬間的思維在時空中穿梭，在幻臆與現實之間反覆探索。生命感受實在映照著此有與現實之間的互動，讓我們共同融通在理詮的溝通世界裡。於是乎陽明先生說：「**窮理不必外求，理非離心獨立，理在事中，也在人心，若人能去心的私欲之蔽，則能復其本體，則能照見五蘊。**」此強調吾心即道，道外無事，心即理，理即心，「**萬物森然於方寸之間，滿心而發，充塞宇宙，無非是理**」，此乃「**一體之仁**」，也就是整體人文精神圓融和合的最佳表現。

> 今此良由從萬法展轉推逐，悉無一法體存，但是一眞
> 之心，豎窮橫遍，心外無別一法，盡是覺心，故名圓也。
>
> 《圓覺經大疏鈔》**48**

　　當然有人認爲「**良知**」就是「**生活世界**」，所以生活世界改變意謂人性的改變，所以爲了更高的人性、致良知**49**。此篇乃是偏重此有

---

48 《圓覺經大疏鈔》，卷一之上，《續藏》十四，二一三b～c。
49 「更高的人性」，詳見《歐洲科學的危機與先驗現象學》的隨機論述，用中國的王陽明的話說，就是致了良知的人性。轉引自《中國現象學與哲學評論》，第四輯，頁84。

即生活世界，生活世界即此有的生命體驗詮釋，著重於身體體現真理存在與生活世界的互動，此乃智慧源頭，也就是王陽明說的，「心即理」、「致良知」新詮。換言之，他的學說代表理論與實踐合一，藉由能夠體現真理的身體意識與生活世界合一。

參考書目

中文書目

1. 陳榮捷著，《王陽明傳習錄詳著集評》簡稱《集評》，學生書局，一九八三年。

2. 王守仁著，〈傳習錄〉（上下），《王陽明全集》，上海：古籍出版社，一九九二年。

3. 唐君毅著，〈陽明學與朱子學〉，見《中國哲學思想論集‧宋明篇》，臺北：水牛出版社，一九八八。

4. 熊十力著，《讀經示要》，臺北：明文書局，一九八七年。

5. 楊儒賓著，《儒家身體觀》，臺北：中央研究院中國文哲研究所籌備處，一九九八年。

6. 吳汝鈞著，《胡塞爾現象學解析》，臺北：商務印書館，二〇〇一年。

7. 胡塞爾著，王炳文譯《歐洲科學的危機與超越　的現象學》，北京：商務印書館，二〇〇一年。

8. 梁燕城著，《中國哲學的重構》，臺北：宇宙光，民九十三年。

9. 孫周興編譯，《海德格爾選集（上、下）》，上海三聯書店出版，一九九七年。

10. 余德慧、李宗燁著，《生命史學》，臺北：心靈工坊，民九十二年。

11. 勞思光著，《新編中國哲學史（三上）》，臺北：三民書局，二〇〇五年。

12. 《中國文哲研究集刊》第二十期，二〇〇二年三月。

英文書目

1. Husserl, *The Crisis of European Sciences and Transcendental Phenomenology*, Eng. trans. D. Carr, Evanston: Northwestern University Press, 1970.

2. Jurgen Habermas, trans, J.B. Thompson and D. Held, *A Replay to my Critics*, *Habermas: Critical Debates,* Cambridge; Mass, 1982.

3. Jurgen Habermas, trans, Thomas McCarthy, *The Theory of Communicative Action*, Boston: Beason Press, 1989.

4. Emmanuel Levinas, *Ideology and idealism*, The Levinas Reader, ed. S. Hand, Oxford: Basil Blackwell, 1989.

5. Keith Hoeller (ed.): *Heidegger & Psychology*. A Special Issue form the Review of Existential Psychology & Pychiatry, Seattle, WA, 1988.

第五章　東西文化中「神祕知識體驗」的考察「生命體驗詮釋」對話的可能性

——由「默觀」來看

邊緣性格，走在牆上
背叛性格，信念危機
何時可以像齊克果
有著信仰的跳躍
使得文化差異與衝突
在當下
消彌無形
智慧的花
在角落
正吐露著芬芳
而最「是」的你
卻已變了容顏
神問你
「打哪來」
我不禁笑了起來
原來背叛是誰？邊緣又是誰？
終究漏了餡
好個美味的毒蘋果
還好沒咬了它

前 言

　　本篇文章企圖東方的「道化」與西方「神化」的歷程對於「默觀」描繪，並藉由東西方思考特點不同，說明二者對形上世界的觀點不同，以致於二者對在差異之後，如何用「默觀」來建構出彼此差異當中統一，用「默觀」去做深層生命交流與溝通，「默觀」涉及到「身體」如何體現「道與存有」，所以在文章中會有進一步探討到「身體」為基本場域的「默觀神祕經驗」，如何進行交流對話，特別是在多元價值的現代思維當中，如何以「靈性向度的對話」——「默觀」來進行溝通與交流。

　　本文也舉出當代宗教家潘尼卡為例，說明了從潘尼卡的「言說對話」中，啟迪著我們必須回到人的「存有」，也就是海德格所言「此有」（Dasein）去看這種「對話的詮釋」，回到「此有」的「自我對話」，或者是內在生命的交流與對話，也就是「靈性向度的對話」，這「對話」是神祕體驗「對話」，誠如希克在其《第五向度：靈性世界的探索》（*The Fifth Dimension: An Exploration of the Spiritual Realm*）一書中，清楚指出「靈性向度」這個面向上乃是連繫「終極實在」，是「人性的第五向度」，所以無論是西方或是東方，也就是無論是神或道的意味，都涉及了人類「靈性終極關懷」，在生命本身展開內在對話，必須透過「默觀」密契的體驗（「生命體驗詮釋」）本身來進行，否則這對話是無意義的。

一、東西方文化原型思考模式

　　過去在探討中國哲學義理理解及詮釋在傳統哲學方面有柏拉圖哲

學中的「理型說」[1]及亞理斯多德哲學中的「形式因」概念與宋明理學的「理氣」範疇之類比；基督教「上帝」概念與中國傳統「天命」觀的類比、史賓諾沙倫理學「上帝即自然」的形上學命題與老子「道論」思維的類比、康德哲學的「實踐理性批判」與儒家「道德形上學」的建立之類比、柏格森的「創化論」和懷海德的「歷程說」與易經「生生哲學」的類比。這種類比可以幫助我們理解，但也有可能是理解錯誤。

　　無論如何，我們不從如此差異性大的「類比」或「對比」方式進行，而是從關於「對話與詮釋」的觀點，來說明兩者東方與西方不同。「對話與詮釋」最重要的對象爲何呢？其實就是生命「神祕體驗」本身來論述二者之間溝通與交流的可能性，筆者給予「生命體驗詮釋」說法，而在這樣的說法當中，最重要的關鍵，其實就是在講述有關於「默觀」。不論是西方神化或東方道化歷程，不同語言文化形態，有不同的境界的描述、不同「象徵符號」使用系統，都不約而同涉及「最終那不可知道的境界」。然而若「涉及最終那不可知道的境界」，均是「無言的詮釋」，也就是「默觀」來著手。因此，我們從人所能掌握的「象徵符號」知道隸屬於那特定文化系統的脈絡後，去除「象徵符號」牽連的根蒂，更重要的是回到「知性形上學」，以下學而上達的精神勉勵自我更上一層樓。

（一）東方西方思維特點

1. 中國哲學思考模式

　　無論如何中國哲學的特質是企圖表述中國人生哲學本位的問題

1　柏拉圖所謂的「理型」，是指理性才可以理解的「真實」。

意識的蘄向，是一個「**內蘊外顯**」的心性之學，基於此而表現出文字表述形式的特有風格，重「**直覺體悟**」，不重邏輯結構，不重客觀思辨。

莊子的「**默觀**」是表述中國哲學當中「**內蘊外顯**」的哲學思維，他著重人有限中「**無待**」的生命體悟，這「**默觀**」概念特有文字風格，正足以表現重「**直覺體悟**」、不重邏輯、不重客觀的思辨的中國哲學特質。

基本上中國哲學是以「**以功夫理論與境界哲學為中心的基本哲學問題詮釋模型**」[2]，就老子而言，仍側重形上實體的描寫，然在莊子已轉化成為人生哲學的表述。如此「**道化**」的生命形態，緊緊結合了「**宇宙實體、人生觀、終極價值觀、形上學本體論、境界論、功夫論**」，這種環節轉換乃是以人作為思考起點，要人關注「**終極存有**」展現生命至真狀態，這乃是以典型的「**功夫理論與境界哲學為中心詮釋模型**」。對莊子而言，解決無待物化的不流動的生命情境，乃是得從「**精神修養**」著手，而「**默觀**」乃是功夫、境界和修養語言，人投入存有召喚，以「**默觀**」宇宙造化之功，成為真正最完美存有狀態。

2. 西方基督教靈修的思考模式

西方原本也是著重「**肯定說神是什麼**」的論述，此表現在「**知與信**」的態度上。「**知與信**」合與分裂困擾西方一段時間，然合與分裂的討論，在今日來看，終究是支端末節，不是圓滿的解決之道。

回顧教會世俗化發展，導致教會權力與財政淪落，使得教會向上精神完整性就出現衝突與分裂，因此就出現了與教會結構無關的神祕色彩，而這些神祕色彩，或說是奧祕本身，可以在「**知與信**」問題

---

2 參見杜保瑞撰，〈功夫理論與境界哲學〉，「紀念馮友蘭先生誕辰一百週年國際學術討論會」，北京清華大學主辦，一九九五年十二月。

上另啓一片窗，遺留廣大無限的思維空間。「奧祕」本意是「閉上眼睛或嘴巴」，此乃是「靈修者」本身「黑暗與靜默」的經驗，如艾克哈[3]說到：「上帝看到我的眼睛就是我看他的眼睛；我的眼睛與上帝眼睛是相同的。」

這代表靈修者與上帝內在會合，而非聖體與崇拜的需要，也非理性與信仰分離或結合的觀念耗力琢磨。宗教所帶來的組織架構，俗化的宗教是建構神學理論的問題解決性質所需，但對大多數信徒而言，信仰乃是生命之全面統合力量，這統合力量必須是主觀的，但卻不是絕對主觀，他必須反省「隱晦經驗」，並賦予它詮釋新的轉化。

「默觀」知性形上學中，值得注意的是「聖靈」的說法，「聖靈」與「虛空」、「回歸內心」、「克己淨化」說法常擺在一起，它是絕妙體現「中介動態呈顯」，是「三而一、一而三」[4]，我們無法在特定語詞概念下去框架它的意涵，所以「三與一」不斷擺盪迴旋，但總不礙「聖神」呈現於自身存有的真實性。換句話說，當我們體現「神聖」境界在吾人自身時，存有脈動便藉由自我「默觀」此絕妙的「身體」顫動而突顯出來，此刻感受的是「聖神」爆炸充滿，以致於自我覺得喜樂倍至，無以復加。「聖靈」既然是如此，它表現的「概念」當然必須要是模糊的，在「是與不是」當中表現其張力，「聖靈」臨在吾人自身乃張顯出人必須學習基督樣式，「道成肉身」，去「默觀存有奧祕」，「聖神臨在」。「聖靈」論也表明了基督教知性形上學「整體大於部分」、「內涵單純外延最廣」、「共時性貫時

3　艾克哈（Meister Eckhart, 1260～1328）是位德高望重的道明會神父，集行政管理、學術研究、教學與講道於一身。
4　即聖父、聖子、聖靈為同一本體（本性）、三個不同的位格，三位格為同一本質。通俗地說，僅有獨一的天主；聖天父完全是天主，聖子完全是天主，聖神完全是天主；聖天父不是聖子，聖子不是聖神，聖神不是聖天父。

性」、「超越內在」的思想特性。

（二）東西方形上世界觀的本體論述

「默觀」神祕知識體驗，其實就是「知性形上學」，也就是涉及了「本體論」，現在我們進行「本體論」理解。

1. 西方本體論

在西方本體論的論題，從古希臘時代起就是哲學的主要論題，那就是亞理斯多德所謂「作為存在的存在」的問題。「本」原來指草木的根，引伸指事物的根源或根據，「體」原來指形體或實體，「本體論」（ontology或ontologie等），意為「關於存在的論說或理論」，但既然「存在」被視為一切「存在物」的根，所以也被視為與本質同一的「第一原則」。

亞理斯多德是最早使用實體概念的西方哲學家。在古希臘文中，「存在」（on）是動詞「是」（einai）[5]，既然「有」（on），「有」也是「是」，也就是談及「有」，便說到「是什麼」（ti esti）的問題。在《形而上學》中，他通過「是其所是」（to ti en einai）來規定「第一實體」的本質，「是其所是」即是「本質」（essence），基督教的實體論確實強調世界本源即上帝乃是「純實在」，是「創造行動」，是本質與存在合一的「存在本身」。所謂存在（Being），是與本質（essence）同一的，它在西方語言中的意義，除了包含漢語的「在」或「有」的意思之外，還包含「是」的意思，也即是肯定性和同一性意義上的「是」（affirmation）。[6]

---

5 參見餘紀元著，《亞理斯多德論ON》，《哲學研究》一九九五年四月，頁63～73。
6 因為耶和華即雅赫維的原文是Jahweh或Jah，與希伯來動詞hyh或hwh（是、在）有

　　如果我們回顧一下亞里斯多德之後，到黑格爾爲止的西方傳統哲學，便會發現「**實體**」概念是大多數大哲學家的核心概念之一，儘管其含義有所差別，但基本規定仍然是本質或本體；尤其重要的是，眞知識必定是以關於「**實體**」的知識爲基礎，[7]從「**實體**」角度看，關於它的知識是關於「**有**」的知識，而不存在「**無**」的知識。而且，對這樣一種西方傳統主流哲學來說，「**無**」是不可思議的。[8]所以海德格問到：「**究竟爲什麼存有者存在了，而卻反倒是不存在呢？**」[9]所以後來才有海德格反省形上學的遺忘，反省「**存有遺忘**」，以致去理性中心的想法出現。

2. 東方本體論

　　道家以及道教也有其本體論說法，本體論講到「**道**」，它是道家和道教的最高範疇，相當於儒家所說的「**理**」或「**太極**」。道是「**萬物之母**」，即所謂「**道生一，一生二，二生三，三生萬物**」。它既「**無爲**」又「**無不爲**」，既「**常無**」又「**常有**」，又由於它「**先天地生**」，而且「**常有**」，即永恆存在，它當然比世界更加根本而實在。總之，道作爲「**天地根**」和「**萬物之宗**」的這種「**綿綿若存**」、「**似或存**」以至「**有情有信**」、「**自本自根**」、「**生天生地**」、「**自古以**

關，這個動詞有運動的內涵，有「導致……存在」之意，所以世界的本源即耶和華本身，就是一種賦予存在的活動，即創造活動。它本身不是任何事物，但作爲一切事物的本源，它當然就比一切事物更實在；它既不是事物，也就「不有」（不存在），但作爲「萬有之源」，它就是有（存在）本身；由此，它作爲一切肯定性的事物及性質的根源，也就是最大的「是」（肯定）。

7　而休謨正是因爲消解了形而上學意義上的實體概念，從而否認了人類知識的客觀必然性，因而被稱爲「不可知論者」。在他的啟發下，康德把實體作爲知性的一個範疇，才真正離開了亞理士多德主義傳統，這也是休謨和康德在現代哲學中具有崇高地位之所在。

8　Heidgger, *Basic Writtings*, Haper & RowPublishers, New York, 1977, p.199.

9　海德格著，《形而上學導論》，中譯本，商務印書館，一九九六年版，頁3。

固存」、「若亡而存」和「無所不在」的本體論特點，是任何人都不會忽視的。

　　哲學的根本宗旨是如何做人而不是建立什麼理論體系，具體來說就是如何成爲聖人、賢人、神人、至人、眞人[10]、仙人和成佛。要實現這一根本目的，只能靠主體自身的實踐，不能靠別的什麼力量只能靠意志行爲，不能靠理智能力和知識多少。歸根到底，這是一個「實踐」的問題，不是一個理論的問題。正因爲如此，中國哲學思維以「實踐」爲特徵，就不難理解了。

（三）東西方哲學基本差異

　　兩種哲學形態的興趣點、問題及解決方式有很大差別。中國通過「境界」去看世界，而西方只願意通過「實體知識」去看世界。從某種意義上說，「境界」觀與「實體」論的差異深刻地影響了中西傳統哲學之間的氣質差異。「境界」總是內在的、個人性的，並具有內在超越的傾向。境界層次的提升需要修養、涵泳、磨鍊和覺悟，由此可以詮釋「何以古之學者爲聖」。「如何成聖」是中國哲學關注的中心，換言之，境界的內容並不以知識爲核心，而是聚焦於修養，修養的目標不但是個人性的，而且是指向天下的，所謂「內聖外王」、「知行合一」就清楚地表明了境界修養的雙重指向。

　　更進一步說，東方道家哲學強調個人與世界、內在境界與天地萬物之間並沒有不可超越的原則性的隔閡。對西方哲學而言，「實體」總是獨立的、客觀的、非個人性的，是作爲對象才與主體發生關係，

---

10 莊子天下篇，有真人、至人、神人、聖人、德人、天人、全人等不同的稱號，共同的特性：能免除內外之刑，超脫生死情欲之限制。

這一關聯的結果是知識，無論是思辨的、還是經驗的知識。西方基督教的神祕主義發展，在當時就是著重內在超越，而使當局大為緊張，因為不符合傳統重邏輯、思維、知識的脈絡。

Jean Gerson（一三六三至一四二九年）在其鉅作《*On Mystical Theology*》曾指出經院神學和神祕神學的不同：經院哲學由上帝的「外在果效」，例如聖經、教會史、注釋等等來研究上帝及信仰，而神祕神學則由上帝的「內在果效」，例如心所體驗到神聖臨在做為起點。經院主義的方法論是由問題進而辯論（disputation），而神祕主義則是由沉思式的祈禱（meditative prayer），再到默觀（contemplation）。經院哲學依賴理性，不信任情感，而神祕神學則以受正確教義規範的情感為依歸。

經院主義與神祕主義代表教會歷史中「理性（反省）」與「愛（行動）」之間的張力。神祕神學認為「愛」應該比「理性」延伸更達，且能幫助心超越它的自然限制；知性的足跡（pes cognitionis）應能跟隨愛的足跡（pes amoris）而走向新的領域。

神祕神學帶來了本質上的自我實現，相對於經院主義所提供的技術性「知識」，神祕主義所主張的「愛」，不但使心靈也使心智得以滿足。相信人的信仰所告白的宗教現實是可以體驗到的，就和上帝的神祕「聯合」（union）而言，強烈傾向「相似」（likeness）原則，或者說是與上帝「相似」（similitudo, conformitas）。這似乎也可以與基督教靈修肯定與否定的傳統，或是知與信的協調工夫來比較看看，不過，在此先不做比較。

按此，筆者也綜歸東方道家「為學與為道」的不同，為學強調「外在果效」，也就是說使用經典史籍來研究天人問題，而為道則由道的「內在果效」，也就是使用心所體驗到神聖臨在做為起點。為學依賴理性，為道則反對理性所帶來的桎梏與僵化。

　　為學強調「知識」重要性，可以格物而得。為道則認為「實踐之體道」更為重要。為道認為化除理性對立，則能達致天鈞的和諧，呈現出大愛，所以人心應該要超越，以大道為出發點。為學強調「經國治世外顯」工夫，而為道則強調「內聖的孕育」工夫。為道強調技術知識層面遠不及道本然的發散。

　　為學與為道分別代表中國哲學上「理學（格物致知）」和「心學（知行合一）」之間的張力。不管是為學的「從理入」或者為道的「從心入」分別說不同的格物致知的進路，這兩者進路都在於揭示存有與道的「默觀」重要性，換句話說是生命體驗本身去詮釋「道」、「存有」或者是「神」是什麼。

（四）差異中的統一

　　其實，當人們重新回返最原初的體驗神或體驗道的經驗，以致於把這原初經驗言說出來時，很難去嚴格去除任一路徑。換句話說，東方所謂「為學或為道」或西方所謂「經院或者神祕主義」都是幫助人們以不同之姿態去進入「神」，或者說是「道的存有」。中國哲學當中有名的學派：「理學」或「心學」也是一樣道理，若我們強加分別，嚴格分立兩者，恐怕都會失之偏頗，所有的路徑都指向是知性形上學的進路；換句話說，就是去除知識上弊病，更進一步去了解形上學的理性缺點，建構更基本的形上學的體系，深入知道理解當中怎樣去體悟形上學是什麼？並將之實踐出來，這裡的關鍵點便是「默觀」知性形上學的建構。

　　有了「默觀」形上學的建構，才能真正建立東西方思維的交流與溝通，如此一來才不會有「存有的遺忘」，才能真正體悟到存有或道或神本身。在西方來說，「存有遺忘」，這是最大的矛盾與衝突，

是介於知識論與形上學之間的盲點。就知識層面而言，我們很難說盡「本體是什麼」，只能肯定存有是「實有是」，「實有是」具有實在性、存在性與肯定性。肯定「實有是」說明了「本體是什麼」了嗎？其實未然也，因為藉由知性或者理性中心進路，「說了」等於「沒說」。顯然西方的自我矛盾觀點一直是海德格之後，才清楚說出這點矛盾，他說明這是「存有遺忘」。

東方思維並沒有「遺忘存有」，東方思維中重視「工夫修養」，沒有強說肯定「存有」是什麼，而是設法說出人語言有極限，所以只有趨進說明「存有是什麼」，接著使用「工夫修養」路徑來體現「道」或「存有」，所以中國人講知識，不是講身外事，而是身內事，以致於齊家、治國、平天下。這身內事沒有「遺忘存有」的工夫修養路徑，而一貫直指天心與人心的相合，設法將「為學與為道」的路徑相連結，它沒有西方「遺忘存有」的有與無的衝突；換言之，雖然中國也講「為學日益」與「為道日損」的肯定與否定之路，但中國人的心理衝突不大。

因為中國人強調「踐行」（西方實踐智慧）方式來把生命知識之原則，大抵都體現中國人思維方式，較偏重融合、統整、直觀，所以特色上也趨於混淆曖昧之言語，甚至只偏重修養論一方，而未發展出強猛的理性科技思維辨析模式。西方的歷史傳統也在反省當中，改變了這理性遺忘存有的問題，如西方存在主義之後，高達美的「真理與方法」、梅洛・龐蒂[11]的「知覺現象學」，都設法重新回到對「存有

---

11 梅洛・龐蒂思想，以《知覺現象學》為其代表。此書蘊含著他最核心的思想—從先意識層看形軀主體，以體會其為賦予世界以整體意義的根源。《知覺現象學》一書的目標不在分析意識層的知覺作用，而在分析先意識層的知覺運作，藉此突顯人是「在世的形軀主體」（Bodily-Subject-in the-World）。梅洛・龐蒂的貢獻尤在其對「知覺」（perception）的分析。他從人的知覺活動中，突顯了人與世界是為一個整體「完型」（Gestalt），在這個整體內，人以「身體主體」的角色而與世界對談，並孕育

的體驗」，以爲可以解決「遺忘存有」的盲點，不過這樣的努力都不若過去傳統中國哲學所言「修養境界」那樣的天衣無縫。胡塞爾不斷大聲疾呼科技文明的危機已到來，過去西方的強勢已然化爲人生命的空洞與虛無化，而急需要「切重生命感受」的東方修養思維來體現。東方思維最重要的便是「體驗」，「體驗」到終極實有神聖性。「默觀」在此扮演很重要的角色，而我們很高興看到在中世紀末成爲主流的十字若望思想也透顯了這種「默觀」的重要性；「默觀」表明了人參與存有脈動中，共同體驗在大化歷程中神化或道化歷程，東西方都有這種歷程的描繪，也說明了兩者以「默觀」交流與溝通的可能性。換言之，這正是今天回到東西方文化對話詮釋之可能超越起點——「默觀」。

我們需要重新回到終極關懷點上，重新思考人類命運的未來，在面臨人類精神危機崩盤同時，操持著對「宇宙—人—神」、「宇宙—道」爲一的大信心之下，強調最原初體驗神及體驗神的「默觀」，能夠化解不同文化傳統的詮釋，達到超越性的對話，以致於能深入生命核心直指人的體悟那原初的經驗——不管是東方的天人合一或西方的神人合一之境。

其實，這樣的理解與詮釋，乃深信內在泉源能產生對話，達到生命交流與共濟，以致於化除能知與所知的隔閡，回應形上召喚，直接契入生命本源，達到一種和諧之境。

其對世界的意會與認識。Maurice Merleau-Ponty, Phenomenology of Perception, London: Routledge & Kegan Paul, 1962.

二、東西方哲學互補與交流

（一）重新思維，企盼建立完整人學

1. 西方缺陷探微

　　中國人講述修身的觀念，與西方講知識的觀念相異，歸結最後，近代列維那斯批判西方的哲學人觀特別對人的身體（body）未有足夠的重視。綜觀整個西方哲學的發展可以發現，西方傳統哲學雖然早就開始研究人，但主要的觀點卻是採取身心二元的理解結構，以致忽略了人的基本生活體驗，受這種理解結構的影響，造成身心的疏離，人們與自己的身體失去了緊密的聯繫；或有人視肉體是罪惡、痛苦之源，肉體是心靈的牢籠而不重視肉體。列維那斯指出，西方傳統卻將身體與自我對立，這種二元論（dualism）令西方哲學誤入歧途，不知道與身體合一的自我，這樣的自我，才是當代西方哲學反思的真正起點，也是人的完整整體基礎思維的起點。西方過去崇尚抽象理性與靈魂兼具抽離世界的人觀，讓人太過自由地可隨意拒絕或選擇任何可委身的傳統與真理，最終弄至人的身體漂泊無依，什麼都不想委身，也缺乏對任何精神價值的認信與創造。所以他要西方知識分子重新考慮一種新的、建基在身體經驗為基礎的人觀。

2. 對身體重新重視——回到「默觀」

　　從現象學的角度出發，先於人的理性認知經驗，往往是一種身體的感官經驗。二十世紀以來存在主義的發展，促使人們重新開始重視人的基本生活體驗，到了二十世紀中葉，法國哲學家梅洛・龐蒂（M. Merleau-Ponty）創立以「身體」為基礎的存在現象學，詮釋了「身體」在世界構成的基礎作幅度開展，更進一步提升了「身體」在當代思想中的地位，引發了人們轉回對「身體」的關注，並

意識到「身體」是人構成世界的「原型」這一個事實（*梅洛・龐蒂，2001*）。梅洛・龐蒂指出，現象學的任務是要揭示任何先於科學理論過濾的人類原初生存經驗。

透過「身體觀照」是傳達出「智的直覺」的（Body wisdom，Body knowing），它更是動態、流動不斷變化的載體，它說明「身體」是一個有不同情緒感受的、一個動態的、流動的和一直改變的活體（A moving, flowing and changing organism）。「默觀」沒有客觀對象，而是在流逝的現象當中不斷去看。所以「身體」不是一個的物件（object），而是一個過程（process）。換言之，透過「默觀」可以彌補西方知識的缺陷，進入東方的精華說法，以理解、溝通、對話於關於人與人、世界、自然、神的沉默之地。

3. 回返身體場域

觀察神話、巫術與宗教信仰瀰漫下的人類，就是以自己「身體的原型」去構想宇宙的形態、社會的形態，乃至精神的形態。西方人卻到了十九世紀末、二十世紀才回頭重新開始注意到這種現象；在中國傳統思想中，所謂的「身體」是包含：感官、心知、百體在內的身心合一整體。所謂的「察身」，並不是把人從具體的生存情境中抽離，所掌握到的是人相應生存情境而產生的一種互涉的動態關聯，所以「以身觀身」（《老子》）不是從外部來觀察自己的身體，而是「回返身體」本身，從內部感受去觀察「身體現象」。「察身」不只是對身體作對象化的觀察，「察身」也可以指人們在自己的生存情境中，對自己「身體」活動的整體知覺，或稱之為「在存在脈動中身體的知覺」，去觀照不僅只是教人揭示性的和理性的去接近身體無意識的生活體驗，更要進一步的教人在生活情境中調整無意識的身體活動，使其能展現理想的活動狀態，構成理想的、身體化的總體生命藍圖；同

時也教人開發身體的各種感知能力，向著存在本身的召喚開放。

在存在脈動中的身體知覺是必須在「收斂凝定」的狀態之下，才能很敏銳地去看去聽，在行動中去找出原初經驗，所謂的單純「知識」路徑不足以提供康莊大道，但人卻容易陷入此「知識」的陷阱中，陷於小知而不知返也，這也是揭示了西方經院神學的缺點，東方道家所指為學的害處。

4. 由身體默觀進行對話溝通交流

在西方檢討經院之缺失時，其實暗含著由「默想到默觀」的明路，正如老子所言不由為學，而由為道來進入這樣的神祕體驗知識。

人參與在這樣宇宙創化之流的道中，可參贊萬物的化物，與物同為一體，而同樣地由神祕神學的進路，人在靈修歷程中聖靈充滿，徹底靈化自身，成為一個活的靈化歷程。

「默觀」啟示人不論在為道或靈修的場域上期許人們向著「神聖」，那終極價值根源前進。換言之，他們都規劃人類理想藍圖，向著道化或聖化的路徑而奔跑。這整體目標只是啟示或啟蒙而已，絕非是一個保證，因著人不同的面向展向，人會有著很大的差異性，譬如強調人的努力、強調恩寵的被動性等。總之，不能只是執著表面字義，而忽略了深層的對話的可能性。

就這點來看，我們可以說道家與天主教都是講到「默想到默觀」，默觀也暗示人從不完備狀態到完備的狀態，從事於道修或神修，意謂著，對「形上本體」的體認經驗分享「人邁向神聖」的道路，道教倡導者薩索（Michael Saso）促請道家與天主教就神祕「形上本體」的體認經驗展開持續的對話。[12]假如「拯救」暗喻「一種墮

---

12 薩索最近修訂他全面介紹中國宗教的著作時，強調學術界承認羅馬天主教的神祕祈禱習俗跟道教和中國佛教的「apophatic」（negative）和「kenotic」（emptying）默觀傳

落的狀況再重新變得完美」，那麼道教徒長生不死的終極目標就是一種「拯救」，這種「拯救」意指個人和他人性質的終極轉化，並藉此達到「位格際性」的交流與共融。

　　所謂「形上本體」體認經驗，到最後兩者都指向「默觀」。因此我們越來越清楚「默觀」做為東西融通與對話的可能性是即高的，通過神化或氣化的歷程，人走向神聖，呈現詩意的「**存有開顯**」狀態，人得以轉化有限心靈成為無限心靈的展現，人的精神靈魂既然有所承契，那麼，自然也分享所有形而上的真善美聖，只不過在時空偶然存有者並未完成其神聖使命，內在真理呼召，結合趨力使人意欲冥契那不可知的神妙，以成就「**人之所以為人**」的奧妙，人與道或神都是「位格際性」的交流、溝通與共融。

（二）詮釋對話的身體觀

1. 以「身體」為當體來詮釋

　　詮釋與對話成為二十世紀末的重要趨勢，同時也提供我們破斥歐洲文化盲點，來創造多元而整體的詮釋之路，這條道路突顯了詮釋的形上學。當身體與存在的基礎活動產生對話與張力時，可以得到一種

統有類同之處，已有一段相當的時間。係託名戴奧尼修斯（Pseudo-Dionysius）、聖德蕾莎（Teresa of Avila）、聖十字若望（John of the Cross）、艾克哈特（Meister Eckhardt）著作中的形象，展露了在上帝面前祈禱式冥想／默觀中的「靈魂的黑夜」，提出與道教神祕主義者所描述的類似經驗的不悖之處。雖然薩索批評官方教會組織在承認道對宗教間的祈禱和對話的意義，行動緩慢，但中外道教圈子裡幾（頁435）乎沒有人研究這個問題。薩索接受耶穌會培訓後才懂得這些來自希臘文以及表示基督教神祕習俗的專門詞彙，這些詞彙在他「Chinese Religions」一文中研究〈中國的神祕傳統〉（The Mystic Tradition in China）問題一章的篇首出現。此文載於John R. Hinnells編，*A New Handbook of Living Religions*, Oxford: Blackwell, 1997，頁462～470。他就這方面對宗教間的祈禱和對話的重要性的精闢批評，見於同一文章的注釋三，頁474。

形上學的安慰，我們暫時變成原始存有，體驗到生命的永恆。

　　換言之，「身體」本身不是知識的來源，而是各種力量的發生及開展的基本空間場域，如同曖昧交織的各種鮮活意義，所以我們可以由「身體想像」所依循創造性想像和圖象思考來回歸「最原初的奧祕」為何。透過「身體原初文本」對世界的描述，與世界有所接觸，而用「身體想像」（imagination）去形構出對圖象思考，而產生某些中介物如「形象」（image）。[13]「身體想像」是類似像「默想」般，藉由某些有形之物去勾勒出某些意識與潛意識結合而成的「我對世界的知覺」為何，換句話說，「身體想像」藉由中介「形象」，去揭露某些存有本身，那種不可言喻的「存有原初體驗」。

　　「身體想像」不是停留在表面的話語和形象上，而是在行動中投入認識不同的生命語彙和形象，從而體現那不斷超越的永恆。這也就是現今語言學為何著重那曖昧不明的語言，如「隱喻」（metaphor）、「象徵」（symbol）、「神話」（myth）等著手的原因。「身體想像」正如十字若望認為的：「默想」的方法對於開始進入神修的人是重要的，但人應明辨何時離開推理默想，進入「默觀」。[14]

　　在概念思考與邏輯思考之前面的應是以「身體想像」為基礎回歸到最原初存在經驗，最深核心奧祕中。[15]在概念思考步入圖象式思考中，「身體想像」是處在語言模糊地帶，這是不得已的語言資藉，如「隱喻」（metaphor）、「象徵」（symbol）、「神話」（myth）

---

13 參照龔卓軍的文章，〈身體與想像的辯證：以尼采《悲劇的誕生》為例〉，http://humanum.arts.cuhk.edu.hk/~hkshp/zhesi/zs7/gart1.htm
14 *Ascent*, II, 13, 1-4.
15 康德是停留在主體與客體中作概念局區分，執著於知識上的懷疑論，然而身體想像的認識在／可以將此執著作超越。《登山》書中，十字若望針對己熟練靈修的人，而非像《登山》書中的初學中提出進一步的三個標記。十字若望提出相類似的三個特徵，人可由此知道何時由默想進入默觀中。

的使用一樣，然而進入深層默觀核心時，這些語言或方法都必須丟棄，換言之必須進行「**去語言**」、「**去理性**」思考方式，直接進行「**身體文本**」對話，以「**身體**」直接面對此有與生活生世界生發所產生場域對話來作爲終極詮釋與對話，「**身體想像**」不是停留在表面的話語和形象上，而是在行動中投入認識不同的生命語彙和形象，從而體現那不斷超越的永恆。人的「**身體**」是實在象徵（real symbol），不只在人外在的臨在方式，而且是人本身可以運用「**身體想像**」來表達看不見且內在的一面。人如果不藉著記號、符號、隱喻等，人無法認知和了解神聖自己，正如卡西勒所言，人是最佳象徵，在眞理的隱或顯中，象徵是宣稱眞理最好方式，它視其他概念表達爲幻象，這種文本脈絡是以想像爲悟性理性別開生面，創作新形象，不再執著於主客體概念的區分。

　　「**默觀**」屬於神祕經驗知識，這是「**身體**」與之詮釋與對話是直接的經驗，未經扭曲或變形的最原初經驗，回返原初的現象本身，眞理便此在此顯明。「**默觀**」經驗，並不是作爲詮釋者的個人，主體具有主動的能力去獲得，而是宇宙根源的存有，吾人說是道或上帝都可以，筆者用高達美以「**遊戲**」方式來彰顯「**默觀**」經驗，所有的「**觀者**」與「**被觀者**」進入了這一場遊戲當中，而詮釋者進前這場「**遊戲**」之中而分享了眞理，此時「**詮釋者**」也等同於「**被詮釋者**」。所以在「**默觀**」經驗中眞正的主體是「**道**」本身或「**上帝**」本身，而非詮釋者，抑或說沒有主體，一切都是道的呈現、上帝的呈現，是那麼自然的發生，以致於沒人發現而區分。所以這樣經驗的本性乃是對「**存有的開放**」，或隱或顯都礙於這種經驗本身，並且指示人在「**默觀**」經驗需要成長，這樣的詮釋經驗要求與對象保持一種互相交流，

亦即一種「你的經驗」。[16]

　　按龔卓軍精闢的「身體想像辯證」的啓示，我們透過「身體」原初文本對世界的描述，回到意識之前最原初的基本脈絡，來進行在概念思考和邏輯思考之前的身體圖象思考。[17]這種圖象思考最後會形成動力或衝力，也就是說「想像力」超越悟性與理智限制，也鼓勵在悟性與理智在源源冒出之認知，不斷有自由未被開展過的主動動力。[18]「默觀」指出一條不同的認識路徑，這種認識活動的起始文本在於「身體」，而這個起始文本的基礎認識活動是創造性想像和圖象思考，而認識活動乃是以此「身體想像」展開的。

　　「身體想像」認識觀，就是超越對「不可知的物自身」、「主體的認識條件」這些範疇畫分下，將屬於不可測知的概念所孕生的話語，不再強加用理智去解釋，而是將此「放下括弧」，回到體驗認識脈絡中，去還原「身體原初與存在狀態」接觸的經驗。這裡使用胡氏現象學的目的，作爲尋找宇宙眞理的嚴格途徑，作爲一個方法，胡氏堅持依循笛卡兒（Rene Descartes, 1596-1650）的積極懷疑路徑，胡氏稱之爲Epoche或稱「放入括弧」，又稱爲「現象學的還原」（re-

---

16 這是馬丁布伯所言對話哲學的真諦，他認爲人有整全生命原理，在對話世界乃是藉以定立自身，踏入與存有者之間係的存有學領域，從人踏入關係，與臨現的你之對話歷程作爲線索，闡述人在關係世界的具體生命情境，更從決意對關係中採取態度開始，回應剎有者之召喚而進入對話，在生活中真實的片刻與他者相遇。

17 身體原初文本對世界的描述，是在本能推動和知覺作用之下形成「圖象思考」或「潛意識推理」，這統稱爲「身體思考」，主要中介是「形象」（image），而生產形象的作用是想像（imagination），這是對意識層面分析運作所採取的方法學上的對策與迂迴。

18 這裡接近康德所言想像是比悟性更廣闊的認識能力。Immanuel Kant, *Crtique of Judgement*, J.C. Meredith tran., Oxford: Oxford University pres, 1952.見宗白華、韋卓民譯，《判斷力批判》上卷，臺北：滄浪，一九八六年〈審美判斷力的批判〉，第一部分，第四十九節，頁168。

duction）。[19]「身體想像」認識觀也希望將過去所有的知識與現有的想法全部括弧，使其完全自由而專注認識並描述所關心的對象，也就是現象學所說的「關注事物」（Zur Sache Selbst）本身透顯的意義。這樣的「關注」，成為「對話式對話」的開始，也呈現眼前對象仍具體存在，成為自我體驗的現象，我們就從「身體想像」開始。

從笛卡兒的「我思故我在」，人們開始將注意力放在主體上（Subject），然而主體可能是「概念上的虛構想像」[20]，更何況這個主體較關注到自我意識，「身體」是介於世界和意識之間的根本迂迴，如果只是把「主體」簡化為「意識」，同時也就是簡化了「身體」這個原初文本。

所以認識活動應回到比主體意識更原初狀態，這迥異於傳統意識哲學的意識之路，而「密契默觀」就代表著對「身體原初文本」的脈絡回返，作為與世界接軌的根本迂迴詮釋之起點。「身體」是先於概念、潛意識，非思想層面的部分，身體與經驗的緊密關係，更接近人原初存在狀態，而意識通常只出現於某個整體希望將自己臣屬於更超卓的整體時，卻不能反客為主，來取代生命存有的最高嚮往。「身體」是「文本的文本，脈絡中的脈絡」，是人頂天立地面對存有時一個世界意識之間的根源「迂迴」，也是詮釋的起點。所以我們意識的一切，都是東拼西湊的、簡化的、模式化的、解釋過的……也許是純粹想像的。[21]所以根本的問題必須回到「身體」，並以「身體」為出發點。

---

19 見胡塞爾著，李幼蒸譯，《純粹現象學通論》，臺北：桂冠，一九九四年，頁113。

20 F. Nietzsche, *The Will to Power*, Walter Kaufmann and R. J. Hollingdale Trans., New York: Vintage Books, 1967, p.246.

21 F. Nietzsche, *The Will to Power*, Walter Kaufmann and R. J. Hollingdale Trans., New York: Vintage Books, 1967, p250-268.

2. 身體對話詮釋呈現視域交融

　　中國人講「心、氣、形、性、天人合一」，西方人講「聖神三位一體」，其實都在使身體與自然、人文、超越界達到對話，以致於回復感通交流，這是「凝然觀照涵攝」活動。在此「凝然觀照涵攝」活動中，「身體」主體是「互為主體性」，默觀經驗使主體「互為主體性」意涵，得以獲得深刻存在關連。在「默觀」經驗中，人向神聖經驗達致，欲圖畫出「存有根源之所與人的認知」，獲得一種「視域融合」，這是一種結合理性與非理性交流與會通，也是一場去除本位自我，藉以體驗到萬物為一的存有狀態。

　　「默觀」代表言語止息，以「身體為場有而與原初存有」有著合一經驗接觸，一切在沉默中發生，此時「身體知覺所展現的」即是「最原初的發生經驗」，「身體」並非只是對立下的非「精神工具」而已，不是「真理」為「開顯自身」而透過它來利用的「工具」而已，「身體」所體現的就是「沉默的內在對話」境界。過去透過對「身體」理性的分析，缺乏深入理解詮釋，使得「想像表達」成了技術，更使「存在」成了技術的奴隸；「道與言」、「真理與方法」產生分裂分離，文字的理解成了斷簡殘篇，如今回到「默觀」，重建人原始的結合，「知覺即現象，現象即知覺」在人「存有」場域中達到「視域融合」，成為逃離「分裂」的反省理解、詮釋與對話。

　　「默觀知覺」能夠把握任何「先於判斷」的可感形式之內在意義，也能突破一切的可能懷疑，將已安置更完備「真理的終極關懷」中。所以不管是類比、想像轉化成有形信號、記號、符號、神話、儀式，都必須進入無形圖象的「默觀」當中，這是在語言去除，直接面對「存在」的理解、詮釋與對話。換言之，這理解、詮釋與對話設法使我們與存在實然打照面的遭遇，這就是海德格所言「詩」乃是存有之居的真實說法。

　　「默觀」的理解、對話與詮釋，不僅指涉出眞理與方法，也爲我
們建構出一種「密契」經驗，這「密契」經驗必須深化默觀的程度，
以致於這種經驗可以超越人能化除知識的差異，進入生命核心，看看
奧托對「努曼」經驗或者「內在、外在」神祕經驗的表述時，都會發
現以「感受知覺」爲出發點，而這「感受知覺」用梅洛·龐蒂的話語
而言是「知覺的顯現」。這種「知覺的顯現」光景爲何呢？

　　　　是突然的，爆炸，以致於難以化約，忘懷。這感受與
　　外在現象十分不相稱，被形容成一種遭遇。這種經驗是從
　　靈魂深處自然發出，有不同表現形式，之後又回復平常狀
　　態。在此經驗中人會感受領會某種意義，唯然這些意義可
　　能還是含糊不清、潛藏。所以這經驗可以是純感受，停留
　　在人心中，不用對此經驗作更進一步的釐清。澄清這經驗
　　所使用的語言或概念，則受到經驗者所處之時代、宗教、
　　文化傳統之經驗。**22**

　　顯然地，梅氏所說的「知覺顯現」經驗超越觀念、心物對立危
機，結合前面的說法，我們可以說它乃是透過「身體想像」，深觀其
「經驗現象」，這「經驗現象」是由靈魂深處發出，可讓人體會某意

---

22 奧托用「先天神聖範疇」來解釋一切宗教現象，在努曼經驗之下，可以分為「一般性
　的努曼經驗」與「神祕經驗」兩大類。而「一般性努曼經驗」包含位格際性交流與
　結合性交流。而在「神祕經驗」中，則包括「外向型神祕經驗」與「內向型神祕經
　驗」。奧托認為「努曼經驗」是以「受造感」為主要，這是一種因為「努曼」所產生
　的「自我泯滅」以及「努曼才是唯一」的感受。其內容涵蓋：戰慄、著迷與神祕三大
　元素。「內向型神祕經驗」，是以個人感官的抑制為出發點，透過除去對感官與外物
　的依賴，而直接發現「自我」的真實本性。「外向型的神祕經驗」則是透過感官與外
　物，直接在雜多世界中體驗到萬物為一的整體性。

義，它暗含著某種文化時空氛圍，夾帶傳統進入現在眼光裡，不斷澄清、理解與溝通，於是乎一種「爆炸性經驗之知」便出現了，這裡關乎主體性「神祕經驗」的過程，也是呂格爾所言「自我宛若它者」的神祕交流知識的可能性。「默觀」所達致的境界，是需要透過密契語言剔祕，在可道與不可道之間交換運作。這意謂著語言圍繞著「意指之意向」在摸索著，摸索著那環繞語言之下「沉默的內容」，我們必須在稱為「真理的模糊象徵語言」背後，去靜觀一切事物的發生。

這樣看來，莊子所表現「默觀」，的確與天主教十字若望有相似處。天主教代表人物甘易逢（Yves Raguin）明確指出這些道教和羅馬天主教儀式中所表現的某些「默觀」方式和神祕主義目的之相似地方。**23**

3. 詮釋的遊戲

藉由文字咀嚼，來進行一場讀者與創作者主客觀、內在與外在、形上與形上、詮釋者與被詮釋者之間的「遊戲」，這乃是詮釋、理解「默觀」的任務。它要求在參與這場「遊戲」的眾人來進行對話，得以將「真理」在「存有」場域中顯明。在理解、詮釋與對話中參與這場「對話遊戲」，當「默觀」發生時，「存有之真」即此「對話遊戲」中展現開顯自身，而參與這場「對話遊戲」，詮釋者與詮釋對象也進行一場「視域融合」。因此也在遊戲中分享其真。這場由理解到詮釋，由詮釋到對話，試圖建構出整體生命實有場域的嚮往，這

---

23 甘易逢著，李宇之譯，《道家與道教》，臺北：光啟出版社，一九八九年，頁140～142。Raguin這裡指的是他在Richard Wilhelm的翻譯 *The Secret of the Golden Flower*（中文本名為《太乙金華宗旨》）中看到的默觀技巧。另一要注意的是，"Taoism"一般用作指古代道家哲學，而"Taoist religion"則指一般所稱的「道教」。有關這個主題的其他回應，參考Raguin〈Non-Christian Spirituality can Deepen and Enrich our Christian Spirituality〉一文，載於Ching Feng 30:4（1987.12），頁255～262。

就是「生命體驗詮釋」所進行的對話。「默觀」提醒了人存在意義，以及如何在關係世界中貞定自身，找出終極存在的意義，所以它關乎「知識、真理、方法與實踐」。當人參與這場對話創作遊戲當中，期盼人由此入階，因此對「默觀」的理解、詮釋、對話，乃在於重新建構出人對「奧祕」的「真理與方法」的向度，用現今分科[24]來看，這是哲學人類學功課。換言之，人藉「默觀」，得以走向那未知、未被定義完全的那種奧祕當中，跳入這場與存有者會遇交流的「對話遊戲」。這場「對話的詮釋遊戲」，從決意是否回答「存有之召喚」開始，進行「對話」，最後與「他者」重逢，臨現對存有者交流對話，最後「默觀」展現出與那「神聖者」結合神祕性交流，以致於「位格與位格」也能夠充斥這樣的交流本身，自足圓滿了起來，成了「主體際性」理解、溝通與交流。

4. 與「他者」遭遇進行詮釋的對話

目前全球化與地球村現象加劇，已成為這場文化會遇交流必須迫切面臨存在境遇，隨著會流與交遇的境遇交互運作，相信這底蘊存在著對「宇宙存在根源的信心」。「默觀」是這場理解、對話與詮釋的主角，經由「默觀」可望整合這東西文化差異，由差異來這指點這場「會遇對話」中「終極實有」的追尋，也是說明著是「他者」之境中有著共同的存在有價值，透過自我與他者的對話，也在「默觀」中建構出自我理解、詮釋所產生的「對話式對話」（在後面會陸續談到，這裏不先行解釋），如此也圖畫出對存在之境嚮往，除了在哲學領域

---

24 哲學心理學（Philosophical Psychology），為馮特提出科學心理學之前心理學的通稱。哲學心理學（Philosophical Psychology）是以人的理智（intellect）或理性（reason）為基礎，對人的各個層面，所做的知性探討。這門學科又被稱做人的哲學（Philosophy of Man）或哲學人類學（Philosophical Anthropology）。

上是如此，在宗教領域上也是如此。

在宗教上，交流與會通直指出超越性或根源性「他者」或作為根源的存在。當人在追問這場會通與對話時，已然將生命投入創進的洪流裡，是詮釋、也是理解，是對話、也是對生命的探尋。

從當代詮釋學的觀點而論，「理解即是詮釋，詮釋即是對話」，所以在不同文化或學派或思維當中的會通對話，以進行理解，我們會有意識地以詮釋者的角色，對此場會通對話展開追問的互動歷程。這場會通對話的所產生的視域融合為何，也是理解此場會通對話的重要關鍵。換言之，這不只單純是筆者此會通對話的追問、理解與詮釋，而是詮釋者與詮釋對象所造成的視域融合，生命互動交流，也在此「對話式對話」展開。

三、默觀深刻精神向度對話

在二十一世紀初期，人類已步入新紀元，各自在堅信自己信仰的同時，必須清楚有更高層次的信仰，那是超概念、超範疇、超教義的，又或許說是對「終極價值」深層信任。這深層信任是真理之源，真理之源是在密契那裡，換言之，密契的確給我們開出一個廣大的對話天地，而這密契之要務關鍵乃在於「默觀」。「默觀」會遇作為後殖民多元主義世界的實然現象。

胡塞爾不斷大聲疾呼科技文明的危機已到來，過去西方的強勢已然化為人生命空洞與虛無化，而這急需要切重生命感受的東方修養思維來體現。

換言之，這正是今天回到東西方文化對話詮釋之可能超越起

點。我們需要重新回到終極關懷點上，重新思考人類命運的未來，在面臨人類精神危機崩盤同時，操持著對「宇宙—人—神」、「宇宙—人—道」爲一的大信心之下，強調最原初體驗道及體驗神的「默觀」，能夠化解不同文化傳統的詮釋，達到超越性的對話，以致於能深入生命核心直指人的體悟那原初的「體驗」——不管是東方的天人合一或西方的神人合一之境。其實，這樣的理解與詮釋，乃深信內在泉源能產生對話，達到生命交流與共濟，以致於化除「能知」與「所知」的隔閡，回應形上召喚，直契生命本源，達到一種和諧之境，以下要討論由「對話」來看「默觀」本身。這是多元主義的時代，是一個「對話」的時代。歷史的發展已經進入後殖民階段，在這個階段，「對話」不是傳教的新方法，而是一種雙向互動、使彼此更豐富的過程。「默觀」代表進入生命奧祕的經驗階段，也代表人向著對「宇宙—神—人」、「宇宙—道—人」或者是「天—人」的信心，所以才進行交流對話。這樣的交流與對話代表我們必須對「默觀」有所新的理解與詮釋。

（一）由默觀對話建立人的宗教向度

　　從宏觀角度來分析，按保羅・田立克（Paul Tillich）將宗教定義爲「終極的關懷」，那麼每一個人無可避免地有他自己的宗教向度、宗教性。那麼，一種精神生命與基督徒的屬靈生命並不是毫無相近的地方。

　　東方一向都有終極關懷的向度，東方人常思維著「宇宙—道—人」或者是「天—人」合一境界。人走向終極實存，可說是去蔽顯眞，這是「境界」的開顯，「境界」狀態核心意義是一個「功夫」的操作，然而講「功夫」和講「境界」卻都是對準「形上眞理」而爲言

說的，例如：「誠者，天之道，誠之者，人之道」《中庸》、「域中有四大，人居其一焉，人法地，地法天，天法道，道法自然」《老子》，這些都是「功夫操作」與「形上真理」會合的語言，另外，當我們講到「天人合一」、「體用不二」、「能所一如」、「主客交融」，這是「境界」狀態與「形上世界」會合的語言。中國人所講的修養就是建基在此。

換言之，以氣化或靈化自身修道角度來看，人入「神聖」境界，成為「位格典範」——「神聖者、神人、聖人、真人」，深切結合「知與行」部分，不再執著外表符號的形式來為學，而是內存而超越將「道或神」顯現在吾人自身，成為有靈妙明覺的「深觀者」，此時「深觀者」的內在虛靈有如「氣」充斥般，成為真理顯現自身，這種「氣充」是指「流動的生命現象」，而「深觀者」則是在此去觀照到生命本質者。「神聖境界」開顯代表此人道化或氣化歷程自身，展現出的「道與存有」本色。「境界」是一個主體的狀態，它包含了主體的心理狀態以及身體狀態，也包含了主體與社會、自然、天地與宇宙的關係狀態，在一個既為主體性又為整體性的全面狀態中顯現著「神聖」境界的涵義。

而在西方基督教的世界來講，以潘尼卡說法來解釋此「終極關懷的宗教性」：「基督徒」的身分意味著活出一個人的「宗教性格」（personal religiousness），一種建構「人的向度」（a dimension of man）之宗教態度，這個向度是「神聖」的一個面向。「人的靈命生活，在其中我們在一個共享交流卻不混淆的合一中經歷基督的生命。」[25]在這個歷史的新階段當中，特殊性在一個「合一的整體」

---

25 R. Panikkar, *"The Jordan, the Tiber, and the Ganges,"* p99-107. These three periods can be compared to Panikkar's three forms of spirituality: iconolatry, personalism and advaita.

中是被認可的。「合一的整體」代表著對「宇宙─神─人」合一的認同信心表現。潘尼卡認爲這樣的認同是基於一種人類的「宇宙性信心」（human cosmic trust）。對他而言，宗教是「人類生命的一個向度」。基督徒是「外向性的」（outwardness），整體而言是向著他者與世界更加開放的。這可說是一種「基督徒性」（Christian-ness）[26]基督徒性不顯現在激突的對立場域，例如東西方是不同的文化的傳統，所以不能比較，也不能溝通，相反地，「基督徒性」可以化爲更深層的對話空間，這樣的對話使我們向著廣大的存在開顯自身，達到共融的和諧。

　　「默觀」代表進入生命奧祕的經驗階段，也代表人向著對「宇宙─神─人」、「宇宙─道─人」或者是「天─人」的信心，因著這種信心才能進行交流對話。「默觀」代表著進入深刻精神向度，向著「神聖」境界前進，而這也是人對生命的「終極的關懷」，透過此靈性向度，我們與存有根源有著深刻連結，以回應「存有脈絡」根源性呼喊，不再遺忘存有。而這在後殖民時代，多元文化並濟之下，對文化根源反省有著深厚的重要性。「默觀」啓迪著一種生命的根源對話的探討，它是「生命體驗詮釋」，也是眞理開顯可能性方法。

（二）對希克的反省

　　英國宗教哲學大師之一希克（John Hick）在其《第五向度：靈性世界的探索》（*The Fifth Dimension: An Exploration of the Spiritual*

---

26 R. Panikkar, "*The Jordan, the Tiber, and the Ganges*," in The Myth of Christian Uniqueness: Toward a Pluralistic Theology of Religions, eds., John Hick & Paul F. Knitter (Maryknoll, N. Y.: Orbis, 1987), p95.

Realm）一書中，清楚指出「靈性向度」這個面向上乃是連繫「終極實在」，或是說與「終極實在」相類似且相和諧，它是人性的「第五向度」，能夠轉化人類存在脈絡，這樣眞實超越範疇，不同表述並不能按照字面意義適用於終極之在其自身。那終極實在沒有可以掌握的形式，唯可以掌握的形式乃在於我們對它的「認知」。[27]而這也就是說中國哲學上「轉識成智」的可能性，因爲在不同文化當中「生命體驗詮釋」是動態辯證變化呈現。因此，我們對「終極實在」體認也不同，但是對「終極實在」是可以給予肯定的地位，而這也是人性的「第五向度」，人性「靈性向度」。

　　多元主義的發展在英國長老會神學家希克（John Hick）在《The Myth of Christian Uniqueness: Toward a Pluralistic Theology of Religions》（1987）一書中，希克宣稱一個「從排外論與包容論過渡到多元論的典範轉移」（paradigm shift）[28]，他認爲這是神學上的「哥

---

27 見John Hick著，鄧元蔚譯，《第五向度：靈性世界的探索》，臺北：商周，二○○一年，頁12～15。
28 (1)排外主義（Exclusivism）或是「教會中心論Ecclesiocentrism」：主張唯有那些聽見福音的傳講而且認信耶穌基督者，才能得救，教會之外沒有救恩。代表人物是巴特、林貝克（G. Lindbeck）等。(2)包容主義（Inclusivism）或「基督中心論Christocentrism」。這個立場還可以再根據他們對對基督在救贖過程中所扮演的角色細分為三種：①基督作為「救恩的形式」；②基督作為「人類宗教性努力的目標」：這是尼特所謂的「建構性的基督中心論constitutive Christocentrism」，代表人物是拉內（K. Rahner），因他視耶穌基督為救贖的建構性原因（constitutive cause）。宗教被視為福音的準備（praeparatio evangelica）。非基督徒可以透過「願洗desire for baptism」加入無形的教會（invisible Church）。教會的地位因被視為基督的延伸而保留在拉納的神學架構中。③基督作為充滿萬有而且透過不同宗教傳統領人到上帝面前的「真理之靈the spirit of the truth」工作的媒介。尼特稱這個立場為「規範性的基督中心主義（normative Christocentrism）」，視基督為上帝救贖的規範，但卻不能限制神在救恩歷史中的普世性工作。(3)多元主義（Pluralism）或「上帝中心論theocentric -ism」：取消基督與基督教的優越性（superiority）的堅持，而朝向一個視世界各宗教為同一神聖實體（the one Divine Reality）的不同呈顯（different manifestations），各宗教都是人類對同一實體的回應。這個立場的代表人物是希克（J. Hick）、尼特（P. Knitter）。因此，所有宗教都可以是通向救贖的合法途徑。基督教的啟示是眾多啟示中

白尼革命」。筆者以為「哥白尼革命」需要理解、詮釋與對話，「對話」是向著無限開展之真理開放，我們一直試圖排除時空差異、傳統文化的束縛等等外在偏見，因著潘尼卡所說的對「宇宙無限信心」的可能，建構交流對話的基礎，使人存在向度對超越界無限開放，使差異性降低最小影響，更進一步進行真切溝通，而這可能性方法乃在於「默觀」生命體驗詮釋、理論與對話。最後，自己向著「他者」開放，透過「對話」了解自己，深化世界觀，相互回應，使外在詮釋，與內在生命詮釋一致。**29**

「生命體驗詮釋」，這啟迪我們若回到生命最根本的詮釋起點，就應回到「生命體驗」中的重要角色「身體」，因為「身體」是文本的文本、脈絡中的脈絡，是人頂天立地面對存有時，一個世界意識之間的根源迂迴。「密契默觀」就代表著對「身體」這個原初文本的脈絡，作為與世界接軌的根本迂迴詮釋之起點。

的一個，所有宗教分享了神的普世性救恩。希克的上帝中心後來發展為「實體中心 reality- centric」，避免使用基督教的名詞；尼特後來擺脫希克的框架而發展出「救恩中心 soteriocentric」，主張上帝的國要臨到世上，特別是受壓迫的人民身上，強調以實際行動伸張正義。Cf. Gavin D'Costa, *Theology and Religious Pluralism* (New York: Basil Blackwell, 1986); Merrigan, Terrence, "*Religious Knowledge in the Pluralist Theology of Religions*," Theological Studies, vol. 58 (1997), 686-707; Race, Alan, *Christians and Religious Pluralism*: Patterns in the Christian Theology of Religions (London: SCM, 1983); Paul F. Knitter, "*Roman Catholic Approaches to Other Religions: Developments and Tensions*," International Bulletin of Missionary Research, vol. 8 (1984), 50-54.

29 方法上的改信使方法論上的多重教籍（Multiple-Belonging）成為可能，所以潘尼卡宣稱，他是完全的天主教神父、完全的印度教徒、完全的佛教徒，又是完全的世俗思想家。

（三）對潘尼卡的反省

　　潘尼卡（Raimon Panikkar 1918～）主張一種「宇宙—神—人」的「信」[30]，而這「信」將經歷一種「無形的和諧」（invisible harmony）。[31]潘尼卡[32]認爲「宇宙—神—人」或者「宇宙—道—人」是「天—人」式的精神向度，是種天性傾向，也是人共有的本能，這種人天生宗教感使吾人能夠進入千百年來因著不同宗教傳統而隱晦不明的眞實的「信」。這樣的「信」，唯在與其他傳統對話與詮釋循環中才能夠經歷、更在其中，吾人經歷一種「無形的和諧」，其中強化了人對生命奧祕之宗教意識經驗更完整的整合。[33]

　　像基督教和諧的象徵是「三一上帝」，父與子都是神聖位格，人參與在其中，而聖靈則是合一原理。按潘尼卡說法來看，在聖靈裡這位「無以名之絕對者」和「已命名的位格」（the named persons）參與其中，每個存有都是「基督的顯現」（a Christophany），每個存有都是整體的固有內在部分。上帝在萬有中，萬有在上帝中，這無法以言語或觀念表達，只能在靈修深處中體驗。「默觀」是種靈修深層體驗，在「默觀」當中，道或神藉由多元性展現在不同面向中，而基督的「奧祕」也是以不同形式展現出來。[34]

---

30 R. Panikkar, *The Cosmotheandric Experience: Emerging Religious Consciousness* (Maryknoll, N. Y.: Orbis, 1993).

31 R. Panikkar, "The Invisible harmony: *A Universal Theory of Religion or a Cosmic Confidence in Reality?*," in Toward a Universal Theology of Religion, ed., Leonard Swidler (Maryknoll, N. Y.: Orbis, 1987) 141.

32 多元神學家，如潘尼卡說到基督是三而一的三一神，非三非一；同時，說到真理是沒有中心的，他不同於希克，他將唯一放在人身上，而希克乃是放在絕對奧祕上，所以他主張重建實在界的之超越性。

33 參閱R.Panikkar, *The Trinity and the Religious Experience of Man: Icon-Person-Mystery*, p.42, 51～55.

34 R. Panikkar, "*The Invisible Harmony: A Universal Theory or a Cosmic Confidence in Reality?*" in Toward a Universal Theology of Religion, ed. L. Swidler (Maryknoll: Orbis, 1987) p139.

（四）由神祕體驗中的「默觀」建立深刻對話

在此之前，先介紹潘尼卡所謂三種言談的詮釋與克服：「語態學式的詮釋」（morphological hermeneutics）、「邊界性之言說」（boundry discourse）、「宗教式獨白」（intrareligious soliloquy）。

1. 語態學式的詮釋（morphological hermeneutics）

語態學式的詮釋若系統發展，將成為我們所熟悉的所謂「論點」（argumentation），這種「語態學式的詮釋」必然是在某文化和歷史脈絡中的，根據被共同接受價值與準則進行。

2. 邊界性之言說（boundry discourse）

克服時空障礙所產生「文本」（text）與「事件」（event）的誤解，這開啓了會遇的視域，所以不同宗教傳統能相互回應，使文化理解成為可能，這種對話是必須「位置交換」的（diatopical），吾人無法將自己觀點放置一旁，中立地觀察比較，吾人也常忽略了自己其實也是「被改信」（converted）至現在所處的傳統當中。這樣的「改信」常被吾人誤認為是自身原有信仰和確信。**35**

3. 宗教式獨白（intrareligious soliloquy）

是種「位置交換」的詮釋在內心具體展開，這是將自己向「他者」開放，並透過此更深的認識自己。這樣的宗教對話尋求所有宗教

---

35 位置交換模式之宗教對話，這是潘尼卡主張允許一種方法論上的改信。要了解潘尼卡這種方法論上的改信，必須了解他對信與信仰的不同認知（faith, belieds），信是人類存在的向度，是對超越界的無限開放性，它被具體呈現在不同信仰中。所有信仰都具有功能性的相似性，即信的表達。信與信仰的混淆會造成宗教之普世，使宗教變成某種美學或某種主觀事物。神學若混淆信與信仰，會造成改信時的暴力與壓迫，而非轉化、深化信仰。人類基本的追求絕對的表達，可以作為對話的基礎。

能相互回應的超越基礎，而非根植於社會或歷史脈絡的基礎上。

潘尼卡主張宗教是「不可通約」（incommensurable）的，唯有「對話式的對話」（dialogical dialogue）而非「辯證式對話」（dialectical dialogue）、是「人與人對話」（person-to-person）而非「教義式的對話」（doctrine-to-doctrine），才是好的對話形態。

從潘尼卡的言說對話中，啟迪著我們必須回到人的存有，也就是海德格所言「此有」（Dasein）去看這種「對話性對話」的詮釋。從人的存有者當中，體會「在世存有」與「存有」的關聯，而這命運的關鍵點乃在於「默觀」的超驗奧祕上。換言之，他是回到人（personhood）的起點去探討「對話式對話」問題。

「默觀」是種靈修深層體驗，在「默觀」當中，道或神藉由多元性展現在不同面向中，「默觀」指出宗教對話或說是生命本源對話的可能性。

在這裡，筆者試圖結合了潘尼卡與希克的不同點而指涉出「默觀」的可能性，使人的存有者與存在深切關聯。[36]換言之，這是人建構生命連結、展現無限超越可能性時，「默觀」是一種生命交流對話的可能性，是向著所有生命根源開放，而是在此遮蔽而開顯的動態之流，體現生命對終極整體深入對話而呈現出來。這種「對話式的對話」，是人的對話，也是人對存有之深切形上呼喚，這便是「宗教式的生命獨白」，也是「生命體驗詮釋」，更是「對話式的對話」，它使我們在文化漫遊之後，成為有存有根源文化對話者。這種「對話」忘卻了概念、範疇、教義，叫人直指那生命之核心對話，屬於「場有」的對話，人在頂天立地之間，面對浩瀚的存有實在界的對話。

---

36 潘尼卡認為信是人共有的本性和面向，是對超越界無限開放，但信是唯一的，這唯一的信卻屬超驗，而他將唯一放在人身上，而希克放在絕對奧祕上。

在這我們再重新回顧希克與潘尼卡的論點。

希克（John Hick）在《第五向度：靈性世界的探索》[37]說到「密契」給予我們一場廣闊的對話天地。的確，所有的可知與不可知的曖昧處，都將在「默觀對話」中共負一軛，無論是神或道的意味，都涉及了人類「終極關懷」；所有在此展開的對話，有顯有隱的張力，除非真理之源在「密契的體驗」，否則這對話是無意義的。人接受真理之源在「密契」那，才能展開「對話」的機智。現今世代是多元、兼容並畜的，在此時代精神底下思維的基礎即是人對「終極實體」的盼望，並藉此來形成無形和諧的可能性，誠然如希克所言，人由恆河階段要進入後殖民對神學的挑戰。[38]

潘尼卡主張[39]任一宗教都是人類「生命的向度」，必達致內在安息和諧，這內在是以自動的、創發方式表現出來，是在共享交流當中

---

37 此書乃二〇〇一年由商周出版社出版，鄧元尉譯。

38 潘尼卡在討論宗教史時，從基督發展史，運用三條河象徵這三個階段：約旦河、提伯河、恆河階段。(1)約旦河時期（The Jordan）：猶太人的割禮已經被約旦河的洗禮取代，基督徒是一個「信」的人，以基督展開其宗教態度。(2)提伯河時期（The Tiber）：在此階段基督徒不僅僅意味著相信基督，認信基督，這是所謂的教會或信仰。這時己演變為一個機構，一種宗教。他認為在自己宗教中可發現全部真理，最典型的象徵是傳教活動，基督教與其他宗教關係是單向的。(3)恆河階段（The Ganges）：這是後殖民時代對神學的挑戰，這時強調基督教僅是具體呈現人類最初的不同的傳統（incarnates the primordial traditions of humankind），對話不是傳教新方法，更是使雙向互動、彼此更豐富的過程，這可說是「基督徒性」（Christianness）。

39 見R. Panikkar, *The Trinity and the Religious Experience of Man: Icon-person-Mystery* (Maryknoll, N.Y. :Orbis,1973) 一書。所謂位際主義（personalism）：潘尼卡認為「主」是在其他宗教以不同名字出現，他說：「無論基督顯現或隱匿，都是通往上帝的唯一的路」，「宇宙祭師職分的唯一的祭師，出色的主宰」，見頁51～55。而所謂的非二元對立（advaita,not-two），乃是說明基督奧祕在聖靈動工之下，藉之得以如同人種之多樣一般，以多樣性實現出來，他以音樂作宇宙次序與規律的類比：「音樂和諧不是因為同一性而是多樣性，它是『多』向『一』趨近卻又不會導致差異消失的律動，它不會變成單音的演奏，也不會變成一個更高的綜合體。如果沒有不同的聲音就不會所謂和諧的音樂。」參考R. Panikkar, "The Invisible harmony: A Universal Theory of Religion or a Cosmic Confidence in Reality?", p145.

「和諧共處」，這「和諧共處」代表一種「信任」，是一種為了塑造更好「實體」的共同努力與掙扎。不管靈修或修道都指出一條道路，那就是注目在「終極關懷實體」上，這是「聖靈」的工作，也代表人類精神的向度。不管如何，實相是徹底自由開顯之整體，每一宗教開花結果，乃是人類對「奧祕」存有掌握的不同具體面向，在交流會遇中，「奧祕」是以不同形式展現出來，尤其在「默觀」中，精神嚮往指向「終極實體」，精神自由，這是說明「聖靈」是自由的，使存有之所以為存有的自由。而作為人的尊貴處，乃是以此身體場域參與這整體大化之流行而已，除此之外，什麼也不是。

由此看來，這代表人靈命生活必考慮參與現實存在的處境，在生命實然存在中追尋獨特的價值，期盼在交流中仍把握不同文化傳統的特殊性，而這特殊性在「合一整體」的存有感受中被認可，這認可是基於人對宇宙信心，是展現人類生命的向度，得以共享交流，使生命更為成全、完整，而非分裂。在此，人與神的會遇而呈現深切的信任，為了創作更美好的生命實相而努力，一起共振那美妙的樂章。**40**

---

40 R. Panikkar, "The Invisible harmony: A Universal Theory of Religion or a Cosmic Confidence in Reality?" in Toward Universal Theology of Religion, ed., Leonard Swidler (Maryknoll, N.Y.: Orbis, 1987) 141.

總　結

　　如德日進在現代科學大幅度見解之下，所做對人自身與周圍世界產生深刻的奧祕感解釋，這彷彿又回到了原先人對宗教未知經驗的態度，最初原始是聖凡不分，然而人意識反省思考到聖凡是有區別的，直到現在聖被明確化，但也使得我們靈魂部分漸漸世俗化。

　　世俗化的墮落感，迫使人有失根感受，「神聖」乃是吾人的居所，而真理存在之屋，乃是人心嚮往所在，因此人終究得返回「神聖」居所。「神聖」為某種不同於此神聖物之內在意義而被覺知到，「神聖」是相對於凡俗的，它具有生命辯證性，而非教義式辯證性，而且「神聖」[41]顯明乃是無限透過有限來彰顯，是人所能掌握的象徵符號來強說之。當我們應用象徵符號時，也是藉由形象思維來意想那看不見的世界，生活世界的形象符號，使我們推向那「神聖」居所，它是階梯，然階梯並不等於「神聖」居所，人是走向「神聖」，聖與凡對立拉距使人產生「強迫性淨化」[42]，進而進入統合的獨一性。

　　東方的「道化」與西方「神化」的歷程對於「默觀」描繪是不同的，因為東西方思考特點不同，對形上世界的觀點也有所不同，然而在差異對比之後，應建構出不同文化差異對比的對話可能性。筆者使用「默觀」來建構出彼此差異當中的統一，用「默觀」去做深

---

41 魯道夫・奧托（Rodolf Otto）把「神聖」概念中非理性的這一面稱之為「神祕」（numinous）。numinous是奧托自創的新詞，在其用法中，它一般有兩個意涵，其一，它意指一種神聖的價值範疇，這個價值範疇獨立於其他的價值範疇（諸如倫理、知識等）；其二，它意指一種信徒的神聖心態或情感，這種心態本質上不同於其他種類的心態而自成一類，它只能在宗教行為中被見出，而不應化約至其他心態。

42 筆者認為在有與無張力當中，人必須去思維存有的問題，因為存有的有與無的對立當中，會形成一種「怕喪失」的焦慮感，因為怕失去，所以我必須建立與存有根源連結的可能性，神聖嚮往與呼召，使我們確信生命本質肯定，而這是不得不然的「強迫性」，使我們由世俗化航髒當中得以淨化自身，成為一種新世紀人的可能性，這便是筆者以為的「強迫性淨化」。

層生命交流與溝通，「默觀」使人轉向「身體」場域進行詮釋迂迴對話，這是「生命體驗詮釋」對話，而這「對話式的對話」所進行「詮釋迂迴」或者說是「詮釋循環」式的對話，都使得我們迴返生命「原型」，以回應存有根源的召喚。「對話」是向著無限開展之真理開放，在對「默觀」重新理解詮釋，建立對話的同時，嘗試穿越歷史與文化脈絡的障礙，直入「信」的確據——一種對宇宙性信心的肯定，如此才能形構出交流對話的基礎，先克服「語態學式的詮釋」，來進行時空差異之下的對話，形成初級對話會遇的交流視域，以生命與生命互遇進行分享他人立場。雖然有「改信」的風險存在，但筆者確信這樣的「信」是深化信仰，使人存在向度對超越界無限開放，使差異性降低最小影響，更進一步進行真切溝通，最後進行「宗教獨白」，自己向著「他者」開放，透過對話了解自己，深化世界觀，相互回應，使外在詮釋與內在生命詮釋一致。**43**

作為一個文化的邊緣人，或者說在面臨文化全球化之後，文化消亡的可能性不斷提高的在地人，「默觀」是種靈修深層體驗，讓我們思維如何在一個固定熟悉的歷史傳統「語態詮釋」系統之下，重新審視我們所擁有的是什麼，雖然與其他文化傳統會遇會喪失掉我們對傳統文化的記憶，然而對存有根源的召喚是極其深刻，以致於我們不可能全然忘本。這些本根形上真理召喚，使我們進行對話，而對話必是真誠互換的，所以在「位置交換」的前提下進行「邊緣的言談」，而「位置交換」使我們可能進入「改信」危機裡。然而，這都使我們的「信」更為堅強，因為所有的「位置交換」使我們更能參與不同生

---

43 方法上的改信使方法論上的多重教籍（Multiple-Belonging）成為可能，所以潘尼卡宣稱，他是完全的天主教神父、完全的印度教徒、完全的佛教徒，又是完全的世俗思想家。

命傳統核心，進行理解、詮釋與對話。而因爲參與不同生命的傳統文化核心，一場「靈性向度」、「第五向度」無隔閡的眞誠對話即將敞開，冒著「改信」危機，對「信」更爲堅強的「宗教式的生命獨白」正勇敢進行著，這「宗教式的生命獨白」，也是「生命體驗詮釋」，更是「對話式的對話」，它使我們在文化漫遊之後，成爲有「存有根源文化對話者」。

參考書目

中文書目

1. 杜保瑞撰，〈功夫理論與境界哲學〉，「紀念馮友蘭先生誕辰一百週年國際學術討論會」，北京清華大學主辦，一九九五年十二月。

2. 餘紀元著，《亞理士多德論ON》，《哲學研究》，一九九五年四月。

3. 海德格著，《形而上學導論》，中譯本，商務印書館，一九九六年版。

4. 龔卓軍撰，〈身體與想像的辯證：以尼采《悲劇的誕生》爲例〉http://humanum.arts.cuhk.edu.hk/~hkshp/zhesi/zs7/gart1.htm

5. 宗白華、韋卓民譯，〈審美判斷力的批判〉，《判斷力批判》上卷，臺北：滄浪，一九八六年。

6. 胡塞爾著，李幼蒸譯，《純粹現象學通論》，臺北：桂冠，一九九四年。

7. 甘易逢著，李宇之譯，《道家與道教》，臺北：光啓出版社，一九八九年。

8. 希克（John Hick）著，鄧元尉譯，《第五向度：靈性世界的探索》，臺北：商周出版，城邦文化發行，二○○一年。

英文書目

1. Heidgger, *Basic Writtings*, Haper &RowPublishers, New York, 1977.

2. Maurice Merleau-Ponty, *Phenomenology of Perception*, London: Routledge & Kegan Paul, 1962.

3. John R. Hinnells(ed.), *A New Handbook of Living Religions* Oxford: Blackwell, 1997.

4. Immanuel Kant, *Crtique of Judgement*, J.C. Meredith tran., Oxford: Oxford University pres, 1952.

5. F. Nietzsche, *The Will to Power*, Walter Kaufmann and R.J. hollingdale trans., New York: Vingtage Books, 1967.

6. R. Panikkar, "The Jordan, the Tiber, and the Ganges," in *The Myth of Christian Uniqueness: Toward a Pluralistic Theology of Religions*, eds., John Hick & Paul F.

Knitter, Mayknoll, N.Y.: oRBIS, 1987.

7. Gavin D'Costa, *Theology and Religious Pluralism*, New York: Basil Blackwell, 1986.

8. Race, Alan, *Christians and Religious Pluralism*: Patterns in the Christian Theology of Religions, London: SCM, 1983.

9. Merrigan, Terrence, *"Religious knowledge in the Pluralist Theology of Religions"*, Theological Studies, vol. 58, 1997.

10. Paul F. Knitter, Roman Catholic Approaches to Other Religions: Developments and Tensions, *International Bulletin of Missionary Research*, vol. 8, 1984.

11. R. Panikkar, The Cosmotheandric Experience: Emerging Religious Consciousness, Maryknoll, N.Y.: Orbis, 1993.

12. R.Panikkar, *The Trinity and the Religious Experience of Man: Icon-person-Mystery*, Maryknoll, N.Y.: Orbis, 1973.

13. R.Panikkar, "The Invisible harmony: A Universal Theory of Religion or a Cosmic Confidence in Reality?" in Toward Universal Theology of Religion, ed., Leonard Swidler, Maryknoll, N.Y.: Orbis, 1987.

第六章　臺灣文學中「主體際性」的建構
——以李喬的《寒夜三部曲》 為例[1]

---

1 本文發表於第十四屆臺灣文學牛津獎暨李喬文學學術研討會。

生命的洪流中

有冒險犯難

有反叛接合

在歷史的大河中

為了一口氣

任誰也不能自棄於

彼此相隸屬的共同體中

可憐那三腳仔

仍是共同體中的那根刺

落翅

漫遊在地獄的無止盡的黑暗裡

那黑

將所有回歸路徑緊鎖

前　言

　　本文將由李喬的《寒夜三部曲》出發，以「主體際性」概念說明他的小說中「主體際性」的建構爲何。從一部臺灣人的歷史小說，也是李喬的生命歷史小說，它代表著李喬的境界修養論，也代表著臺灣人的生命歷史詮釋。

一、由「主體際性」出發

　　首先，「主體際性」並非取消主體性，讓主體亡失。提出「主體際性」，更好說是涵蓋了主體關係網絡，並非更優於「主體」，「主體際性」特色乃是容納異己、容許差異存在，使得主體不再隔閡自我與他人，讓彼此溝通、交融與肯認呈現和諧狀態。當我們提及「臺灣本土性」或說是「臺灣主體性」，事實上並不排斥「臺灣主體際性」建構，而這「主體際性」建構，也代表著李喬生命歷史小說、境界修養，我們由他的小說出發去說明他如何搭起主體與主體的「橋樑」──「主體際性」建構。

（一）何謂「主體際性」

　　要了解「主體際性」建構，讓我們回到何謂「主體性」。「主體性」的重視，源自於笛卡兒的哲學，然傾向於獨我論，與人產生疏離與隔絕。而「主體際性」則源自於胡塞爾的現象學，「主體際性」強調不同主體間可以溝通、交流與對談，他預設人可以彼此神祕到他的主體內在體驗，另外可以藉由語言方式溝通，其次是人的存有是共同

存有（Mit sien），早已是溝通存有，是「共在」[2]關係，誠如海德格所言，因此我們可以藉此了解別人的生命底蘊，而高達美以爲可以藉由對話本身來達到主體際性之間互相交流與溝通。[3]

　　根據上面所言，我們可以說「主體際性」是建構在此有與生活世界共爲一體的「生命共同體」，我與他人是生命共同體，我與自然也是生命共同體，臺灣與臺灣人是生命共同體，讀者與作者也是生命共同體等，這共爲一體的生命共同體，使我們相依相存，產生密不可分的「主體際性」關係脈絡；使我們安身立命在其中，彼此相濡以沫，人的存有與生活世界而彼此共在的「共同體感受」；使我們拋棄自我，眞誠關懷「他」，這樣自我與他者彼此肯認，不再有主體／客體、內容／形式、心靈／物質，和讀者／作者等對立二分，而是多元兼容並蓄，分享溝通的新視野，這視野不再受限於種族、語言、血統、國族、性別上等差異，而是超越升華的生命新境界，是形上神聖的融合之境界。

　　由「認識自我」到存在主義、心理分析、馬克思主義、結構主義、解構主義與後現代主義等之後主體哲學城堡已形同廢墟（沈清松，1996:6），當我們說明「主體際性」似乎可以消解主體哲學廢墟，而成爲春天的花園，李喬如何透過這春天的花園——《寒夜三部曲》去建構「主體際性」的呢？

　　「主體際性」在李喬看來是由「心」出發，去除隔絕，去除僞裝，將不同主體性隔閡去除，達到共同生命體的感受，自然是「自己就是『他們』，他們就是『自己』」，他們指的是「他者」，「主體際性」所建構的生命共同體驗，讓「自我宛若他者」。這種「自我宛

2　海德格的「共在」（Mit-sein）是指我與他者之存在。
3　羅光編，《哲學大辭書（二）》，臺北：輔大，一九九三年，頁1106。

若他者」成就了傳統與現代、過去與未來、種族與種族、文化與文化間的溝通與交流，和一種存在整體感受。誠如李喬藉由明基先生在面對漢奸，懷疑自己該用什麼樣心情對待時，他在小說中所言的：

> 心是很抽象存在，也是十分具體存在；……這也是他最熟悉的心。好像自己的同胞都是這樣吧？……「他們」終於緊緊貼在你的胸前：那是實實在在，可觸可摸的存在。……「他們」就是自己本身，自己本身就是「他們」，兩者本來就是一個。於是，他拾起自己不可如何的心，穿起無縫合身的人生天衣，不喜不怨地在崎嶇命運小徑上不徐不疾地走下去。

> （孤燈：469）

（二）面對危機建立「主體際性」

任何世代都產生了人類精神文明的危機，李喬所面臨的是新世代文學，新世代文學最大特色是「輕」，在後現代解構大敘述之後，舊價值崩解，新價值未出現的暫時虛空狀態（*許悔之／陳建志／楊麗玲 1997:451*）。新世代似擺脫過去歷史記憶負擔，新世代政治環境未給予他們價值及主體，使他們陷入失落、彷徨、隨波逐流及追求流行當中。

在李喬的小說中，似乎已感受到這種歷史危機[4]。他似乎在《寒夜三部曲》中多方勢力交鋒、衝突與矛盾當中，欲找出臺灣人新精神的意義價值及歷史感，因此，從《寒夜三部曲》當中建構「**主體際性**」成為一種隱性課題。從歷史來看，後殖民臺灣是種「**去中心**」、

---

4 邱貴芬著，《後殖民及其外》，臺北：麥田，民九十二年，頁39～42。

「去殖民」[5]，然「去中心」、「去殖民」最大危機可能產生無價值
虛無感，或者說是空白無歷史感的此有。在這種危機體認當中，李喬
鋪陳了「主體際性」的可能性來化解新世代「輕文學」[6]、無價值感
受問題，邀請此有進入他的臺灣春天花園中。他要在《寒夜三部曲》
說明人類精神文明的自由，而其中《寒夜》、《荒村》、《孤燈》等
突顯的課題即是在此。精神文明自由在書中呈現的是，一種主體際性
和諧融合正在開展。為了解決新世代的「輕文學」，李喬正在書中召
喚所有讀者進入參與所有文本閱讀，他特意在文本脈絡擺脫某種意識
型態或歷史詮釋的固定模式，以符合「輕文學」的本質，去除過多歷
史記憶負擔，以承載共同命運為主述論點，邀請所有讀者加入生命共
同體營造中，以建立主體際性的可能。

　　由《寒夜三部曲》書中，李喬提供我們一種情境歷史思維的隱密
空間，觀察在當中，自我如何透過角色的眼睛去看待他者，如何由自
我走出關懷他者，自我與他者之間的互動成就出一種「主體際性」，
以及跨越差異及文本霸權而來的創造性詮釋。此三部曲裡面代表著李
喬「主體際性」建構的企圖心，呈現後現代文本精神，企圖以在地文
化開顯在角色、情節、歷史、創傷當中進行修復及反省，以閱讀三部
曲彷彿體驗文本建構的主體際性氛圍，使人穿越時空的距離，走進一
種臺灣人主體際性的生命體驗詮釋，以一種「悲劇淨化」[7]洗滌了被

5　臺灣已脫離日本及或外來政權以戒嚴統治臺灣的時期，在後殖民臺灣文學敘述將如何
　處理後續發展臺灣文學作品，將是作家思考的重點。邱貴芬，《後殖民及其外》，頁
　118。

6　網際網路興起的九〇年代，新世代是一群重視感官享受的族群，偏愛的文學為：輕文
　學，篇幅較短內容較輕鬆，如網路愛情故事、都會心情、交換日記等；翻譯小說，故
　事架構讓新世代族群天馬行空的想像，並對小說的角色的到認同；圖象化的作品，如
　日本漫畫或幾米等作品都是受歡迎的書籍。

7　亞里斯多德在「詩學」第六章中，對悲劇所下的定義是：「悲劇是對嚴肅、完整、且
　有一定長度行動之模仿；它的媒介是語言，並以各種悅耳的聲音，分別插入劇中使

奴化的歷史眼淚，向活著的人印證臺灣人的歷史生命。

> 那是一個熟悉的、曾經經歷過的時空裡—現在，那些
> 消逝的時空竟然在這漆黑的坎谷深處連接起來了。……誰
> 在哭？是自己嗎？好像是又好像不是。是難友？還是老母
> 的？或者是阿華的？都好像是，又好像不是。喔，是「共
> 同」的哭聲，是屬於生靈界共同的哭聲，那是還未分化成
> 你我他以前的共同體所發出來的。那……那麼，我劉明基
> 竟然進入生命奧底，生靈的根源了嗎？我還活著嗎？我應
> 該還活著，那麼……

（孤燈：398）

在《寒夜三部曲》中，《寒夜》、《荒村》、《孤燈》等突顯的
課題乃是，「**如何在不可避免意識型態宰制異化之下走出人類精神文
明的自由來**」。這「**人類精神文明的自由**」說來是孤獨，也是寂寞，
在遍地荒原中尋找一點靈明。這靈明也是與自己內在深刻自我對話，
靈明所帶來的答案是什麼呢？或許是，或許不是；是與不是的思考讓
我們不再陷入二元對立矛盾來，而讀者也在閱讀經驗中，走入了孤燈
裡，留下無限想像空間，悠遊在整個生活世界，以主客互涉的情境達
到共融。這是一種在場的形上感受，是神聖空間顯現，也在當中掌握
那形妙神奧的幽思來。

> 他好像看到了生命本身；就在這瞬間，他似乎悄然進
> 入生命真實裡。他隱約聽到一種聲音，一種召喚，一種把

用。模仿的方式是藉人物的動作來表現，而非採用敘述的形式；藉著哀憐與恐懼之情
緒的引發，而達到心靈淨化的效果。」

他完全納入的空間，同時也是他本身頓然擴袒成巨大的空
間納入其他的一切，好寂寞、好孤獨，但是也很實在、很
充實。他被自己感動得清淚直流。那是生命之流，由亙古
流來，又當流向永遠的未來。自己是一個小站罷了，但是
自己必須好好走完這一段距離。

（孤燈：412）

二十一世紀走過歷史，走過從前，剩餘的是什麼，無非是生命
共同體的存在感受狀態，生命之流由亙古到現在，還在繼續流，自己
必須走完。回到《寒夜三部曲》，而認知到李喬透過此文本所召示的
某種意義結構，心靈與身體也產生與意義符號象徵的反應，文本所突
顯的存有狀態也被召喚出來，這已然超越所謂的語言體系，而追尋與
他者同感的關鍵。這是此在生活世界的共感，也是對生活世界理解感
知，是種互動、溝通交流、辯證的現象呈現，而這場由文本所構作出
來的主體際性和諧也正開展著。

所以，看著《寒夜三部曲》，讓我們重構歷史、重構生命、重構
精神意識方向，來達到主體和諧存在感受，讓所有人，包含閱讀者、
作者，都能融洽對待在大河之下，悠遊在驚濤駭浪中，穩步當車。這
是一場生命之流，所有人都被召喚參與其中，在瞬間，使我們看到了
生命本質，是孤獨，也是實在。

（三）一場立根於土地的「主體際性」開展著

臺灣，是生命共同體生發之源，在這裡所發生的種種都是臺灣
人此有與此臺灣在地生活世界溝通互融溝通的整體生存感受；藉「土
地」之情，說明著人、自然與天地之間密不可分的終極命運關懷，這

關懷引向臺灣人走向自己的命運，當是其所是之時，一種此有與生活世界融合的存在神聖感受即將到來，一種臺灣人的生命美感便出現了。

> 他們實實在在地接近大地，自己便成為大地的一部分，於是和大地的呼吸一起呼吸，與大地一起活動；大地完全包容了他們的活躍生命，他們也吸取了大地的無窮豐盛。
>
> （孤燈：428）

這種美感沒有僵化意識型態固著，類似《小王子》的純真烏托邦世界便誕生了。無階級、知識、思想、外表、種族等差異，孩子們彼此快樂遊戲著，遊戲中不分你與我、不分遊戲與被遊戲者之間，他們在大地中玩遊戲，在母親懷裡玩遊戲，意謂著在臺灣這塊土地建構出來這個生命共同體，在生命歷史回溯，召喚一種生命共同體感受；在意識河徹底體驗感受；在生命大河中不斷詮釋著，穿越過去、體驗現在與走向未來。在臺灣這塊土地上，無論在那裡，彼此呼吸著同一口空氣，而在一呼一吸之間達到一種同理與諒解。這是去除殖民化、去除傷痕之後，生命的升華與嘆息。

李喬特意由一種原始土地出發——蕃仔林，也特意由泥土來描寫，強調語言多元無礙溝通表達，呈現出生命底蘊的相通，再再都使我們想到透過《寒夜》看到主體際性的建構，特別是在現今的臺灣，一種無分裂的生命共同體建基於臺灣的此有與生活世界融合應該要被重視。

> 阿媽，就是臺灣，就是故鄉，就是蕃仔林；蕃仔林，

　　故鄉，臺灣，也是一種阿媽。或者説：阿媽，不只是生此血肉身軀的「女人」，而是大地，生長萬物的大地，是大地的化身，生命的發祥地。

（孤燈：513）

　　在大河小說主導之下，臺灣是所有生長於斯的母親國度，並爲母親之國。李喬曾說到：

　　我現在只有母親這個意念，沒有影像，已經沒有，我覺得很好，已經化掉了。再也沒有一個女人的形象，只有母親，這麼一個符號，喔！母親，和人間尤其是臺灣，它是合一的，我覺得我心裡面，那個哀傷化解了。這是我對她的懷念，或者是我在文學上這麼把她呈現，不管怎麼樣，《寒夜》這本書如果還在的話，這個葉燈妹會留下來吧。我現在追索她的形象，我都完全不找，母親和臺灣的大地合而為一，不也不願意，也不需要，也不能要，找到你的形象，就有一個臺灣的大地就夠了。[8]

　　臺灣大地是我母親，它暗示了出生地的象徵價值，更引發了臺灣人精神向度的神祕互滲，這精神向度暗喻著一個生命共同體的建構可能性，也象徵著主體際性的溝通與交流。

　　對於現代人的思維，祖國僅是一個標明政治、地理範圍的概念，而對原始人的神話思維，它卻是一個極富感召

8　陳貴婉著，《李喬口述歷史》單行本，臺中：東海大學中文研究所碩士班，頁4。

力的原型，因為原始人對他們所居住的、包含著他們祖先
精靈的那塊土也會有一種精神上的「神祕互滲」[9]

（四）召喚遺忘的記憶的「主體際性」交流與溝通

李喬希望主體意識覺醒，主體意識覺醒是透過喚回遺忘的歷
史，讓作者與讀者共築此有與生活世界一體感受氛圍，存在整體感受
氛圍代表著一種主體際性的溝通交流正進行著，所有存有氛圍都是在
互通與交流著。

召喚遺忘之記憶的「**主體際性**」交流與溝通，是種不離於斯而長
於斯，是種返本溯源的歸家感受，是一種在文化場域氛圍內滋養茁壯
的此有與生活世界息息相關的整體存有感。

在李喬筆下，首先阿強伯強調不願一輩子成為長工，代表著主體
的覺醒，建立屬於自己的歷史並從此開始，而李喬透過這段歷史書寫
正足以表現那段遺忘歷史，寫出來正足以提醒自己不忘本、不忘根的
回家感受，也召喚了遺忘記憶的「**主體際性**」交流與溝通。

歷史書寫召喚著記憶，李喬召喚遺忘之記憶的「**主體際性**」交流
與溝通，在他筆下以臺灣（蕃仔林）是我母親的大地之母感受出發，
將母性與大地連結，重構出一種密不可分的懷念。這是海德格所言的
存在一體感、記憶、歷史與存在者呈現出一種共同體，建構一種生命
共同體所寫出來的生命體驗與詮釋的小說。

海德格在論〈賀德齡與詩之本質〉時，說到語言使得歷史成為可
能，人的存在是建立於語言上，這個存在只有在對談中，才能實現。

---

9 莫里斯（Charles Morris）著，俞建章、葉舒憲譯，《符號：語言與藝術》，臺北：九
大文化，一九九二年，頁157。

原始語言是詩，而存在就在詩中被建立起來，詩的本質具有高度歷史性。這裡雖然論述的是詩的本質，但是他要我們在詩的文本中體會到一種此有與世界相屬的共同生命本身，這是神聖的人與合一的緘默語言，人作為歷史存有，不斷透過對話，自我與大地、自然、時間與生活世界對話交疊出精彩生命篇章。他擷取了記憶，參與了回憶，人正是自己存在所肯定的，在此有、文本與生活世界達到互文性的交流與對話。

> 人是他自己（man is he who he is），……正是他自己的存在所肯定的人，……但人要肯定些什麼呢？他肯定：他屬於大地。……自從時間成為時間之後，我們才能成為一個對談，自從時間興起了，我們才有可能歷史性的存在著。[10]

大河小說[11]所流露出是種對親密感受生命體驗的認同，是種家族樹史溯源的認同，是種土地記憶的認同；認同他所處場域中透露出來母性記憶，認同他所建構的生命共同體知識；知識所帶來價值體系的終極關懷，在大河長流記憶中也在彌補過去記憶中的空白，那段空白使得感情呈現出斷裂，必須用主體意識覺醒去撫平那段創傷的空白。我們用班雅明「追想」來看追溯記憶，不讓記憶遺忘，如何來說明

---

10 鄭樹森編著，《現象學與文學批評》，臺北：東大圖書，一九九一年，海德格〈賀德齡與詩之本質〉。

11 彭瑞金著，《文學評論百問》，臺北：聯合文學，民八十七年，頁244～245。大河小說不斷向前洶湧奔騰，寫起來卷帙浩繁，錯綜複雜，包羅萬象，在臺灣有鍾肇政的《濁流三部曲》、《臺灣人三部曲》、李喬的《寒夜三部曲》及東方白的《浪掏沙》。這些大河小說代表著，它是歷史之河，故事多線發展，它代表作家有能力寫出涵括臺灣群族、族性、歷史、自然、天空到土地、歷史到現實的大作品。

呢？

> 　　不只是過去的重複或轉述而已；它的重點是要揭示過
> 去中所包含的，應然而未然的可能性。透過這樣的追憶，
> 埋藏在過去時間底層的改變動力才能重見天日（也許很快
> 又會消失），⋯⋯追憶的過程不斷瓦解（大歷史）條貫的
> 累箍咒，為歷史受難者的言辭與記憶建立有反省能力的寫
> 作、發表空間。[12]

大河小說承載新的昇發，不是局限自己所見所聞而已，李喬希望
做的是跨越語言、族群與意識型態等，到達一種視域融合的存有氛圍
處境中理解。由此生命歷史也在當中開展，不是只有喚回遺忘的回憶
而已，而是在回憶中召喚曾有過的原初生命情境，比方他藉由高山鱒
魚來描寫那回到原初生命情境的味道。[13]

> 　　故鄉，有奇異的吸引，神祕的呼喚。牠們遨遊四海，
> 但一定歸依故鄉。這是生命本然，超意志的力量，⋯⋯白
> 山黑水邊，海洋江河寒暖流的交際，那邊是故鄉，是生命
> 發祥地，永恆的母親。
>
> 　　　　　　　　　　　　　　　　　　　　　　（寒夜：3）

---

12 Remmler Karen, 1996. *Waking the Dead: Correspondences between Walter Benjamin's Concept of Remembrance and ingeborg Bachmann's Ways of Dying*. Riverside: Ariadne, p.1996, 32f.
13 據李喬描繪，這高山鱒因為第四紀後冰期，滄桑巨變之際，被「陸封」在海島的深谷中，牠是被隔離的孤島而寂寞的魚。

　　那是生命共同體的存在感受，意欲達到超時空、文化、地域、環境、社會、經濟等的主體際性交流，在傳統與現代、封閉與開放，自我與他者互相跨界，這時主體不再是主體，客體不再是客體，作者不再是作者，閱讀者也不再只是閱讀者而已，而是在動態詮釋當中不斷精進跨越自身，跨出又跨入，成就不是歷史的考古寫實而已，而是解構、建構、去殖民、去中心來呼應內在深層孤明的需求，彷彿自己與共同體生命斷絕的那種悽喪孤明存在感受，獨立矗立在流亡的十字街頭，這時我們需要一點靈明，這點靈明在孤燈中閃爍、發光。

二、由《寒夜三部曲》看「主體際性」

（一）由私領域──家族出發建構「主體際性」

　　李喬書中由私領域──家族出發，故事從彭阿強家族遷居蕃仔林開始。為了擺脫為奴的長工狀態，彭阿強決定放手一搏，他說到：

> 　　人家敢住在蕃仔林開山安家，我彭某人怎麼不
> 敢，……就這樣，彭家決定面對艱辛險難，向命運挑戰，
> 也是孤注一家老少生命的賭注。
>
> （寒夜：16）

　　這個開始是「好冷，好冷，沒有一點燈光，這是彭家到達蕃仔林的第一夜。」（寒夜：26）裡頭有段話是這麼說明的：

　　「客人，走了，留下來的，才是蕃仔林的人；在蕃仔
林的日子，歲月，這才真真實實開始啊！」

（寒夜：30）

　　這是個有趣說法，說明著臺灣主體性並非具有排外性，客人也可以留下來，眞正留下來才是「蕃仔林」的人。「蕃仔林」暗喻著生根茁壯，雖不是最原初的「原住民」，但是肯在這塊土地打拼，認同這塊土地，就是臺灣人，即使是客人也會眞正成爲主人，這「真真實實」的「蕃仔林」的人意謂著不再流浪的過客。而彭家人選擇不再爲長工，不再爲奴，不再受僱於人，去開墾一塊屬於自己的土地，捍衛這塊土地，代表著做這塊土地的主人，是主體，而非客體，這主體具有著「臺灣性」**14**。

　　這「臺灣性主體」由一個小人物家族出發，代表成千上萬臺灣人落地生根奮鬥的故事，這大河小說的故事，裡頭傳述著不只是一個家族史，更是代代在此爲這塊土地打拼所有承繼的臺灣人的歷史，這歷史有著過去、現在與未來的精神傳承，顯示出大河小說裡國族、自我認同、抗爭、爭奪土地等在此脈絡順是所是，臺灣人的精神意義在此

---

14 所謂「臺灣性」是相對概念，在不同脈絡展現不同面貌，要看它策略性被放在什麼位置來呈現。也就是臺灣歷史社會等具體社會等具體實況所限定，不同階段的情境對臺灣文化形塑的影響，以後殖民論述所呈現的臺灣文學特質的「臺灣性」是「反殖民」、「反封建」及「反霸權」，這樣我們論述方式可以是「被殖民者」群起反抗殖民壓迫、建立主體性的過程，然通常這個被殖民者或是受害者位置往往是男性，女性往往無聲，誰最有資格呈現「臺灣性」，其實我們無法禁止不同的人從不同立場來呈現「臺灣性」，「女性」或「臺灣」是一種特定切入點。臺灣文學在全球文化場域顯然受到忽略，若緣緣切入，以「臺灣」作為符號，強調臺灣文學、文化的「臺灣性」，不再進入以「國家文學」為規畫重點的文化場域，而以「性別」、「多元文化」、「現代性」等文化交流場域都可以偷渡「臺灣」經驗，去回應真正「臺灣性」或「臺灣特質」是什麼。見於邱貴芬著《後殖民及其外》臺北：麥田，民九十二年，頁135～140。

有與生活世界關係脈絡下開展，向著世界訴說一切。

那「臺灣性主體」如何過渡到「臺灣性主體際性」呢？[15]李喬是位老頑童，他小說中的構思既嚴肅又輕鬆，他把玩著所有的想法，不斷在寫作遊戲當中遊戲著。當他由「私領域—家族」轉向「公領域—全臺灣人」命運何去何從時，由個別家族歷史書寫朝向生命共同體的建構，顯然已由「臺灣性主體」過渡到「臺灣性主體際性」。由他真實及想像的家族出發，這就是深刻說明著「臺灣性」是什麼，臺灣文學、文化是什麼之後，向世界發聲，不再執著在「國家文學」對立上，試圖說明臺灣文學特質是什麼，向世界傳達。

所以李喬不斷在各個角色穿入又穿出，心中的圖象不斷在對話與交流，什麼是真相？什麼是歷史？這些答案似乎在轉化及移置當中，變得不重要；什麼是重要呢？重要的是臺灣人與生活世界發生經歷的種種構成獨特共同體體驗必須被傳達，說明著此有——臺灣人與生活世界彼此共融互動，在歷史脈絡氛圍中應被理解、詮釋與對話，主體間也應透過交流與對話，不斷回溯與往返，在遊戲中達到主客交流。

（二）由原鄉出發的「主體際性」

高山鱒所在的深山淵谷是原鄉，蕃仔林是原鄉，在南洋遙望的臺灣是原鄉。

---

15 「臺灣性主體」與「臺灣性主體際性」最大差異點在於溝通、對話交流與肯認出發，前者著重特定脈絡出發所形塑出來的臺灣文學特質，作者本人認為「臺灣性」，比較著重於「反殖民」、「反封建」及「反霸權」，這樣我們論述方式比較多是「被殖民者」群起反抗殖民壓迫、建立主體性的過程；然在多元文化影響之下，應由「臺灣性主體」走向「臺灣性主體際性」，發現更多不同面向關懷。作者認為面對二十一世紀，「臺灣性主體際性」的重要性就是在這樣的趨勢下形構出來，它比較強調的是：臺灣人與生活世界彼此共融互動，在歷史脈絡氛圍中應被理解、詮釋與對話，主體間也應透過交流與對話，不斷回溯與往返，在遊戲中達到主客交流，由臺灣走向全世界。

　　故鄉之成為「故」鄉，必須透露似真實遠，既親且疏的浪漫想像魅力：閃爍其下的因此竟有一股「異鄉」情調。除此，原鄉主題不只述說著時間流逝的故事而已；由過去找尋現在，就回憶敷衍現實，時序錯置（anachronism）成為照映今與昔、傳統與現代衝突的必要手段。相對於此，空間位移（displacement）不只指明原鄉作者的經驗狀況——「故鄉」意義產生肇因於故鄉的失落或改變，也尤其暗示原鄉敘述行為的癥結。**16**

　　原鄉建構出來的「**主體際性**」呼喚去除了意識型態的隔閡，幾乎是跨越不同國籍、種族、歷史、語言及性別的對待，而呈現一種對生命本根——原鄉土地的認同，所有都化歸在這塊土地認同上而有所化解。如鱒魚是被迫流離，然終究要歸依故鄉的生命本然原始呼喚。我們舉明基逃亡為例，他有如鱒魚回復生命本然般的情節不斷在《孤燈》中上演。

　　　　明基手腳並用，冒險爬下那黑忽忽的坎谷……他專注地爬行前進，不過心頭卻浮現一種奇異感覺，他現在好像不止是為救一個患難好友而冒險，而是為了自己；生命中的軌跡，有些是意志之外的，但必須艱苦地攀援過去，或者，這也是一種完成？

　　　　　　　　　　　　　　　　　　　　　　　（孤燈）

---

16 周英雄、劉紀蕙編，《書寫臺灣——文學史、後殖民與與後現代》，臺北：麥田，民八十九年，頁73。

　　他感到現在並非自己的力量在支持自己這樣行動，而
是有一種自然力量，或者說是神祕命令。奇怪的是，他對
於這個行程，彷彿是似曾相識的；以前自己來過這裡，而
且不止一次。……那是在另一個時空裡，一個熟悉的曾經
經歷過時空裡——現在，那些消逝的時空竟然在這漆黑的坎
谷深處連起來了。他進入一種溫柔舒適的氤氳裡，而且眼
前呈現一片柔和的黃色光暉……

（孤燈）

　　這種穿越歷史而未分化你我他的生命共同體是一種彼此體諒肯認
的生命共同體。人在相互肯認當中是不斷在與他人欲望對立當中，而
走向一個目標的精神辯證過程，這種是藉由奮鬥互認，而達到升華而
挺升，這樣不只是受過去本源決定，也走向未來，成為別人所肯認的
精神存有者。

　　李喬更透過許多主角對臺灣「主體際性」應是如何有了框架，框
架不是隔絕與阻斷，不是異化在自己的原鄉，而是在原鄉當中尋求一
種主體互相溝通、肯認的存在的開顯。

　　在開放中所投注的精神成就的生命共同體的主體際性，自我與
他者在生命共同體的原鄉當中，有了相當程度的連結，是同脈絡、同
呼吸、同思維，起於自然又歸於自然的狀態，就像是泥土般的生命狀
態，這在《寒夜三部曲》當中有許多描繪。

（二）「拒絕生活世界再殖民」的「主體際性」

　　臺灣文學表達一向給人「在地性」有餘、「國際觀」不足的感
受，以殖民／反殖民為思考重點，往往比較偏重土地權力鬥爭及政治

國族認同，也缺乏世界思潮接軌。若將殖民／反殖民要具有「**現代性**」，又不失去「**書寫土地及人民**」原則，則必須有所策略對應，於是我們轉化歷史的「**殖民**」意義來成就內心「**拒絕生活世界再殖民**」[17]，讓臺灣文學邁向全球化，讓臺灣成為一個符號，強調全球文化場域與其他文化對話，強調臺灣文學／文化的「**臺灣性**」，要如何做呢？那就是強調「**主體際性**」交流與對話，拒絕「**殖民**」狀態。拒絕「**殖民**」狀態，意謂著理解「**臺灣歷史的過去殖民狀態**」，其次是在內心深處裡「**拒絕生活世界再殖民**」。

首先理解「**臺灣歷史的過去殖民狀態**」意謂著不再疏離異化成為自己原鄉的流浪漢、成為歷史孤兒。李喬費盡心思收集資料去呈現在土地背後的大量史實，透過歷史的書寫，喚回對原鄉的緬懷。葉石濤曾在一篇短文定義臺灣文學特質：

> 一部臺灣文學史必須注意臺灣人在歷史上的共同經驗；也就是站在被異族的強權欺凌的被壓迫的立場來透視才行……。[18]

所以臺灣文學乃是殖民壓抑的歷史下，追逐臺灣魂。[19]臺灣魂所代表乃是臺灣精神所在，是種不再被欺凌壓抑的自由自在，而自由自在的靈魂乃是「**主體際性**」真誠溝通、交流與肯認。

姑且不論對現代年輕人作用力為何，我們看到起初的用心與嘗試。那是一種生命呼喚，在有距離觀看臺灣歷史後所產生出來的臺灣

---

17 見邱貴芬著，《後殖民及其外》，臺北：麥田，民九十二年，頁79。
18 葉石濤著，〈「臺灣文學史」的展望〉，《臺灣文學的悲情》，高雄：派色，一九九○年，頁99。
19 彭瑞金著，《臺灣新文學運動四十年》的〈序〉，臺北：自立晚報，一九九一年，頁15～17。

意識，臺灣歷史在過去是來來去去的殖民歷史；如今，不該讓殖民狀態發生了，「生活世界拒絕再殖民」。

　　其次在內心深處裡「拒絕生活世界再殖民」，無論如何，生活經驗世界總是與個人的生命息息相關。「生活世界拒絕再殖民」，意謂著臺灣主體意識的覺醒，個人意識覺醒。過去臺灣在殖民壓迫之下底層生命情懷，有所扭曲，不能好好活著，即使現在也受到某種層面的壓迫。生活是好好生存活著，生存活著遇到不能「是其所是」好好活著，那麼就會遇到某種的抗爭。抗爭[20]，就是「拒絕生活世界的再殖民」。

　　臺灣人任何型態的抗爭，都是拒絕生活世界的再殖民，什麼樣貌的殖民呢？有如地主制度下的殖民、封建底下的殖民、帝國侵略的殖民、意識型態的殖民等，殖民意謂著在壓迫之下，讓我們不能「是其所是」狀態，抗爭是拒絕生活世界再度殖民狀態。

　　這是「新殖民」（neo-colonialism）概念，不再只是指涉一個國家占領另一個國家而已，而是指涉任何權力壓迫結構，如經濟、性別、文化、國家內部種族不平、族群壓迫等，如阿莫德（Aijaz Ahmad）所言的：

---

20 彭阿強、劉阿漢及劉明鼎分別代表三階段抗爭，彭阿強代表舊有傳統家族守成顧守土地的代表，誰搶了土地，或者說明使家族勢力流失就是敵人的代表。劉阿漢，原本是招贅進來的，以有貢獻的人力資源作為地位表徵，初期選擇壓抑而屈從家族勢力和統治勢力，安於奴化的角色，後來因為日本統治被人密告在戰役中殺日本人，才開始從被奴化的生命體驗中覺醒起。劉明鼎則代表強型的凝聚的反抗的意識興起。在三位抗爭之後，最後以劉明基為終結這段抗爭史的自我成長為代表了不再異化，因禁在怪異的政治型態束縛之中，劉明基有了最後反抗，真正擺脫殖民的禁錮，成全了真正臺灣人的精神，去勘破壓抑與被壓抑、剝削與被剝削的階級革命正悄然上演。這就好像逆流的鱒魚，若不逆流無法達成生命的傳承，逆流的抗爭才能體現生命共同命運體的意義價值。

　　　　殖民主義於是變成一種跨歷史性東西，永遠存在而且
　　永遠在世界的這個角落或那個角落瓦解當中，因此每個人
　　遲早都有機會變成殖民者、被殖民者和後殖民者—甚至有
　　時三者同時兼具。**21**

　　不能「是其所是」，使我們活在不是臺灣人的生存方式裡，臺灣
人不是臺灣人狀態，讓我們生命底蘊充滿矛盾與兩難，不能大聲呼喊
自己的定位，使自己非其所是，不能自然而然，不再是原鄉狀態的本
眞臺灣人，充滿痛苦與無奈，而這表現在土地的痛苦上了，有著創傷
的印記。

　　爲了不再生活世界充滿痛苦與無奈，我們以爲僞裝成爲一個順承
主流價值的被殖民者，就可以適應於這個世界，然這造成更大痛苦沮
喪來源。僞裝成爲一個順承主流價值的被殖民者，就類似於李喬小說
中的三腳仔的叛變者。

　　在原鄉當中出現了類似三腳仔的叛變者**22**，這叛變者不得已順承
主流價值者，爲了生存緣故，不再大聲呼喊自己的角色，在外在現象
來說，是被殖民的狀態；在內在而言，心態上也被殖民了，使自己不
再是自己原鄉的狀態。內在心態被殖民，影響了所有的對待關係，包
含著朋友、親人、愛情等的對待關係，而這些對待關係意謂外在殖民
也影響著內在殖民，內心的深層價值動搖，使人得以被殖民，關係的
和諧不再出現。

　　本來應是主體際性共同體，彼此肯認、愛與諒解的關係對待

---

21 Ahmad, Aijaz, "The Politics of Literary Postcoloniality", *Race and Class* 36.3(Jan-mar, 1995): 1-20.

22 三腳仔叛變者是指日據時代，幫助日本人的臺灣人，像《荒村》中的鍾益紅、李勝
　丁；或者《孤燈》中村川中夫（陳忠臣）、野澤三郎（黃火盛）、陳乾、小井巡查。

中，卻出現了叛變者，不是外在環境框架的殖民而已，而是內在的此有本真世界也被殖民了嗎？李喬不要此種狀態，而是要一種「共生體悟」——生命共同體的建構。透過在蔗農事件時，劉明鼎憶起撿起大哥的手指頭而反思中說到：

> 他，明確地，實實在在地，感受到那自己的一截手指；不種不可棄，不可分離的意欲緊緊逼迫他。那是一種不忍捨去，不忍失落，不忍放棄——也是一種惆悵，一種驚慌，一種孤獨、一種無依，一種依賴—的混合感受。
>
> 母親就是我，父母兄弟就是我；我裡面也有父母兄弟。是一種同體感，一種共生的體悟。
>
> 他們，就是我，我也是他們……。
>
> 苦難的蔗農，苦難的臺灣人就是我！我就是他們。我能自私地自求幸福嗎？我的身體半邊在天堂，半邊在地獄，可能嗎？忍心嗎？
>
> （荒村：263）

在壓迫之下，本然應相濡以沫的生命共同體，卻比遠方的敵人更加具有殺傷力，以被迫害之姿來迫害被迫害者，這是什麼樣的生活世界呢？外在壓迫遠比內在壓迫來得更甚？原以為可以悠遊在外的原鄉人其實是不能置身事外，他也遭逢了更大的創傷，來自於生活世界被徹底顛覆與殖民了。

抗爭原本是對抗外在有為形式的壓迫；然無形壓迫，主體意識型態的壓迫，此有與生活世界的斷裂與矛盾，如何抗爭呢？內在本真不見了？這又如何抗爭呢？斷裂與矛盾的印記出現在這裡，也在那裡，牽一髮動全身，如何逃脫得了呢？唯有面對它，面對斷裂與矛盾印

記，面對這一切所造成的傷痕吧！

（三）成就自我救贖的主體際性

在內心深處「拒絕生活世界的殖民」，就是「拒絕此有的再殖民狀態」。拒絕此有的殖民，讓此有是其所是，讓自然回復自然，不再被殖民。首先是緬懷歷史、記錄歷史，拒絕成為歷史孤兒才能成就自我救贖。

殖民世界的創傷是深層的，是共同體結構潛意識的破壞者，唯有透過自我意識的覺醒與抬頭才能拒絕生活世界的殖民化，才能拒絕此有本真的殖民化。

> 人生，好像處在兩端都是強大引力間的小魚，它必須分秒不停地掙扎抗拒才能生存下去，這期間沒有猶豫，沒有議論的餘地。於是抗拒，就是活存下去的唯一憑藉，於是抗拒成了生命本身的責任，甚至是生命的形式也不為過吧。

> （荒村：330）

透過書寫臺灣歷史就是拒絕生活世界再殖民的印記。在李喬小說中，他藉由人物的抗爭說明了這些生活世界的奮鬥，拒絕殖民意謂著不是委順者，也不是奴化的一群，而是有意識覺醒，讓自己與生活世界建立彼此依存的主體際性關係，是種生命共同體。生命共同體拒絕異化的殖民，成為「是其所是」，本真純然狀態的臺灣生命共同體。

這生命共同體拒絕外在及內在生命的殖民，它要求溝通與交融，讓生命「是其所是」，讓一切回復自然，自然而然成就了自我救

贖的一部分。它代表生命重新更新、重新看待，不讓痛苦阻止前面所言的路徑，這種自我救贖正透過「**主體際性**」交流、溝通與對話進行開展著。

這「**主體際性**」對話、交流與溝通不僅代表著內在與外在、過去與現在和未來、殖民與被殖民、被壓迫與壓迫者之間、男性與女性、傳統與現代、自我與他人，甚至是自我與自我之間的對話、交流與溝通。「**主體際性**」劃破了隔閡，讓所有主體間隙消融，呈現了對話、交流與溝通。而這樣的對話、交流與溝通正是李喬在無意識所欲表達的自我救贖本身，或者說是有意識的無意識之下所意欲達成的效果吧！

面對歷史、透過書寫，李喬完成自己的生命歷史，等於走了一趟尋鄉之旅。這趟尋鄉之旅是由殖民到非殖民，由自己與世界對話，跳脫狹隘的宰制異化大敘述。他期待走出自己的救贖與命運。李喬自言：「寫完此書也使自己成長（*李喬，1990a*），不再是孤兒。」尤其是在《寒夜三部曲》中，他以卑微的小人物出發，而非可歌可泣的英雄典範，以突顯他內心深處的抗拒，抗拒那個統治異化的意識型態。藉此強調「**存在者**」，而非「**存在**」空洞概念[23]，以紮實感受的在地家族小人物說出「**此有**」與「**生活世界**」關係網絡的「**主體際性**」。這不以宰制文化大敘述為基調，也是去中心、去殖民之後自我救贖的追贖[24]，所以這尋鄉之旅也是自我救贖之旅。在《寒夜》中，這是種流浪在外多年之後體會的回家感受，是紮實生命感受，是種此

---

23 海德格講到「存在遺忘」，意謂著「存在」成了空洞的概念，他寄望由此在（Dasein）出發，找回真正存有的本真狀態，這樣存在就不會成了空洞概念，藉由「在生活世界中的人」走向存在開顯。

24 陳芳明著，〈後戒嚴時期的後殖民文學——臺灣作家歷史記憶的再現一九八七——一九九七〉，《後殖民臺灣——文學史論及其周邊》，臺北：麥田出版，民九十一年，初版，頁113。

有在世界中，紮實生命體驗詮釋感受。這裡所建構出來的存有場域氛圍，讓人不再無家可歸，彷彿是生命原鄉的呼喚，讓人得以復返原鄉，去體會人類生命中的一點微明，藉由「**主體際性**」溝通、對話與交流所營造出來的生命共同體和諧感受，生命不再孤單，在當中生命之間彼此慰藉取暖，得以還原本眞狀態，一種存在的開顯。

三、「主體際性」開展──召喚你與我參與和介入

誠如看了李喬《寒夜三部曲》，看完迴盪不已，他正在召喚你與我參與和介入，那是一種互爲文本，彼此生命交錯，主體際性之間的對話、溝通與交流正進行著。「**主體際性**」對話、溝通與交流也就存在於整個閱讀過程當中，在閱讀過程當中，作者、讀者與文本當中也在進行溝通、對話與交流不斷延異[25]著，那是一種生命境界的升華。

（一）意義在作者、讀者與文本當中不斷擺盪延異著

葉石濤將《寒夜三部曲》稱爲「大河小說」（Roman-fleuve）

> 凡是夠得上稱爲「大河小說」的長篇小說必須以整個
> 人類的命運爲其小說的觀點：就像杜斯妥也夫斯基在《卡

---

25 德希達（Derrida, 1978）所說的延異（différance），就是透過語音的差異與連結，製造嶄新的另類語境，並且採取一種前所未有的遊戲態度，對待數千年悠久歷史的語音符號意義。筆者使用此語詞用來說明閱讀過程當中，讀者與作者之間生命交流與對話，達到一種不斷延異的狀態。

拉馬助夫兄弟》中企圖把唯物和唯心兩大哲學潮流熔於一
爐找出一條人類可行的道路。

（葉石濤1979:148）

　　大河小說讓我們想到了悲劇洗滌之後，臺灣新精神的再現，是多
元呈現並不斷延異開顯著，例如李喬使用「淡歷史」書寫方式，在第
二部當中，不再著墨於情節、人物感受等寫作方式，而只使用大量史
料應用在其中。這種「淡歷史」書寫方式引來爭議，然而他更引發了
想像空間，在史料之外，那段空白又是什麼？「淡歷史」意味著淡描
歷史的虛構情節，重新玩味當中可能存在真實意涵。「淡歷史」不再
由作者主體意識型態主宰讀者可能的感受，而讓作者已死，讓讀者參
與整個創造性詮釋裡，避免了意圖的謬誤[26]。讓生生不息的意義流轉
在可能的存在訊息裡，不再固著於某意義、某價值或者意識型態裡。

　　意義、價值或意識型態在陳述與描寫的現象當中擺盪。在擺盪拋
棄目的與工具性枷鎖，朝向聽聞那生生的歷史節奏，向著世界開展，
指向他者，並啟動自我建構意義循環。帶著由真實與想像的家族，及
自我生命原始圖象去形構多元、歧異、變化的內心獨白生命共同體的
內心樣貌，一場主體際性生命共同體感受正進行著。

　　「**主體際性**」生命共同體展開生命意義、價值及意識型態，使主
體自我不再固著於單一面向，而是多元、多意義呈現著。不斷交流對
話著，特別是在主體自我交流對話上面呈現，李喬使用著意識流來呈

---

26 美國學者溫瑟（W. K. Wimsatt, 1907-75）在《語象》（*The Verbal Icon: Studies in the
　Meaning of Poetry,* 1954）提到了有種批評觀點的謬誤，是揣測作者意圖的「意圖謬
　誤」，也就是強行把作品內容、訴諸作者當時政治社會環境等來去詮釋作品的創作
　的本意動機，就犯了此謬誤。見《西洋文學術語手冊》，張錯著，臺北：書林，民
　九十四年，頁143。

現生命共同體的交流與對話，忽而過去、忽而現在、忽而在異地戰場上、忽而在家鄉裡，不斷流動詮釋週遭氛圍，不再固著於某場域，而是此有與生活世界動態辯證裡。

這是動態辯證，也就是活的對話錄，用傅柯的話來說，這是自我生命對話[27]，整個《寒夜三部曲》就像是意識在流動的水中，出現又隱沒在說與未說之間，像潛意識與意識之間的對話，又像我與他者之間的對話，最後回歸到自我與自我的對話般，這種無意識的狀態銜接了此有與生活世界之間的連繫，給了自由的聯想，在瓦解和降臨動力當中開創了自我救贖的新局面。

羅蘭‧巴特（Roland Barthes，一九七二年）在他的《寫作的零度》論述中的話語，可以為這篇小論作結：

> 在當前一切寫作中都存在著一種雙重假定，這就是存在著一種瓦解的動力和一種降臨的動力，以及存在著整個革命情勢的圖景。這種雙重假定的基本含混是：革命在它想要的摧毀的東西內，獲得它想具有的東西。正如整個現代藝術一樣，文學的寫作既具有歷史的異化，又具有歷史的夢想。
>
> 作為一種必然性，文學寫作證明瞭語言的分裂，而語言的分裂又是與階級的分裂聯繫在一起的；作為一種自

---

27 米歇爾‧傅柯（Michel Foucault, 1926-1984），是當代法國哲學家、評論家、社會學家與思想系統歷史的專家，他影響了歷史、社會、科學哲學、監獄發展史和文學等。傅柯認為沒有主宰性主體，主體面貌是多樣的，應被替換成小寫的諸主體，（1984:79），認識自我必須藉由他人幫助，來達到認識且關切自身任務（1997:93-99），關注自我，必透過「話語」去超越內在真實文本（1997: 99-100）。如此，傅柯自身與世界關係，是透過對話，甚至是自我生命對話來達到提升，話語才能真正超越。

由，文學就是這種分裂的良知，和超越這種分裂的努力。**28**

　　《寒夜三部曲》被稱為大河小說，此大河小說也可以說是「意識流」小說，在意識流的恍惚交錯裡，李喬透過文字語言讓意義不斷延異著，讀者的詮釋也不斷延異著，將你、我及他的命運交疊在一起，主體際性也不斷溝通著，就好像李喬使用多元語言來說明此有與生活世界發生的種種溝通交流一樣。一種潛意識下共融的主體際性生命共同體正在說明著，在扭曲、擺盪及延異過程，展現出瀟灑、自由逍遙的生命境界。一種「共在」**29**正升華著，一種「自我宛若他者」在進行著，一種「作者與讀者互參」也正在進行著，而這就是李喬所努力的方向，希望吾人也成為此種氛圍當中的一分子。

　　這種「共在」、「自我宛若他者」、「作者與讀者互參」所產生氛圍乃在於最大肯認**30**乃在於互融不再對立的立場，不再存有異於己者敵意的衝突、殺戮、驅趕……，不需要確定主體是誰，不再有堅固的主體詮釋，只是在交流多元中走進又走出，越界模糊地呈現主客不明的曖昧，善意在彼此回應中開放、交流開來呈現詩意的美麗世界，在氛圍中溝通人與人、自然、世界以達成共在互參的行動。

　　我與他的存在，我作為他者與人共存，不管是外部或者內部的，都無法脫離主體際性交融的大我，自然不能置外其身而存在，自我與他者，強調自我與他者無法分離。這種異質的他者不僅是存在於外界的我與他人之間，也存在於自我本身的內部。所以我與他者之間

---

28 羅蘭巴特著，李幼蒸譯，《寫作的零度》，臺北：時報文化，一九九一年，頁127。

29 海德格的「共在」（Mit-sein）是指我與他者之存在，「共同此在」（Mit-das-ein）是指我作為他者，與人共存，二者是存有開顯，建立基準點。（W. Biemel, 1987:80-96）

30 「肯認」意謂著肯定彼此，深刻體認如其實的樣貌，這是「主體際性」呈現出的不同主體詮釋特質，在肯認前提下，主體間的交流、溝通與對話始為可能。

的對話，話語非孤立，而是社會中相互交流的結果，甚至是將作者與讀者之間與文本也做了連結，成就了這種言談雙方交流所構成的場域，在場域當中所形構出來的主體際性，排除了任何主體的優位而展現主體際性超語言的對話。**31**

（二）去殖民化的生命境界的升華

殖民者與被殖民、自我與他者或者是男性與女性，作爲弱者——臺灣，去殖民之後所呈現的弱者代表，仍是弱者嗎？仍是女性嗎？套句後現代女性主義想法，不是的，而是呈現出「**陰陽同體**」的境界，這時想起了傳統價值的特殊思維：「**負陰而抱陽**」、「**沖氣以爲和**」，這不就是主體際性融通與和諧嗎？弱者不再是弱者，經過洗滌之後，一種新臺灣生命境界開展出來是柔弱而堅強，充滿肯認與包容性，區隔與間離逐漸消逝，成就一種生命升華的新境界。具有母性特質，卻仍有父性痕跡，勇敢走出、守護臺灣，這種「**共在**」、「**自我宛若他者**」、「**作者與讀者互參**」，藉由燈妹的生命體驗詮釋，或者說是李喬生命體驗詮釋**32**，正暗藏在其中宣告著，生命力的醞釀在和諧的主體際性裡，在生命共同體之下所孕育著臺灣新精神？這股生

---

31 張漢良編著，《方法文學的路》，臺北：國立臺大出版社，二○○二年中的〈巴赫金與意識型態的物質性〉，頁70～81。書中舉了巴赫金的說法，探討虛妄意識，所有意識型態具有物質性與社會性，無意識也是意識的延伸，他的對話建立在意識的多重性，然而他的錯誤 在於排拒了心理學，（K. Hirschkop, 1985：773）。根據以上，筆者提煉出不同見解，除了肯定其對話論當中自我與他者微妙關係之外，特別著重於主體優位去除，更在意識流當中找尋對話的可能性，來說明整個《寒夜》主體際性的建構。

32 李喬特意突顯葉燈妹的角色，透過李喬所建構出來的燈妹形象，男性模擬女性身分「偽主體」確立，女性地位或是身體差異性似乎被模糊、稀釋，甚至消解不存在，最後以女性身分成就家族精神所在堅強而挺拔捍衛著他們，這是筆者所謂的「陰陽同體」形象。

命力將你、我與他和過去、現在與未來、傳統與現代進行連結，創造一個獨特臺灣新精神，那裡有著肯認、融通、和諧與包容，是再自然不過了，是「是其所是」，在參與互參中走過所有發生的一切，而你我生命詮釋就在其中也，再也不分離了。看著他，看著自己，走過從前，心中不再是孤兒，而是息息相關的網絡中，在關係裡，主客體不再對立、殺戮。

胡塞爾在分析「是與有」的生命情態時不禁讓我們想起，「是其所是」，是再自然不過了，生命詮釋循環在自然的呼召之下自然進行，當我們去殖民、去中心之後，一種新生命境界的升華即將開始，主體際性的生命和諧提醒，作為臺灣人，就應是臺灣人，以臺灣人思維為立足點，不再是過去殖民的思考，而是後殖民思考方式，過去以臺灣為母親，以大地為母親，透過大地母親形象的書寫，說明著某種生命共同體，而這原型意象，事實上代表著多產、愛與溫暖，有著對大地忠誠與崇拜，而這是潛伏在臺灣這塊土地上所有人的集體潛意識，足以讓我們超越個體的限制，成就主體際性的合諧，有如燈妹所暗喻一般，她是大地之母代表，代表著所有臺灣人的神話原型，像觀世音一樣守護著臺灣。[33]

母親角色扮演應該不再是女性的殖民化（colonizing），「女性的殖民化」即屈從男權制的壓迫（*Smith and Watson, p.19*）或者說是政

---

33 此引自朱剛著，《二十世紀西方文藝文化的批評理論》，臺北：揚智，民九十一年，頁86～95。裡頭說到「原型」（希臘文arch，喻初始、根源；typos指形式、模式）這概念出現在十九世紀下半葉，而榮格將神話與原型融合在一起，於是榮格提出了「集體潛意識」（Jung, 1965:158-61）說明著每個人心理底層蘊含著人類史前以來所有內容，集體潛意識由各種原型構成（Jung, 1968:504），原型批評家紐曼將榮格原型解釋為三層次：原型、原型意象、原型具象，「偉大母親」（Great Mother）是個原型意象，代表人們對某類的母親象徵的忠誠與崇拜，其表現之一是大地之母，象徵多產、愛、溫暖與生命（Neumann, 1963:5-10）

治主體的壓迫。臺灣曾是個殖民地，在女性角色定位上也是可以這麼樣形容，女性是被殖民、是主從關係的委順者。

臺灣母親的角色反而是一種反殖民、去中心，成就臺灣主體的真正思考，如燈妹是書中的靈魂人物，她代表一種反殖民化的女性代表，是李喬隱身在其中，透過燈妹在說話，燈妹在女性位置成就了某種超越，超越殖民的遭遇、女性壓抑的遭遇、政治的遭遇，成就了有如神話般的位置，這個位置不再是偏頗的他者，不是西蒙波娃（Simone de Beauvoir，一九〇八至一九八六年）在《第二性》所講的「**他者**」而已。**34**

燈妹所代表的「**他者**」有所轉化呈現出自我意識覺醒，彷彿代表著不再是個他者，她已然成了自我、已然成了自己，這是精神辯證，也是生命必取道於自我疏離而為他者。他所進行的精神辯證的路徑乃在以自我否定，然再回過來肯定自己，歷史上由殖民走向殖民，生活世界由殖民走殖民，自我由殖民走向後殖民，這樣的生命已然在經歷種種之後，返回肯認，是有著交互主體性的可能性。讓自我宛若他者，他者宛若看我的精神升華了。**35**

李喬潛伏在這樣的角色位置，讓這角色穿越時空，走向現代化，代表著一種「原型」（archetypes）。燈妹代表臺灣這塊大地母

---

34 西蒙波娃（Simon de Beauvoir, 1908-1986）在《第二性》（*The Second Sex*）說到，女性是男性主體所建構的「他者」，在教化過程中男性所建構出來的「他者」，是被內化成女性對自我形象與我質的唯一認同。「他者」指的是女性，男人為了自覺存在，便將女人貶抑為只是自體存在，女人不幸處境是在歷史中將此異化女人的觀點給予內化，而認同父權體制所建構男尊女卑之性別文化。引自陳秉璋著，《性教育美學：性、色情、裸體藝術》，臺北：揚智，民九十二年，頁69～81。

35 沈清松主編，柯志明著，《惡的詮釋學——呂格爾論惡與人的存有》，臺北：五南，二〇〇八年，頁133～137。這是呂格爾在分析佛洛依德診療情境中心理病患與醫師之間所構成的交互關係主體，這時病患宛如黑格爾主奴關係中奴隸，病患必須經歷意識辯證升進歷程中獲得自己，由異化中成為自我意識被肯認。

親雖被殖民，然在過程中仍然生生不息生命力的循環，就有如高山
鱒動物意象一般，是不斷迴返溯源的生命力展現，生命就是這樣，充
滿自然而然的土地情懷，不再吶喊當中的差異存在，而是眞正走出自
己、關懷他人，當我們眞正從歷史淡出，從後殖民傷痛中走出，才
能夠將悲奮心情化爲力量，以活者之姿走向主體際性的融合，「共
在」、「自我宛若他者」、「作者與讀者互參」等等主體之間溝通交
流正進行著，或者性別、種族、民族、階級、性傾向的差異等，正消
逝，走向著一種溝通與交流與對話。

　　誠如巴赫汀的眾聲喧譁般，去除意識型態或說是文化霸權衝突或
緊張，在於「去中心」、「去殖民」之後所呈現的各種對話、交流與
溝通，使自己與他人、自己與自己等，都能夠深刻體現了自我與他人
的價值。

　　　　眾聲喧譁是各種社會利益衝突、價值體系話語所形成
　　的離心力量，向語言單一的中心神話，中心意識形態的向
　　心力量提出強有力的挑戰。在這樣眾聲喧譁、百家爭鳴的
　　局面中，文化呈現著勃勃生機和創造性。這是因為，只有
　　在眾聲喧譁的局面中，各種話語才是最深刻地意識到了其
　　自我價值和他者的價值，把中心話語霸權所掩飾的文化衝
　　突與緊張的本質予以還原。在話語與話語的相互對話、交
　　流中，化解矛盾與衝突。[36]

　　或許有人以爲這種取消主體，即消解了自己歷史中的位置，誠

---

36 劉康著，《對話的喧聲：巴赫汀文化理論述評》，臺北：麥田，民九十四年，二版。

如有人質疑後現代女性主義，如哈索克（Nancy Hartsock）表達出來的：「爲什麼正當我們當中很多人開始爲自己命名時刻，正當我們起來作歷史主體而非客體的時刻，主體這一概念本身偏偏受到了質疑？」（*Brodribb, pp.45-46*）這好比是在一場輪流坐莊賭局中，前莊家在卸任時卻宣布整個賭局已經結束了。[37]然而在此當中，更要說明的是「**主體際性**」並非取消主體，而是取消了主體與主體間的隔閡與限制，讓眞正交流與溝通重新再出發，而不再被殖民，讓我們生命升華在嘈雜的排擠聲浪中。

---

37 李銀河著，《女性主義》，臺北：五南，民九十三年，頁103。

結　論

　　透過李喬《寒夜三部曲》帶領，我們看到了一場「**主體際性**」正展開著……

　　「**主體際性**」強調的是此有與生活世界的互動，不再畫分主體與客體，彷彿形構成一種氛圍，這種氛圍將所有關係網絡連結在一起，包括時間感與空間感，使此有——臺灣人歷史存有與生活世界緊密連結，透過高山鱒尋根之旅，找回原始生存狀態，一種本質的回復狀態。

　　「**主體際性**」強調一種生命本原狀態的回復，純粹生活經驗世界的努力所形構出來一種生命共同體，包含人與自然關係、人與土地的關係、人與人的關係等都緊密連結，透過原鄉找尋將在此生活的歷史存有者─臺灣人，所有遭遇一切，過去、現在與未來命運都透過主體際性交流，有了溝通與對話。

　　此有拒絕被殖民、臺灣拒絕被殖民、生活世界拒絕被殖民，臺灣人要有臺灣人新精神，建構主體際性的溝通與交流，李喬托寓家族歷史人物，理解自我與他人互動、以參贊[38]滲透環境，建構出臺灣人歷史共同生命感受情誼交流，特別是在大河小說裡，國族、自我認同、抗爭、爭奪土地等，在此脈絡順是所是開展。

　　由此看出臺灣人的精神意義在此有與生活世界關係脈絡下開展，是向著世界訴說一切，意義在陳述與描寫的現象當中擺盪，在擺盪中拋棄目的與工具性枷鎖，朝向聽聞那生生的歷史節奏，向著世界開展，並啟動自我建構意義循環，帶著由真實與想像的家族及自我生命原始圖象去形構多元、歧異、變化的內心獨白和生命共同體的內心

---

38 參贊所代表的是「參與此有與世界的互動中」，任何不同主體的生命型態都必須「參贊」在共同體氛圍營造之中。

樣貌。

　　「**主體際性**」的溝通與交流不再是任何形態的殖民，讓生命是其所是，讓臺灣人是臺灣人，讓我們成為臺灣人覺醒聲音，臺灣主體不是隔絕你與我與他之間的關係，而是以此為立足點，在主體間建立真正關懷、溝通與交流。這種主體際性所營造出來的生命共同體，不再有背叛與破壞，而是真正此有與生活世界互動的「**場有**」哲學[39]，依場而有，是互為依存關係的生命哲學，任何人都不能破壞，只能參與體現這樣的主體際性場有哲學。在此邀請讀者，也邀請吾人與筆者共同參與這大河中，讓生命之河洗滌我們更純粹的生命本質吧！

---

39 這是唐力權先生所言的「場有」哲學，「場中之有，依場而有，即場即有」，說明「有」（存在）是依於「場」。見唐力權著，《周易與懷德海之間》，臺北：黎明文化，一九八九年，序言。

參考書目

中文書目

1. 羅光編，《哲學大辭書（二）》，臺北：輔大，一九九三年。

2. 邱貴芬著，《後殖民及其外》，臺北：麥田，民九十二年。

3. 陳貴婉著，《李喬口述歷史》單行本，臺中：東海大學中文研究所碩士班。

4. 莫里斯（Charles Morris）著，俞建章、葉舒憲譯，《符號：語言與藝術》，臺北：九大文化，一九九二年。

5. 鄭樹森編著，《現象學與文學批評》，臺北：東大圖書，一九九一年。

6. 彭瑞金著，《文學評論百問》，臺北：聯合文學，民八十七年。

7. 周英雄、劉紀蕙編，《書寫臺灣—文學史、後殖民與與後現代》，臺北：麥田，民八十九年。

8. 葉石濤著，〈「臺灣文學史」的展望〉，《臺灣文學的悲情》，高雄：派色，一九九〇年。

9. 彭瑞金著，《臺灣新文學運動四十年》的〈序〉，臺北：自立晚報，一九九一年。

10. 陳芳明著，〈後戒嚴時期的後殖民文學—臺灣作家歷史記憶的再現一九八七—一九九七〉，《後殖民臺灣—文學史論及其周邊》，臺北：麥田出版，民九十一年，初版。

11. 張錯著，《西洋文學術語手冊》，臺北：書林，民九十四年。

12. 羅蘭巴特著，李幼蒸譯，《寫作的零度》，臺北：時報文化，一九九一年。

13. 張漢良編著，〈巴赫金與意識型態的物質性〉，《方法文學的路》，臺北：國立臺大出版社，二〇〇二年。

14. 朱剛著，《二十世紀西方文藝文化的批評理論》，臺北：揚智，民九十一年。

15. 陳秉璋著，《性教育美學：性、色情、裸體藝術》，臺北：揚智，民九十二年。

16. 沈清松主編,柯志明著,《惡的詮釋學——呂格爾論惡與人的存有》,臺北:
  五南,二〇〇八年。

17. 劉康著,《對話的喧聲:巴赫汀文化理論述評》,臺北:麥田,民九十四
  年,二版。

18. 李銀河著,《女性主義》,臺北:五南,民九十三年。

19. 唐力權著,《周易與懷德海之間》,臺北:黎明文化,一九八九年。

英文書目

1. Remmler Karen, *Waking the Dead: Correspondences between Waleer Benjamin's Conoept of Remembrance and ingeborg Bachman's Ways of Dying*, Riverside: Ariadne, 1996.

2. Ahmad, Aijaz, "The Politics of Literary Postcoloiality", *Race and Class* 36. 3, 1955.

第七章　西藏《度亡經》與基督教《聖經》生死觀之探討[1]

1　本文發表於《哲學與文化》，二十七卷第三期，民八十九年三月，頁228～241。

前　言

　　近年來，臺灣的資訊及科技程度快速進步，整個社會結構的轉變以及社會認同標準的變遷速度幾乎已達匪夷所思的地步。原先認爲可以安身立命的價值觀沒多久可能就被淘空而被新價值取代；物質科技的進步快速而持續的進行，然而臺灣人在精神的進展上反而因猶豫而停頓。精神生活及知識遠遠落在物質科技層面之後，文明生活愈進步，人的不安全感及焦慮也就愈深刻。在這種情形之下，許多人往往想抓住些什麼來塡補心靈的空虛。也因此，信仰宗教的人口急遽增加，新興宗教之數量也大量攀升；原來不爲人重視的，被視爲是迷信的議題重新被討論。《西藏生死書》便是在此種環境下進入臺灣的書店而引起相當大的迴響。

　　顧名思議，《西藏生死書》便是在討論「**生**」與「**死**」的問題，並藉由藏密佛教的觀點來闡述「**解脫**」之道。其中非常重要的一個觀念是：死並非一切的結束，它並不可悲，而生命亦不可喜，人應以喜悅來面對死亡。筆者認爲這種態度在世界上許多大宗教裡亦有相通性，一般人都不喜歡死亡，也因此沒有多少人願意以正眼去看待它。然而，愈逃避它，它就會變的愈可怕；愈不願面對它，那種由之而起的恐懼和不安全感就會愈宰制我們。孔子曰：「不知生，焉知死？」或許被許多人奉爲圭臬，但筆者更欣賞法國文學思想家蒙田（Michel de Montaigne）說過的話：

> 我們不知道死亡在哪裡等待著我們，因此讓我們處處等待死亡。……學會怎麼死亡的人，便學會怎麼不作奴隸。
>
> ——蒙田[2]

2　Michel de Montaigne, "The Essays of Michel de Montaigne," translated and edited by M.A.

　　身爲現代臺灣人，筆者以爲建立積極的死亡觀是非常重要的。我們是否也應該如此反躬自省一下：以我現階段的仰認知，我如何面對死亡呢？我是否已準備好面對死亡了呢？我的死亡觀到底是怎樣的呢？我如何在其中安身立命呢？

　　本文不準備探討《西藏生死書》的內容，而是要就裡面提到的《中陰聞教得度》（英譯爲《度亡經》）中的死亡觀作一探討——它對「死亡」及其衍生之諸概念有直接的說明，同時也略述基督教的生死觀，盼在今日臺灣紛亂之的宗教場域中能找出另一條對話的可能道路來。

一、《中陰聞教得度》中的死亡論

　　《中陰聞教得度》（以下簡稱《度亡經》）之藏文原名是《Bardo Todrol Chenmo》，意即「在中陰階段透過聽聞教法而得大解脫」。在藏密經典之中，它是一本「死後境界的旅行指南，要由上師或善知識對一個人在臨終時或死後宣讀的」。其地位相當崇高，就西藏人而言，聽聞《度亡經》是五種不必修禪定而仍然可以證悟的方法中之一種[3]，其主要在探討「此生」與「來生」之間的「間隔」——亦即所謂的「中陰（Bardo）」，以及人如何得以在「中陰身」中靈

Screech (London: Allen Lane 1991), p95.

3　此五種不必修禪定便可證悟的方法分別是：一、見到一位偉大的上師或聖物；二、佩帶經特別加持而上有神聖咒語的曼達拉；三、嘗到上師在特別修法後所加持過的甘露；四、死時記得意識之轉換（頗瓦法）；五、聽聞某些甚深教法，如《中陰聞教得度》。詳見索甲仁波切（Sogyal Rinpoche）著，鄭振煌譯，《西藏生死書》，臺北：張老師文化，一九九六年，頁140。

魂重新得到潔淨，甚至解脫的教法。此教法相當古老，可追溯至藏密所崇敬之本初佛（普賢佛）之傳承。以下就此經之歷史稍作介紹。

（一）《度亡經》之成書及發現

相傳《度亡經》其中教法之傳承，可以追溯到本初佛（即「普賢佛」），可謂相當古老。然其之成書則是由印度聖者蓮花生大士在西元八世紀時寫成經文，隨後因故被埋藏於喜瑪拉雅山的洞穴中達五百年。直到西元十四世紀才由西藏的一位行者卡瑪林巴（Karma Lin-ba）發現而公開，因此此部經文亦可列爲西藏「伏藏佛經」之一。

雖然《度亡經》爲人所發現，但仍只處於大吉嶺的一個小市集中。直到二十世紀初第一次世界大戰時，美國一位人類學家溫慈（W.Y.Evans-Wentz）博士於一九一八年尋到它，並將其帶回西方，於一九九二年英譯之後加上英文標題《Tibeten Book of the Dead》（即西藏度亡經）。此書隨即風行整個歐洲大陸。瑞士心理學家容格（L.G.Jung）給予它眞正的意義——「中陰解脫」，認爲從裡面可以證明人死後可以有超現實的潛意識世界，他並宣稱此書是他最好的伙伴。到了六○年代，美國的嬉皮們一度將此書當做是他們的聖經，因爲他們宣稱藉由迷幻藥，可以眞實的經驗其中所記載的「生命之光」。然而，此書也因著嬉皮族的消失而沒落。

直到今天，由於西藏許多僧侶爲了躲避中共之壓迫而流亡海外，同時也將「中陰解脫」的教法系統性地介紹給西方世界，使得《度亡經》得以重回其藏密佛教的面目背景，由此重新被討論理解，其中「死亡觀」受到不少西方人喜好。在美國，有不少所謂「生死機構」或「臨終協會」便是以此教義來安撫臨終的人，可見此教義在世界上已開始正面的得以發展了。

（二）《度亡經》的死亡論

在西藏人的信仰中，人死後四十九天之內會進入「中陰」狀態之中。所謂「中陰（Bardo）」指的是「一個情境的完成」和「另一個情境的開始」兩者間的「過度」或「間隔」，在西藏人用法中都用以指死亡和再生間的中間狀態。不過廣義來說，它不必然只指死亡，因為所謂「間隔」，就是屬於極度不確定不穩定之狀態。因此，只要是混亂的時刻，只要吾人感知四周的世界是如此不確定或變動不居而因此感受到痛苦，那麼生活在現世便是生活在明顯的中陰界了。

中陰的中心特色是「不確定的狀態」，然而就因為其不確定而可能產生許多轉化的機會——只要人能覺知而且把握的話。

《度亡經》中將人的存在分成四種實相：存在（此生）、死亡（臨終）、本性（法性光明）、以及再生（受生），分別屬於四種中陰：存在中陰（自然中陰）、死亡中陰（痛苦中陰）、本性中陰（法性中陰或稱光明中陰）、最後是再生中陰（受生中陰）[4]。

存在中陰包含從出生到死亡的整個過程。它所以被列為中陰之原因，除了這個世界的不確定和變動不居（如前所述）之外，另外就是因為人的靈魂（神識）在此生時只活在自己的世界中，人的心智尚未覺醒，尚未認清靈魂即本質的光明，仍墮於「我執」、「眷戀」之中。故就中陰教法而言，此存在中陰是準備死亡唯一且最好的時間。利用修行及熟悉教法讓自己認識內心深處的本質之光，以迎接死亡，並在死亡中得到解脫進入涅槃。

4　除了四種中陰之外，另外尚有兩種中陰包含於存在中陰之中，即睡夢中陰及禪定中陰；前者屬於夜間之修行，後者則是白天之修行。在《度亡經》中把這兩種中陰加在前述四種中陰之上，形成六種中陰。詳見同註2，頁146～147。

（三）《度亡經》三個中陰

本文主要在探討人臨終到再生間的三個中陰：死亡、本性與再生。以下將以其先後順序分別論述之。

1. 死亡中陰（痛苦中陰）

從死亡的過程開始，到我們的「內呼吸」停止之前，被稱為是「死亡中陰」，又由於對一般人而言，這是相當痛苦的經驗，故被稱為是「痛苦中陰」。

當人停止呼吸（此指肉體呼吸）時，神識（靈魂）便同時和肉分離（值得注意的是，所謂離開肉體指的是靈魂獨立出來，並非真的離開肉體四處飄盪），此時自己的意識仍然存在，故死者會不知道自己到底是生是死。他看見親人圍繞著他，然而他卻無法碰觸到他們。在同時，他身體及意念正在「分解」——從五根（眼耳鼻舌目）的失去功能，而進至「五大」（地、水、火、風、空五元素，據西藏人說是構成世界的元素）之崩解。而身心之分解在進行時，意識層的「內分解」也同時相應產生，因「貪、瞋、痴」三毒所產生的意念逐漸分解消失，此時，意識在剎那間會突然消失，而隨即又恢復。

在《度亡經》中提到，意識恢復時，便會看到一道光，那無色無味、純淨、空洞而充滿喜悅的光，在西藏佛教中它稱為「原初光明」或「地光明」，它是生命之本質，是超越生死之精神之流。它之出現，是因為遮露覺悟心的一切煩惱意念皆已分解。《度亡經》說：

> 一切事物的本性是開放、空曠的，赤裸如天空；光明空性，沒有中心，沒有圓周；純淨、赤裸的本覺露出曙光。

　　這是心性本覺的狀態，就藏密佛教而言，是解脫的大好時機。只要專心地安住在此心性光明純淨之中（在藏密佛教中強調，要達到此點須在活著時一再修行才行），此「**地光明**」便會持續顯現而終得解脫。但大多數的人甚至無法清楚的認知這地光明，更遑論結合在其中了。此時它只可能顯現一彈指的時間，但一般人反而用過去的恐懼、習慣和習性本能地作反應而進入「**無明**」之中。此時，便又陷入無意識的狀態達三天半之久，而進入下一個中陰——自性中陰之中。

2. 自性中陰（光明中陰）

　　進入自性中陰後，死者（應該說是死者的神識）將意識到有一個流動的、活潑的聲、光、色的世界，因此此中陰又被稱爲是「**光明中陰**」。在生前所熟悉的平常景象，都融入此廣袤的「光之景」中。但這些光、聲、色皆非客觀存在，而都是由自己心性中創造出來。若眞正體認此點，不爲那些幻像所惑，不留戀過往的世界（愈是留戀過去彼生之一切，則聲、光之幻象就愈厲害），則必可認知自己本性的眞實，進而解脫成佛——因爲佛即眞正的自我。

　　然而一般人仍無法體認生命乃由空而生、由空而死，仍會對過去世界有所眷戀。是故他將看到許多「**神**」——即西藏人所謂的一百位「**聖尊**」——有四十二個和平之神，以及五十八個憤怒之神。前者以莊嚴慈和之面目顯現，引導死者放棄「**我執**」而進入涅槃；後者則以可怖、憤怒之面目出現，手捧著盛血的頭顱，要壓碎死者對塵土之眷戀，而將死者趕往解脫之路。就《度亡經》記載，死者不可害怕亦不可憤怒，不可逃避諸神，因爲他們是爲救人達解脫而顯現，唯有迎向他們而與之結合，便可以與諸佛結合而達涅槃。

　　　　現在法性（自性）中陰已降臨我身，我將捨棄一切的

恐懼和擔憂，我將認證生起的一切都是我自己的本覺的自
然顯現；並且了解這就是法性（自性）中陰的狀態；現在
我已來到這個關鍵點了，我將不會恐懼從我心性中生起的
喜樂部和忿怒部聖尊。

《度亡經》

　　若死者無法面對諸神而逃開，則另一道光束便會從其心中發
出，而散成四色（藍、白、黃、紅）光氈，而每個光氈皆有其相應色
之明點（寶藍、白晶、金黃、紅寶石等），分別代表了各種智慧[5]之
展現。若能安住於心而證得解脫，則將可看到你色光氈和明點；否則
所有的光氈和明點以及原有之本覺將溶入一明亮的光球中，而且在自
性中陰中所看到過所有的幻想，包括聲、色、神祇、光氈等會以一快
速又驚人的方式一一顯現，再變回光球，同時也會出現一道暗藍光，
那是引誘死者再入輪迴之光。若死者無法在自性中陰所提供諸般解脫
機會中得到解脫，那麼他將會被此暗藍光吸引而進入「**再生中陰**」之
中。

3. **再生中陰**

　　錯失了在前兩種中陰裡得解脫機會的靈魂，將進入第三種中陰
——「**再生中陰**」之中，這代表了他必將進入六道，走入輪迴中。此
時死者的神識從意識流中會再走出來進入物質世界中，而在空中飄
盪。這時候他又重新看到自己的親人、居住的地方，甚至自己的軀
殼，但他卻無法與之有實在的接觸。

5　其實應該是五種智慧：虛空藏智、大圓鏡智、平等性智、妙觀察智及成所作智，但是
　「成所作智」是等到人解脫成佛後才會出現。故代表他的綠色光氈及明點要等人解脫
　覺悟時才會出現。詳見同註1，頁246。

　　進入「再生中陰」的靈魂將會得到一個「靈魂的身體」（藏人稱之「意生身」）此有別於原來「肉體的身體」。而且此時用著這個新的身體會使死者的靈魂獲得不可思議的力量，可以穿越任何物質的阻礙不受拘束的飛行、移動。它有知覺力（據說是活著時的七倍），甚至可閱讀到別人的心識；而它的移動，乃在念頭一起的剎那便可毫無阻礙地隨意到任何地方。「中陰教法」說過，此「意生身」以氣味為食，從燃燒的供品中攝取養分，但它只能享用特別以其名字祭祀之供品。

　　整個再生中陰的長度約略是四十九天，也許更短或更長，有些人甚至就身陷其中而成為鬼魂或精靈。大部分的人都必須待在此中陰身中，等著與來生的父母產生「業緣」。而當再生時間愈來愈接近時，與「六道」有關的各種影像和景象便會升起，而射出不同顏色的光來拉住死者的「意生身」。在《西藏生死書》中有一段相當有趣的描寫：

　　　　不同教法對這些影像之描述稍有不同。有時說，若你即將要轉世為神，就會看到、進入一個有許多層的天宮；如果你即將轉生為阿修羅，就會覺得在一堆盤旋而上的烈火武器之中，或是進入戰場之中；如果你即將轉生為畜牲，就會發現洞穴、地洞或菅草做的鳥巢之中；如果你看到樹、密林或織布，表示你即將轉生為餓鬼；如果你即將轉生到地獄，就會感覺全身無力，正被帶往一片漆黑之中，暗路、蓋有黑色或紅色房子的幽暗地方或鐵城。**6**

6　見同註2，頁146～147。

在即將轉生之際，最好的方法便是隨時存想美善而純淨的事物，以轉生爲人[7]，因爲藏密佛教強調：在六道之中，唯有人道才適合修行，以成就下次死亡的解脫。當然，在此中陰身中也有得到解脫的最後方法，即把可能成爲自己未來的父母觀想成佛、本尊或上師，同時觀想諸佛之清淨國土，此便可能阻止再生而往生佛土。

> 現在當受生中陰降臨在我身上，我將攝心一意，極力延伸善業的果報，關閉再生之門，試著不要再生。這是需要堅忍和清淨心的時刻。捨棄煩惱，觀想上師。
>
> 《度亡經》

若人能夠成功地將心導向於人道，便完整的走了一圈。那時他會看到新父母親在交媾，他的心不由自主地便被拉進去，入胎投生。此時，經驗分解的過程會重新而快速的進行，「**本初光明**」會重新顯露。

因此，生命結束於光明，也開始於光明。

（四）《度亡經》死亡論之重要訊息

綜觀西藏《度亡經》所描述的死亡論中，有一些重要訊息是它要努力傳達出來的：

1. 神識（靈魂）是唯一眞實的，而今生所有的修行，就是爲了

7　六道分別是天、人、修羅、畜牲、餓鬼、地獄，後三道又被稱爲「三惡道」。在「中陰教法」中，特別強調「人道」是繼續修行而利益其他眾生的唯一選擇。其景象是來到一座壯麗的房子，或來到城市，或在一群人當中，或看到一對男女在做愛。註見同註2，頁369。

讓自己認識內心深處的真實本性，並培養慈悲心，在前所述所有中陰之中，其中皆含有解脫、涅槃的機會，而其方法只有一個：便是能得證悟自己的本心而安住其中。靈魂本身即是生命之光，可滿足所有生命體，它是超越生死的精神之流。所有的生命體皆自有其靈魂，只不過在此生它被「業力」所困，復為肉體所困，無法與其他生命體之靈魂合流，也因此會有自私、我執的習性產生而不能慈悲。唯有真正了解且悟證超越生死的靈魂本質，生命才有意義，否則生命只是一種無意識的累積而已。

2. 死亡並不可悲，生命並不可善；生死只是一種循環的過程。西藏高僧常舉一個例子來說明對生死之態度：當人出生時，他自己在哭，但身邊其他人卻都在高興喜悅；而當他死亡時，所有人在為他悲傷哭泣，但他卻在死亡得解脫的契機中得到喜悅。生命便是如此：生生死死，死死生生。只要預做準備，證得無邊無際的自由，便可以選擇死亡，並選擇再生。故對於藏密信徒而言，若做了修行和準備，那麼死亡的來臨並非失敗而是勝利，是生命中最尊貴和最光榮的時刻。然而，此生的存在還是最重要的，因為唯有把握此生的修行和聽聞教法，才有可能在死亡之諸般中陰中把握住得到解脫而脫離輪迴。

3. 由於人有來生，故世界有生萬物都有可能在前生或前幾生和自己有關係，或親人，或師友，甚或父母。所以，幾乎所有修行的人都會大聲疾呼：善待所有的有生，不只是對人、對動、植物亦須心存慈悲；而那些證得本性光明而宣稱可與其他生命體靈魂合流的人，亦應可因貫通所有靈魂的本質而對所有生命體存有尊重和慈悲。因此，這個「中陰教法」理論上可提供藏密佛教道德論一個厚實的宗教哲學基礎。也許這並不是西藏《度亡經》原初之主要目的，不過這也可看出西藏佛教之教義在邏輯上仍是極為嚴謹，其經典的著述者亦是相當有智慧的。

　　初接觸《度亡經》之時，由於信仰立場的不同，一開始有些排斥；然而以公平而客觀的心去研究它之後，發現其中還頗爲有趣，有某幾點甚至和基督教的說法類似：例如對靈魂的描述，以及「**靈魂的身體**」等。以下便約略介紹基督教對「**死亡**」的一般性看法。

二、基督教生死觀之略述

　　「**積極地看待生命、喜悅地面對死亡、慈悲地對待眾生**」是西藏《度亡經》所透顯出的意義。在基督教的信仰中，也同樣可看到頗爲樂觀的生死觀。基督教的生死觀：上帝創造人類，將生氣吹入人之中，人有了靈魂，其目的不只是此刻活著，更是爲永恆而創造的。死後仍有靈魂存在，可稱爲「**不死**」。在《聖經》新、舊約都可見到其教訓：

　　　　我知道我的救贖主活著……我這皮肉滅絕之後，我必
　　在肉體之外得見神。

　　　　　　　　　　　　　　　　　　　　　（約伯記十九：25-26）

　　　　因為你（神）必不將我的靈魂撇在陰間，也不叫你的
　　聖者見朽壞。

　　　　　　　　　　　　　　　　　　　　　　　（詩篇十六：10）

　　　　復活在我（基督），生命也在我；信我的人，雖然死
　　了，也必復活。凡活著信我的人，必永遠不死。

（約翰十一：25-26）

　　時候將到，凡在墳墓裡的，都要聽見他的聲音，就出來。行善的復活得生，作惡的復活定罪。

（約翰五：28-29）

　　我（基督）曾死過，現在又活了，直活到永永遠遠；並且拿著死亡和陰間的鑰匙。

（啟示錄一：18）

（一）中間狀態（the middle state）

　　人的肉體是會死會朽壞的，但靈魂不死，且會復活，這是基督教極為強調的，然而在死亡與復活之間亦有一個「中間狀態」。信上帝悔改而死的人回到耶穌身旁，我們稱之為「樂園」（the paradise）（路加二十三：43；十六：22。使徒行傳七：59；腓立比一：23）。而對那些不信上帝也不悔改而死的人，便進入「陰間」（the Hades），一面受苦，一面等待最後的審判（路加十六：22-24；彼得後書二：9）。當耶穌再臨時，在樂園中的人，將被賜與「屬靈的身體」，再度與自己的靈魂永遠結合，而得以進入天國（帖前五：4-11；林前十五：51-56；約翰五：28-29；腓立比三：20-21）。而「陰間」的靈魂也會獲得一個軀體，讓他們在地獄中受苦。「樂園」和「陰間」是一種對比。前者在安祥幸福中等候終末之日身體得贖；後者則在受苦中等候最後的審判（the judge）。在樂園中，一切不愉快皆已除去，思慮、煩惱、悲傷皆得到釋放，一切的意念意識皆直指向主，那是一種意識上的幸福狀態。在期待新身體中，一面也不斷因著事奉著神而不斷進步，它的發展到底如何，那是一個奧祕。但可以相信的，是它的能力和知識並不會損失，反而由於脫離世上限制而更朝氣蓬勃；至於

在陰間，所能找到的線索除了上述部分之外，也只有樂園和陰間兩者
之間是不可能往來而已（*路加十六：19-31*）。

　　就基督新教而言，「中間狀態」有其他不同的說法：如「耶和華
見證人會」與「復臨安息日會」便認爲靈魂的確不死，但其在人死後
與復活之前乃是處於「睡眠」狀態中。它們可能援引〈啓示錄十四章
十三節〉：「在主裡面而死的人有福了。聖靈說，他們息了自己的勞
苦，做工的果效也隨著他們。」不過，由於這種說法並不爲正統基督
教所認同，所以在此不多加闡述。

（二）得救（to be relieved）

　　在基督教的教訓中，「得救」便是向著神悔改，並接受耶穌爲
救主，與祂結合而進入永生。在死亡之前，只要眞心接受福音（Gos-
pel），悔改信神的人就可以進入樂園而在純淨喜悅之地等待復活
（revive）。然而，在陰間的人是否也還有得救的機會呢？就《聖
經》的教訓來看，答案是否定的。因爲就基督教教義的基本前提是，
人類死後，其性格狀態是無法改變的[8]；人類原本便應因著亞當夏娃
的原罪而進入地獄，人之所以能得救，不在人類的善事及功勞，而在
於神的恩典的拯救。有了如此認知之後再來看這個問題，便會比較清
楚。在活著時硬心不悔改者（就基督教信仰而言，活著時他一定曾有

8　在得救的教義中，有一個很重要並很受爭議的教義，便是「預定」（Predestination）
　論。此教義主要在主張上帝自永遠即預定一切將要成就的事，包括人的永遠得救或
　遺棄。既然如此，人不可能自己行善，人因自己的自然發展必會走向滅亡。但是上帝
　自永恆原先便預定了哪些人得救哪些人墮落，因此人是不可能在死後改變其性格狀態
　的。此教義主要是由加爾文（John Calvin）主張，而成爲復原教會（Reform Church）
　最重要的教義之一。詳見趙中輝編譯，《英漢神學名詞辭典》，臺北：改革宗翻譯
　社，條目1422。

過許多機會），他就必須面對神永遠的憤怒。

　　當然，也有人會說那些未曾聽聞福音而死的人，難道就一點機會都沒有了嗎？有人曾指出在基督教的信仰告白（The proclamation）〈使徒信經〉（Apostle Creed）[9]中提到主耶穌「死、埋葬、下陰間」，下陰間便是向陰間諸靈魂傳道以令其得救，又指出在〈彼得前書〉中提到：

　　　　因基督也曾一次為罪受苦，就是義的代替不義的，為要引我們到上帝面前，按著肉體說祂被治死，按著靈性說祂復活了。祂藉著這靈曾去傳道給那些在監獄的靈聽，就是那些從前挪亞預備方舟，上帝容忍等待的時候，不信從的人。當時進入方舟，藉著水得救的不多，只有八個人。

　　　　　　　　　　　　　　　　　　　〈彼得前書〉三：18-20

　　因而便認為基督確曾向陰間靈魂傳道，故陰間也有得救之機會。不過，筆者倒覺得重點在這個「靈」（傳道的靈而非監獄的靈）上。這「靈」指的是「聖靈」，在基督道成肉身之前，祂的聖靈曾藉著挪亞向那時代的人傳道，然而大多數人未能悔改得救，以致他們的靈現在在陰間這個監獄之中。那八個人之得救乃在於「水」將一切不義消除殆盡，以此來說明這段經文筆者認為會更合理。

　　當然，未得福音而死的人在《聖經》中也有關於他們的記載，在

9　所謂「信經」（Creed）乃指對宗教根本信仰之陳述，作為宗教教徒信仰上自我認同與得救的基礎。一般「信經」多指基督教的信仰告白而言，而「使徒信經」是最古老也最簡短的基督教信經，為天主教與抗議宗所用。雖有「使徒」之名，卻非由耶穌的學生所寫。其雛形到西元四世紀才出現，十六世紀才有現今之形式。見同註7，條目0114，0416。

〈羅馬書〉章中有如此記載：

> 凡沒有律法的，也必不按律法滅亡，凡在律法以下犯
> 了罪，也必按律法受審判
>
> 〈羅馬書〉二：12

　　不過就筆者個人認為，這和得救無關，而和「**審判**」有關。未聽到福音而死的人，同樣會因他本身之罪而下陰間、受審判、下地獄。但就基督教教義而言，神自有一把衡尺，祂自有其標準來審判世界所有人。

　　以下列圖形來對此加以說明：

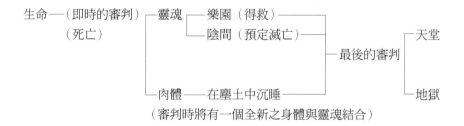

生命——（即時的審判）—靈魂—樂園（得救）
（死亡）　　　　　　　　　—陰間（預定滅亡）—　最後的審判—天堂
　　　　　　　—肉體——在塵土中沉睡　　　　　　　　　　　—地獄
　　　　　　　（審判時將有一個全新之身體與靈魂結合）

（三）復活（reliving）

　　在《聖經》中最重要的「復活」事件便是耶穌基督的復活，「基督徒在面對死亡與其過程中，其應對態度所呈現出來的力量，以及其宣言所引發的衝突，都是建基或消弭在耶穌基督復活的真實性上」（*Kenneth Kramer，方蕙玲譯，1997，pp.253*）。可以這麼說：耶穌基督若沒有復活，基督教將不會存在。而在這個復活事件中，我們

所要關心的是：耶穌基督軀體的復活，到底有什麼意義？

　　首先，據《聖經》記載，耶穌復活後，曾以數種不同的方式，在不同的場合出現顯聖。值得注意的是：祂的身體可以被觸摸知覺（路加二十四：36-43），卻又可以超物理的方式出現或消失（路加二十四：13-49），這代表了復活後的軀體已有所轉換，是新的、圓滿的、永恆的身軀。在基督教神學家眼中，這個復活事件代表了耶穌基督以自己展現出「終末」的異象：在末日審判時，所有人將要復活，並獲得一個全新的身軀來接受審判及審判的後果。

（四）對「死亡」的正確態度

　　若是死後的命運已不能改變了，那麼人豈非一點機會都沒有了嗎？然而基督教的死亡論便在於要人馬上把握在生時所有的機會，因為得救進入永生不必費盡心力辛苦地修行，只需真心誠意地接受耶穌基督為救主，由祂來改造自己的心志。基督教強調得救不在於自己善行或功勞，而在於神的恩典。因此，當基督徒面對死亡時，真正接受耶穌的人不會因死亡而恐懼。因耶穌復活戰勝死亡，祂也曾讓拉撒路死而復活（約翰十一：1-44），祂證明自己即是「生命」，具有永生的力量，祂也會將此力量贈與信祂的人。罪的刑罰不存在了，因信者已蒙赦免（林前十五：55-57）。

　　是故，對基督徒而言，「死亡」代表什麼？代表天國的入口。死亡即是脫去會朽壞的血肉之軀，準備承受新的、圓滿的、永恆的軀體（林前十五：50）；不僅如此，死亡還包括了和上帝相遇的期待，以及安歇於上帝胸懷之中的喜悅。今天基督徒對死亡的認知與相應態度的建立，完全是根植於他們對耶穌基督的死亡與復活事件的認知上。透過這個認知來看待死亡時，基督徒才會有勇氣躍入死亡的未知

領域，並堅信生命能得到耶穌基督的支持而獲得轉化。因此，在臨終之際，人只需不斷祈禱（當然，周遭的人也一起為他祈禱），讓自己的靈魂能更加的堅強，足以獨自行過「**死蔭幽谷**」，而終來到神的國度。故同樣地，基督徒的死亡觀，也要人「**積極地看待生命，喜悅地面對死亡**」。

三、西藏死亡觀與基督教的死亡觀比較

（一）死前

《度亡經》中說到人是由識與肉體組合而成，提到人的死亡是指肉身而已，包含地、水、火、風四元素的崩解過程，其有三大特徵：地攝入水、水攝入火、火攝入風，在生命終結過程，苦痛不堪，在此即使輕觸也會使臨終者比刀割痛苦，若加入外力介入，則痛極生怨，生恨，在一念間墮入地獄道，故隨待者應給臨終者寧靜，同時為其念誦經文以導引其「識」朝正確方向而去。「識」是不滅的，它會因為業的感生，前往六道輪迴或直證涅槃，「識」大概在死後十至十二小時之後離開。「識」在肉體之內時是有知覺的，所以必等「識」出離，才算是死亡。

而基督教的《聖經・雅各書》第五章14-15節中提到為「**病人抹油**」，天主教稱之為「傳油式」（extreme unction），牧師為臨終者祈禱，以聖油塗遍病人身體六個部分（眼睛、耳朵、鼻子、嘴巴、以及雙腳），並說：「**願主自罪惡中拯救你，並將你扶起**」，傾聽告解並作赦免，給予聖餐，此代表基督進入臨終者的心（*Kenneth Paul*

Kramer，方蕙玲譯，*1988*）。而一旦人失去了所有的生命跡象時，便代表他的靈魂已經離開這個軀殼了。聖經曾提過神將人的靈魂「**取了去**」。

兩種宗教對「**死前**」的看法與相關作法有兩點是相似的，那就是把握最後可以得救或解脫的機會，爲著即將面對的未知的領域作預備；同時，另一方面也盼望藉著經文的誦念或儀式的運作在程度上潔淨其靈魂。然而兩者仍有不同的地方：首先便是肉體的崩壞過程與靈魂何時離開肉體。西藏佛教強調「**識**」在人斷氣後仍存在軀體達十小時，這說法給《度亡經》的助念一個合理的理由——就算斷氣，仍有機會自力解脫。這也隱含了「**自力救贖**」與「**他力救贖**」理念與應用上的差異。

（二）中陰、陰間與煉獄

《度亡經》的「**中陰（bardo）**」，意謂著在兩者中間。bar 是指在「**兩者之間**」，do意謂著「**島**」或「**標誌**」，因此bardo是「**立於兩個事物之間的一種界標**」（*Chögyama Trungpa Rinpoche, 1975, p.1*），是中間的觀念，是意識矇矓狀態，是張力轉折的極端，且即將發生變化的關鍵期。它代表兩種世界，在死亡與再生之間的裂縫中，存在的重要契機，假使人在心靈獲得清明之心，則在死亡刹那將獲得解脫，痛苦及無明生死輪迴即現前，在心靈穿越下界旅途中，會遇到神明，神明只是心靈投影或想像。

基督宗教中的改革教派與天主教在中間狀態有不同說法，而後者較類似於《度亡經》之思想。基督新教沒有「**煉獄**」觀念，但有「**陰間**」的概念。「**陰間**」的希伯來文是Sheol，而其希臘文是Hades，亦即「**地獄**」之意，指的是毫無生氣而與上帝完全隔離之地，是亡靈

聚集之地。《舊約聖經》中對於「陰間」之說法比較中性，只是針對「死亡」而言（*創三十七：35：四十二：38*），當然也有刑罰的意思（*詩篇九：17：箴言七：27*）。有時指「無知覺的世界」（*傳道書九：10*），而《新約聖經》以Hades表示「陰間」便多有刑罰的意義（*太五：22：十一：23：二十三：33：路十六：23*）。就如同之前所提到，那些不信上帝也不悔改而死的人，便進入「陰間」（the Hades），一面受苦，一面等待最後的審判。

　　而天主教所說「煉獄」，是信徒的靈魂因過往之罪而受苦的一個中間階段，耶穌基督的確赦免人之原罪，但本罪或人在信主之後犯罪仍是事實。以天堂之純淨，必不允許任何的小罪污進入天堂，除非先進入煉獄，將自己之罪煉淨。他們所援引的聖經節是〈馬太福音〉第五章25節：「你同告你的對頭還在路上，就趕緊與他和息，恐怕他把你送給審判官，審判官交付衙役，你就下在監裡了。」又如〈哥林多前書〉第三章13-15節所說：「各人的工程必然顯露。因為那日子要將他表明出來，有火發現，這火要試驗各人的工程怎樣，人在那根基上所建造的工程，若存得住，他就要得賞賜，人的工程若被燒了，他就要受虧損，自己卻要得救，雖然得救乃像從火裡經過的一樣。」他們又稱在世界上的親人信徒，可以用各種善工來幫助受煉苦之人，讓他早日脫離煉獄。他們引次經（*瑪加伯下，十二：35-45*）說明，另外，在（*瑪加伯下十二：46*）也如此記載：「他為亡者獻贖罪祭，是為叫他們獲得罪赦」，在耶穌再來以後，將再沒有煉獄，只有天堂地獄。

　　綜觀此三種「中間狀態」皆不一樣：「煉獄」與「中陰」的內容尚有相似之處，但「陰間」與其他二者就皆有不同了。「煉獄」與「中陰」的相同處在於兩者皆賦予「中間狀態」一個「機會」的性格，亦即它是人得救或解脫的最後機會，在世上的人皆可以盡其所能

地幫助死者，這是較合乎人類理性與人本主義的說法。不過，兩者也有基本的差異。如「中陰」中的亡魂仍有選擇性，有各種輪迴的可能，並且別人助念《度亡經》明顯地只占協助的角色，主動者仍是死者之神識。而「煉獄」中的靈魂就是純粹接受煉化，其目的只有一個——脫離煉獄，他完全沒有主動權。至於基督新教所主張的「陰間」，無論是指「無知覺的世界」或是「地獄」，都不可能有回到樂園的機會，因為在「陰間」中的人已經是「預定」滅亡的人了。相較起來，天主教的「煉獄」加上「本罪」的教義，與藏傳佛教中的「中陰」加上「業」的思想，比較有對話的空間。

（三）「意生身」與「新軀體」

《度亡經》認為進入「再生中陰」的靈魂將會得到「意生身」。它是從死者的意識所產生，而且此時用著這個新的身體會使死者的靈魂獲得不可思議的力量。它有知覺力（據說是活著時的七倍），甚至可閱讀到別人的心識；而它的移動，乃在念頭一起的剎那便可毫無阻礙地隨意到任何地方。它以氣味為食，從燃燒的供品中攝取養分，但它只能享用特別以其名字祭祀之供品。中陰身是來去自如的中介身體，但也是因為它，中陰之後才會投身到六道輪迴之中。所以若要跳出輪迴，就必須讓意識融入虛無，捨棄了「意生身」，人才會跳脫輪迴而進入涅槃。

聖經裡提到死者會復活，如〈馬太福音〉二十五章提到：「死人就要復活而成為不朽壞的，我們也要有所改變，朽壞的身體都要變成不朽變的，而必然死亡的，也要變成永恆不滅的。」在聖靈純淨中，身體和靈魂皆得以復活而致永生。在基督教裡，舊有已被拋棄，過去生命己死，將進入基督復活生命之中。人的靈魂將獲得「新肉體」，

完全不同於原先肉體的新軀體，人也因此得以「**復活**」──不只是靈魂復活，更是肉身復活。而人的復活是爲接受終局，在樂園與在陰間的靈魂將一起復活來見證上帝的榮耀與公義。

　　這兩種身體到底一不一樣呢？「**意生身**」是爲了進入輪迴而有；「**新肉體**」是爲了得以「**復活**」而有。對人的解脫而言，前者仍是一種束縛，因爲「**意識的身體**」會引人進入輪迴；而後者是有「**應許**」的意義──所有人都將肉身復活，隱含著對它的肯定。在基督教之中，對「**新肉體**」並無多加說明，可能是因爲這是屬於一個奧祕吧。

四、結論：死之死──一個新的思考點

（一）死之死

　　宗教存在的一個重要功能──甚至說是核心功能亦不爲過──便是合理地解釋死亡，爲人安排死後的世界。雲格爾（Eberhard Jungel，一九三四至～）強調了一個極爲重要的觀念──「**理解生死不是基督信仰的最終落腳點；戰勝死，敬重生才是基督信仰的關注要點**」（*Eberhard Jungel，林克譯，1995*）。我們可將之改爲──「**理解生死不是宗教的最終落腳點；戰勝死，敬重生才是宗教信仰的關注要點**」。

　　死亡帶給我們什麼？恐懼、絕望、殘酷、悲傷……爲什麼？因爲我們對它無知。我們不可能從死亡本身認識死亡，死亡無從定義，誰能定義死亡便能主宰它──事實上卻是死亡在主宰我們。人類一生的

行動皆在作自我揭示，「死」是人的必然屬性之一，卻一直無法被理解──這是人類對自己之存在感到深沉無力且悲哀之根源。因此，存在主義乾脆以「死亡」來嘲弄逼迫「生」──唯有死才是真實。

「死亡」既然是（事實上是）人類能力無法逃避、無法理解，和無法逾越的難題。那麼只能靠宗教信仰──它們被授予唯一合法的特權──來加以解答與解決。而無論哪種宗教，無論用哪種方法──寂滅解脫、堅持神識、靈魂稱重、肉體復活、肉身飛升……，其終究就是要信徒從死亡的恐懼中自我釋放。換句話說，就是讓「對死亡的恐懼」先行死亡。因為「死亡」並不可怕，「對死亡的恐懼」才真正可怕。因此，若我們能夠將我們已經度過的「生」加以匯集並使之永恆，我們就能生也能死。自我知道自我的「生」是怎麼回事，自我懂得怎麼「生」，懂得享受「生」，懂得藉著自我「生」的經驗來關懷其他的「生」，隨時隨地用心地「生」，以便真正了解「生」的意義。若能如此，則必能發現其實「對死亡的恐懼」也只不過是一種「生的現象」──唯有「生者」才會產生恐懼。

「對死亡的恐懼」說穿了就是一種自我保護的機制，是一種自衛本能。換句話說，「對死亡的恐懼」所恐懼的不是死亡本身，而是來自「某個東西」，這個東西會使自我的「生」變得無意義，使自我的「生」無法再產生關係。而且，只要找出這個東西並加以消除，必能讓「對死亡的恐懼」死亡。

這就是筆者所謂的「死之死」。基督教認為這個使自我的「生」變得無意義的「某個東西」便是「罪」；佛教認為是「我執」；希伯來人認為是「背教」。無論是什麼東西，只要自我與它不產生關係，便可斬斷自我與死亡的關聯。

「死亡」是一個客觀事實，也是我們必須經歷的必然過程。就算我們真的斬除了使自我的「生」變得無意義的「那個東西」，我們

仍然必須面對它。但如果我們能確知死亡不是終結，只是過程的話，那不僅對瀕臨死亡的人有安慰，對其親友亦有所鼓舞。在此世，「**死亡**」似乎戰勝了「**生**」，因為任何今世的「**生**」都不能免於死亡；但是，只要我們想到：在另一個此世，「**生**」與「**死**」仍在鬥爭，而且此鬥爭將永恆地持續下去——直到終末時，筆者相信，等待著我們的絕對不是絕望。「**死生相續**」之際，正是我們探索深層經驗的絕佳機會。藉由斬除無意義的「**那個東西**」——或曰「**罪**」，或曰「**我執**」，或曰「**背教**」——我們在此世經歷了一次「**出死入生**」的實際歷程，而這個經驗將會幫助我們克服對「**這個身體的死亡**」的恐懼。

（二）擁抱死亡

有這樣一個故事：一個人走路時遇到了一隻老虎，大驚之下轉身就跑，越跑就越怕，直到實在跑不動了，於是心一橫，轉過身來面對老虎，此時才發現自己事實上並不那麼怕牠。他真正的恐懼是從轉身背對危險開始，而其能戰勝恐懼也是從轉回身面對危險開始。真正對一件事物的恐懼與否，是在自己決定是否面對它之後。事實上，筆者並不同意人真的得漠視死亡，也不認為人能夠真正地不在意生死——不斷的自我催眠不過是種扭曲；只是，若我們能夠透視到「**生**」的真正意義——發展的可能性，而且在這樣的觀點下重新看待生死，相信就有助於我們擁抱死亡。

所謂透視到「**生**」的真正意義指的是：「**發展生之可能性**」。生存之所以可貴在於它的有限，而有限的生如何能在自己的有限中獲得尊嚴？就在於能找到並發展自己「**生**」之可能性。如果抹煞了每一段生命時間賦予每個生命之可能性，只單純維持生命現象，大概只是一種諷刺。A・Jores在其〈生之恐懼與死之恐懼〉中說：「**生本身並不**

重要，唯一重要的是發展生之可能性。」**10**（*A‧Jores, 1959, pp.181*）我們都處在這個充滿衝突的社會，在解決衝突的過程中，我們不斷地創造新關係。Loius P. Pojman就認為：「**死亡最合適的思想是社會互動的具體表現能力不可復原的喪失。**」**11**因此，只要我們勇於面對各種衝突，在解決衝突的過程中將各種可能性一一實現，並致力於從中發展新的關係，那麼我們必將獲得一個新的視界，帶領我們超越一般的生死限制。我們將可以從絕望的死亡幽谷中看到生機，從醉生夢死、粉飾太平的生存環境中嗅到死味。我們將可知道真正的生死何在，進而擁抱死亡。

　　讓我們將上述紛亂的概念加以整理，今日我們被死亡所吞噬的原因，是因為我們對於死亡的恐懼，而此恐懼之來源是那使自我的「**生**」變得無意義的「**某個東西**」。藉由斬除無意義的「**那個東西**」，我們在此世經歷了一次「**出死入生**」的實際歷程，我們已死過一次，便不再懼怕死亡（肉體的死亡）了。除了斬除「**死**」之外，更重要的便是「**發展生之可能性**」，亦即面對各種衝突，在解決衝突的過程中發展新的關係，而獲得一個新的視界——知道真正的生死何在，進而擁抱死亡。

---

10 此段或是摘錄自E. Jungel的《死論》，pp.144。E. Jungel認為此段敘述也許過分誇張，但絕對正確。

11 見Loius P. Pojman著，魏德驥等譯，《解構死亡》，臺北：桂冠，一九九七年，頁44。Pojman提出了死亡的四個概念，而第四個便是意識或社會整合（social integration）能力不可復原的喪失。據他所說，此有關人的本性的觀點是放在社會的角色上。「甚至，賦予一個假定的人類有著為了身體功能整合成一體全部能力，假如他對於這種意識和社會整體的能力，有著不可復原之喪失，將喪失了人性的必要特性，而且，根據這個定義，這個人就死了。」

參考書目

中文書目

1. 索甲仁波切著，鄭振煌譯，《西藏生死書》，臺北：張老師文化，一九九六年。

2. 趙中輝編譯，《英漢神學名詞辭典》，臺北：改革宗翻譯社，二〇〇一年。

3. William Barclay著，陳主顯等譯，《使徒信經面面觀》，臺南：人光，一九八九年。

4. 黃伯和，陳南州和著，《基督教要理問答》，臺南：人光，一九九五年。

5. 蓮花生大士著，徐進夫譯，《西藏度亡經》，臺北：天華，一九八五年。

6. Marc Gellman, Thomas Hartman著，楊秋生譯，《神的名字》，立緒，一九九七年。

7. 河邑厚德、林由香里著，李毓昭譯，《大轉世—西藏度亡經》，方智，一九九五年。

8. 陳兵著，《生與死的超越—佛教對生死輪迴的詮釋》，臺北：圓明，民八十四年。

9. 汪少倫著，《多重宇宙與人生》（慈善版），結緣品。

10. Kenneth Paul Kramer著，方蕙玲譯，《宗教的死亡藝術》，臺北：東大，一九九七年。

11. Loius P. Pojman著，魏德驤等譯，《解構死亡》，臺北：桂冠，一九九七年。

12. Eberhard Jungel著，林克譯，《死論》，香港：三聯，一九九二年。

英文書目

1. Michel de Montaigne, *The Essays of Michel de Montaigne*, translated and edited by M.A.Screech. London: Allen lane, 1991.

2. Lorimer, David, *Whole in One: The Near -Death Experience and the Ethic of Inter-connectedness*. London, Arkana. 1990.

3. Veatch, Robert M. *Death, Dying, and the Biological Revolution*. New Haven: Yale University Press, 1976.

後記

　　自從博士班以來，我就對「中西文化之會通」有一種莫名的使命感，甚至可以說到了「迷戀」的地步。一方面既服膺於西方思想的清晰體系與系統之訓練，一方面也震懾於東方思想的涵蘊深厚以及生命境界之模塑。然而，該如何將之會通於一呢？這其實已經算是老掉牙的問題了，從一百多年前，中國的思想前輩們就不斷在「體用問題」上打轉。只不過無論是以何為體以何為用，都免不了「斷裂」而無法真正「會通」。

　　然而十數年來，我似乎漸漸在自己的生命歷程中找到了一點點端倪：從「老莊思想」到「基督信仰」，我雖不敢說是以生命在作學問，但至少可稱得上是不斷嘗試將這些不同的價值觀體現在自己的生命中，似乎有那麼一點亮光，告訴我文化的會通在於「詮釋」的基點；而最好的「詮釋」乃是透過「生命體驗」的進路來進行。

　　老莊是我對人生的態度，而基督信仰是我生命磐石，兩者並不矛盾而有所融通，是原來道家恬適澹然的生命特質並不因我的信仰身分而消失，反而讓我以另一種方式體驗基督耶穌「虛己的愛」：我不需不斷地讓道家思想與基督信仰進行概念式的辯證，在生命的體驗與實踐中，自然已流露兼合兩者的氣質與香味了！

　　不僅如此，因著上帝奇妙的帶領，讓我在取得博士學位之後，有機會先至臺灣文學系教書，讓我在「跨時空的文化會通」之外，再進行了「跨類型的文化會通」，也就是將哲學、信仰與文學進行對話。我可以用哲學概念來探索信仰靈修的奧祕，也可以透過文本解析的詮釋直指創作者的心靈世界。每一次的閱讀與思索，都讓我生命深深地悸動。

　　此書可謂是在愛、禱告與眼淚中生出來的。在成書的過程中，我正好也遭遇了極大的生命變故——至愛的親人接續過世，第一次挑戰升等鍛羽而歸、同時自己也轉換跑道——從臺文系轉到哲學與宗教學系、從眞理大學轉到長榮大學，也要挑起自己照顧三個孩子的壓力。在許多的挑戰與壓力雜沓紛至的情形下，我特別感受到神的帶領與許多人的支持與關懷。感謝輔大的栽培，讓我在傳統士林的醞釀當中，有了深厚的哲學基礎；感謝所有教導過的師長，黎建球老師在哲學概念的啓迪、鄔昆如老師的方法及概念上的釐清、潘小慧老師在儒家思想上，和張家煥老師在老莊思維及修養工夫引領、已故曾仰如及袁廷棟神父的形上及知識及哲學心理學的建構、武金正神父的天主教開放拉內神學、陳文團老師後現代及存在主義思維課程、張雪珠老師宗教哲學重要看法、王臣瑞老師的倫理學、陸達誠神父的馬塞爾、王弘五的邏輯課程、張振東神父的士林哲學及哲學導論、沈清松老師的呂格爾、劉千美老師的藝術哲學、高凌霞老師的西方哲學、丁原植老師的老子與海德格、陳福演老師的中國哲學和漢代哲學，以及曾春海老師的易經及魏晉玄學等，實在有太多需要感謝的恩師了，若有疏漏之處，也請老師見諒。

　　由於修讀雙學位，再加上博士碩士分別因爲不同時間點來完成，因此感謝所有幫助我的學長姐及同學：七六級大學同學、八二級的碩士同學及八八級博士同學，讓我們在哲學研究上繼續往前，希望你們都能成爲我一個看哲學世界的窗口，讓我們一起說：「有你們眞好！」

　　這次寫序，感謝恩師關永中老師在調養健康時，仍堅持仔細閱讀所有內容並願意親自幫我寫序；感謝葉海煙老師的鼓勵與肯定，讓我再一次對自己產生自信；感謝臺文界大老李喬老師肯定我在文學與哲學會通之處有所新意，使我不再對自己在文學與哲學建構中感覺被否

定，感謝親愛的老公，雖然與我們相隔兩地，但是對我的支持與愛卻更加彌堅，也是有了他，此書才能順利付梓；感謝所有親人的關心與疼惜、朋友與教會兄姐的代禱，這本看似薄薄的書其實份量很重，因為裡面含蘊了滿滿的祝福。

學術的追尋之路可能是孤獨的，但是生命的旅程卻是常能有人相伴；倘若生命的體驗就是我的學術追尋呢？我會孤獨嗎？

期待有志者一起來找尋答案！

國家圖書館出版品預行編目資料

生命體驗的詮釋與東西文化之會通／聶雅婷
著. — 初版. — 臺北市：五南，2012.10
　　面；　　公分. --
ISBN 978-957-11-6859-3（平裝）

1.生命哲學 2.東西方關係

191.91　　　　　　　　　101018489

1BAE

生命體驗的詮釋與東西文化之會通

作　　者 — 聶雅婷

發 行 人 — 楊榮川

總 編 輯 — 王翠華

主　　編 — 陳姿穎

責任編輯 — 牟怡蓁

封面設計 — 童安安

出 版 者 — 五南圖書出版股份有限公司

地　　址：106台北市大安區和平東路二段339號4樓

電　　話：(02)2705-5066　　傳　　真：(02)2706-6100

網　　址：http://www.wunan.com.tw

電子郵件：wunan@wunan.com.tw

劃撥帳號：01068953

戶　　名：五南圖書出版股份有限公司

台中市駐區辦公室/台中市中區中山路6號

電　　話：(04)2223-0891　　傳　　真：(04)2223-3549

高雄市駐區辦公室/高雄市新興區中山一路290號

電　　話：(07)2358-702　　傳　　真：(07)2350-236

法律顧問　元貞聯合法律事務所　張澤平律師

出版日期　2012年10月初版一刷

定　　價　新臺幣320元